NA PRESENÇA DO PAI

NAOR PEDROZA

NA PRESENÇA DO PAI

Uma experiência diária de paz e alegria

Vida

Editora Vida
Rua Conde de Sarzedas, 246 — Liberdade
CEP 01512-070 — São Paulo, SP
Tel.: 0 xx 11 2618 7000
atendimento@editoravida.com.br
www.editoravida.com.br
@editora_vida /editoravida

DEVOCIONAL NA PRESENÇA DO PAI

Todas as citações bíblicas desta obra foram extraídas da versão Almeida Revista e Atualizada (ARA), salvo indicação contrária.

Todas as citações bíblicas e de terceiros foram adaptadas segundo o Acordo Ortográfico da Língua Portuguesa, assinado em 1990, em vigor desde janeiro de 2009.

Editora-chefe: Sarah Lucchini
Edição: Francine Torres e Equipe Vida
Revisão: Cyntia Castanha
Coordenadora de design gráfico: Claudia Fatel Lino
Projeto gráfico: Vanessa da Silva Monteiro
Diagramação: Madalena Araujo e Marcelo Alves
Capa: Vinicius Lira

As opiniões expressas nesta obra refletem o ponto de vista de seus autores e não são necessariamente equivalentes às da Editora Vida ou de sua equipe editorial.

Os nomes das pessoas citadas na obra foram alterados nos casos em que poderia surgir alguma situação embaraçosa.

Todos os grifos são do autor, exceto os indicados.

1. edição: set. 2024

Dados Internacionais de Catalogação na Publicação (CIP)
(Câmara Brasileira do Livro, SP, Brasil)

Pedroza, Naor
Devocional Na presença do Pai / Naor Pedroza. -- 1. ed. -- São Paulo : Editora Vida, 2024.

ISBN 978-65-5584-543-3
e-ISBN 978-65-5584-578-5

1. Devoção a Deus 2. Devoções diárias - Cristianismo 3. Escrituras cristãs 4. Literatura devocional 5. Palavra de Deus 6. Vida espiritual - Cristianismo I. Título.

24-220834 CDD-242

Índice para catálogo sistemático:

1. Literatura devocional : Cristianismo 242
Aline Graziele Benitez – Bibliotecária – CRB-1/3129

AGRADECIMENTOS

Agradeço primeiramente ao meu amado pastor, Aluízio A. Silva, um mestre apaixonado pela Palavra de Deus e pela revelação do Evangelho da graça. Há décadas, ele ministra ao nosso coração a respeito do amor de Deus e nos abençoa ricamente com verdades poderosas, que nos trazem grande consolo, fé e esperança para vivermos uma vida vencedora.

Agradeço também a Marília, minha querida esposa. Todos os dias de nossa vida em comum, ela tem me agraciado com extremo amor, incentivo e intercessão, principalmente nas grandes batalhas que travamos no preparo desta obra.

Por fim, sou grato ao apoio de todos os irmãos que, convictos da mensagem que carregamos da parte de Deus, contribuíram de várias formas para que este devocional tão abençoado chegasse até você.

INTRODUÇÃO

Você está prestes a iniciar uma descoberta gradual e profunda a respeito do amor incondicional, da orientação sábia e das promessas renovadoras do Pai Celestial. Por isso, antes de seguir para as próximas páginas, convido-o a abrir sua mente e seu coração para a presença acolhedora de Deus, que permeará cada dia deste devocional.

Inspirado no Evangelho — as Boas-Novas da graça divina — este livro é um convite a uma comunhão mais profunda com o Senhor. Por meio dessa experiência, você compreenderá que a vida cristã não é uma religião repleta de cobranças e fardos pesados, mas um relacionamento com o Pai Amoroso. É Deus dando tudo para quem nada merece.

Diariamente, você receberá mensagens reveladoras do Céu, que formarão em seu interior uma fé robusta. À medida que for se alimentando das verdades contidas no Evangelho, suas crenças serão transformadas e sua mentalidade estará alinhada com os princípios divinos, o que lhe garantirá coragem para vencer as difíceis batalhas da caminhada. Creio que, ao longo desta jornada de 365 dias, nenhuma tristeza, enfermidade, medo ou depressão irão permanecer em sua vida ou ameaçá-lo.

Oro para que, por meio desta obra, a presença do Pai encha seu coração de amor, graça, esperança, paz e alegria. Oro também para que, pela revelação contida na Palavra, você tome posse das bênçãos e vitórias disponíveis a nós, filhos amados do Senhor, graças ao nosso salvador Jesus Cristo, que nos resgatou e justificou para sempre.

Lembre-se: mais que uma leitura, você desfrutará de um momento íntimo com Deus. Então, medite atentamente nestas reflexões reveladoras, com a convicção de que o próprio Senhor permanece ao seu lado, disposto a lhe garantir conhecimento, revelação, cura e capacitação sobrenatural.

Que Deus o abençoe!

JANEIRO

UM ANO DE PORTAS ABERTAS

01 JAN

As tuas portas estarão abertas de contínuo; nem de dia nem de noite se fecharão, para que te sejam trazidas riquezas das nações, e, conduzidos com elas, os seus reis.

— ISAÍAS 60.11

Neste período que se inicia, desejo a você um feliz novo ano repleto do favor e da graça de Deus, de modo que sinta paz e alegria em seu coração. Que o Senhor abra portas que o conduzam da adversidade para a prosperidade, por um cenário em que a escassez se converta em abundância; a tristeza, em júbilo; a vergonha, em dupla honra; e os relacionamentos fracassados, em união harmoniosa.

Que o Senhor o guarde de toda sorte de enfermidades e refrigere a sua alma, guiando-a por dias de cura, paz e contentamento, ao longo dos quais haverá frutificação e abundância na presença dele.

Se cremos em Jesus, fazemos parte da cidade espiritual e recebemos a palavra profética de que, neste novo ano, as portas permanecerão continuamente abertas para nós em todas as esferas de nossa vida. Assim, temos acesso a todas as riquezas espirituais, emocionais e naturais que ele preparou para cada um de nós, seus filhos amados.

Viva este novo ano com uma santa expectativa de que Deus o surpreenderá e o cercará com sua bondade e seu favor. Não tente ser merecedor da salvação com esforço próprio; receba as dádivas de Deus na posição de filho amado, apesar de suas falhas! Viva cada dia deste ano consciente do perdão, não da culpa; da provisão, não das faltas; da aceitação, não da rejeição. Você tem um Pai todo-poderoso que o ama e está por perto para garantir que este será o melhor ano de sua vida: um ano de portas abertas!

LEIA HOJE
Salmos 1-2
Provérbios 1
Mateus 1

ANOTAÇÕES

O ARGUMENTO DO AMOR

02 JAN

Aquele que não poupou o seu próprio Filho, antes, por todos nós o entregou, porventura, não nos dará graciosamente com ele todas as coisas?

— ROMANOS 8.32

O argumento do apóstolo Paulo é imbatível: uma vez que Deus entregou seu único filho para nos salvar, o que ele é incapaz de fazer? Se o Senhor já realizou por você a maior obra de todas, tenha a certeza de que ele pode suprir suas necessidades diárias. Com isso em mente, somos livres para viver em plena paz e confiança, convictos de que "aquele que não poupou seu próprio Filho" cuidará de nossas urgências; portanto, não devemos andar ansiosos por coisa alguma (cf. Filipenses 4.6).

Ao lermos o versículo de Romanos, adquirimos uma breve noção da dimensão do amor de Deus. Você teria coragem de entregar o seu filho por alguém? Honestamente, não garanto que eu seria capaz de fazê-lo. No entanto, pelo sacrifício de Jesus, Deus demonstrou o seu amor inexplicável a cada um de nós, para que tivéssemos a certeza de que o desejo de seu coração é nos abençoar com tudo de que precisamos.

Além disso, a Bíblia diz que, se ele nos amou e entregou seu Filho por nós quando ainda éramos inimigos de Deus, muito mais agora – que somos filhos reconciliados pelo seu sangue – seremos salvos de toda ira divina (cf. Romanos 5.8-9). Então, podemos crer e nos aproximar do Senhor, sem medo e em total confiança, como um filho que encontra segurança em seu pai.

Talvez, por conta de seus erros, você acredite que Deus está chateado e distante. A verdade é que ele não se relaciona conosco com base no que acertamos ou erramos, mas sim no que Jesus fez em nosso favor. Naquela cruz, ele provou seu amor por nós, dando a sua própria vida, para que hoje possamos ter a certeza de que, como filhos amados, apesar de nossos erros e por causa desse grande amor, ele não nos abandona. Creia nisso e receba o melhor de seu Pai neste novo ano.

ANOTAÇÕES

DEVOCIONAL
002/365

LEIA HOJE
Salmos 3-4
Provérbios 2
Mateus 2

O PÃO INTEIRO É PARA OS FILHOS

03 JAN

Mas Jesus lhe disse: Deixa primeiro que se fartem os filhos, porque não é bom tomar o pão dos filhos e lançá-lo aos cachorrinhos.

— MARCOS 7.27

A mulher grega demonstrou tamanha fé no poder de Jesus, que declarou se contentar com as migalhas que caíam debaixo da mesa. Ou seja, ela sabia que apenas uma palavra de Cristo seria o suficiente para salvar sua filha, e foi o que aconteceu. O Mestre disse: "o demônio já saiu", e assim ocorreu. Esta é a lógica do Evangelho: se migalhas que caem da mesa do Senhor puderam libertar e transformar para sempre a vida daqueles que ainda não estavam sob a cobertura da aliança – já que a salvação veio primeiro para os judeus e depois para os gentios –, o que o pão inteiro não fará por nós, que hoje cremos em Jesus?

Hoje, sob a Nova Aliança, gregos, gentios, judeus e povos de todas as nações podem ser filhos de Deus, e para estes, ele dispõe o pão inteiro. Não há limites para o que Deus pode realizar na sua vida. Ele não tem reservas quanto a você, e o coração dele está desejoso de abençoá-lo. Ele quer lhe dar um ano surpreendente. Do que você precisa hoje para viver o ano dos seus sonhos? Por que acredita que Deus não vai realizar o seu desejo de viver dias incríveis?

Jesus não impôs condição alguma para abençoar aquela mulher nem a questionou quanto aos erros cometidos ou perguntou sobre suas boas obras, ele apenas atendeu o pedido feito, por causa de sua misericórdia e da fé que ela demonstrou. Imagine o que ele está disposto a fazer por você neste novo ano, sem exigir nada em troca e sem contar com seus merecimentos! Deus o fará porque o ama; porque você é filho dele, e não porque é merecedor. Ele pode e quer fazê-lo agora. Creia e receba, pois você é amado!

DEVOCIONAL
003/365

LEIA HOJE
Salmos 5-6
Provérbios 3
Mateus 3

ANOTAÇÕES

FELIZ O HOMEM QUE OUVE A VOZ DE DEUS!

04 JAN

> Como é feliz o homem que me ouve, vigiando diariamente à minha porta, esperando junto às portas da minha casa. Pois todo aquele que me encontra, encontra a vida e recebe o favor do SENHOR.
>
> **— PROVÉRBIOS 8.34-35**

É muito importante ficarmos atentos às nossas crenças, pois nossa vida é resultado delas. O primeiro passo, portanto, para vivermos dias repletos de plenitude e graça é crer e colocar em prática as verdades contidas nas Escrituras.

Não sei você, mas eu penso que iniciar um novo ano meditando na Palavra é algo muito poderoso, pois isso nos permite entrar na presença de Deus e perceber o selo da unção divina – que é a capacidade do Espírito Santo para uma vida sobrenatural e vencedora em todas as áreas – movendo-se em nosso coração.

É certo que o Espírito Santo deseja nos ajudar e ter comunhão conosco, mas precisamos apenas crer e priorizar a comunhão diária com ele, através de um devocional como este, por exemplo. Feliz é quem separa um tempo diário para estar na presença do Pai, pois todos os dias encontrará vida e favor imerecidos. Isso é o que a Palavra declara a nós hoje. A maior tragédia da humanidade foi ela ter se afastado do Senhor, e a chave para uma vida abençoada é justamente retornar para a presença dele. Tenha esse firme propósito em seu coração e prepare-se para viver um ano abençoado!

ANOTAÇÕES

DEVOCIONAL
004/365

LEIA HOJE
Salmos 7-8
Provérbios 4
Mateus 4

O SENHOR ME LIVRA E ME GUARDA!

05 JAN

O Senhor me livrará também de toda obra maligna e me levará salvo para o seu reino celestial. A ele, glória pelos séculos dos séculos. Amém!

— 2TIMÓTEO 4.18

Diariamente, oro pedindo a Deus proteção sobre a minha casa, os meus filhos e aqueles que estão ao meu redor; afinal, estamos cercados de armadilhas que querem nos atingir e nos prejudicar. O Diabo age para causar sofrimento e roubar o nosso ano mais promissor. Ele tenta fechar as nossas portas e nos ataca por todos os lados. Por isso, precisamos estar convictos de que o Senhor está conosco.

O fato de termos enfrentado uma pandemia, com tantos problemas e ameaças de morte, pode ter produzido muitas ansiedades que nos paralisam e roubam a nossa fé, de modo que, às vezes, temos dificuldade em crer nas promessas divinas.

À vista disso, mais do que nunca, devemos começar o ano livres de toda dúvida e insegurança, tendo a certeza de que o Senhor é quem nos livra, guarda nossas vidas e, com seu grande amor, concede-nos os livramentos de que precisamos. O Deus todo-poderoso caminha ao nosso lado, por isso estamos seguros de que ele nos protege de toda obra maligna.

O sangue de Jesus foi derramado, a nossa dívida foi paga para sempre, a morte foi vencida, e o Inimigo não tem mais autoridade para requerer coisa alguma em nossa vida. Que hoje você encontre paz sabendo que o bondoso Deus lhe guardará todos os dias.

DEVOCIONAL
005/365

LEIA HOJE
Salmos 9-10
Provérbios 5
Mateus 5

ANOTAÇÕES

APEGUE-SE A ELE COM AMOR E VEJA O SEU LIVRAMENTO!

Porque a mim se apegou com amor, eu o livrarei; pô-lo-ei a salvo, porque conhece o meu nome.

— SALMOS 91.14

06 JAN

Quem está se afogando não precisa de um manual ou de um livro que ensine dez passos para aprender a nadar, mas de um salvador que o resgate. Às vezes, somos afogados por angústias e dificuldades em nossa vida, e, por conta do desespero, nós nos esquecemos de que temos um Salvador. Por isso, estou aqui para lembrá-lo dessa verdade. Diante do medo do seu casamento acabar, dos seus filhos caírem nas drogas, do desemprego ou do futuro, reflita: "Por que temo? Eu tenho um Salvador!". O salmo 91 diz que, quando estiver apavorado, você deve se lembrar de que há um Deus que lhe garante salvação.

> Ele invocará, e eu lhe responderei; na sua angústia eu estarei com ele, livrá-lo-ei e o glorificarei. (Salmos 91.15)

Jesus não está oferecendo um manual para que você se "salve" dos problemas desta vida, porque ele é quem irá lhe socorrer. Não importa o momento em que você se encontre, apenas invoque o nome de Deus e o medo deixará o seu coração. Ele promete auxílio a todo aquele que clamar por socorro.

Se você está sofrendo, basta invocá-lo, e ele responderá. Se está angustiado, ele promete estar com você para livrá-lo e cobri-lo de honra. Como uma criança, agora mesmo, apenas clame pelo socorro do Pai e veja o que ele fará por você.

ANOTAÇÕES

LEIA HOJE
Salmos 11-12
Provérbios 6
Mateus 6

ELE NOS MOSTRARÁ A SUA SALVAÇÃO

07 JAN

Saciá-lo-ei com longevidade e
lhe mostrarei a minha salvação.
— SALMOS 91.16

Os dois primeiros versos do salmo 91 revelam quatro nomes de Deus: "O que habita no esconderijo do *Altíssimo* e descansa à sombra do *Onipotente* diz ao *SENHOR*: Meu refúgio e meu baluarte, *Deus* meu, em quem confio" (grifos nossos). Há, porém, um quinto nome escondido na última palavra do salmo 91: "Salvação", ou *Yeshua,* em hebraico, que significa "Jesus". Isso é o que Deus estava dizendo: "Com vida longa, eu o satisfarei e lhe mostrarei o *Yeshua,* Jesus, o seu Salvador".

Essa é uma promessa do Espírito Santo, para hoje. Deus revelou o Salvador para que você saiba que não está sozinho e que não deve temer. Qual é o medo que o está atormentando? A morte prematura? Muitas pessoas receiam de ter uma vida curta, de ser acometidas por uma doença, de sofrer um acidente, de enfrentar uma situação difícil. Não tema! No salmo 91, *Yeshua* promete uma vida plena, e ele é fiel para cumprir sua palavra.

LEIA HOJE
Salmos 13-14
Provérbios 7
Mateus 7

ANOTAÇÕES

CRISTO NOS DÁ VIDA ETERNA

08 JAN

As minhas ovelhas ouvem a minha voz; eu as conheço, e elas me seguem. Eu lhes dou a vida eterna; jamais perecerão, e ninguém as arrebatará da minha mão.

— JOÃO 10.27-28

Jesus promete vida eterna a nós, suas ovelhas. Isso significa que, sob os cuidados do Bom Pastor, temos a certeza de que ele guardará nossas vidas para a Eternidade. Podemos enfrentar dificuldades neste mundo, como doenças, acidentes e pandemias, mas a nossa alma jamais perecerá. A verdade é que nenhum obstáculo, por mais terrível que pareça, pode nos afastar do amor de Deus, e é com essa convicção que caminhamos.

> Porque eu estou bem certo de que nem a morte, nem a vida, nem os anjos, nem os principados, nem as coisas do presente, nem do porvir, nem os poderes, nem a altura, nem a profundidade, nem qualquer outra criatura poderá separar-nos do amor de Deus, que está em Cristo Jesus, nosso Senhor. (Romanos 8.38-39)

Quando nos escondemos em Jesus, o Diabo não pode nos tocar! Isso não significa que estaremos livres de qualquer aflição, mas podemos crer que, apesar das angústias, sabemos que somos mais do que vencedores, e a Eternidade ao lado do Pai nos aguarda, onde não haverá dor, morte nem pranto! (cf. Apocalipse 21.4).

Lembre-se de que o Bom Pastor zela por você. Nada nem ninguém pode roubá-lo das mãos de Cristo, e a sua vida pertence ao Senhor eternamente. Que, hoje, você encontre descanso, paz e consolo nessa verdade. Fixe seus olhos nas coisas do alto, e a força sobrenatural do Espírito de Deus lhe ajudará a superar os males terrenos!

ANOTAÇÕES

DEVOCIONAL
008/365

LEIA HOJE
Salmos 15-16
Provérbios 8
Mateus 8

SEM ELE NADA PODEMOS FAZER

09 JAN

Eu sou a videira, vós, os ramos.
Quem permanece em mim, e eu, nele,
esse dá muito fruto; porque sem mim nada podeis fazer.

—JOÃO 15.5

"Sem mim nada podeis fazer" é uma afirmação contundente. Definitivamente, você não pode realizar absolutamente nada sem Jesus! Longe dele, é improvável que tenha um bom casamento, prosperidade, paz, saúde, alegria. Portanto, guarde esta frase em seu coração: "Eu preciso de Cristo em minha vida!".

Atualmente, existem muitas pessoas frustradas por se esforçarem e não conseguirem mudar. Eu as chamo de "desviados honestos". São aqueles que creram em Jesus, nasceram de novo, receberam a salvação e o Espírito Santo, mas, em algum momento, pecaram contra Deus. Então, por não saberem lidar com as falhas que cometeram, passaram a buscar o aperfeiçoamento do seu caráter com suas próprias forças. Honestamente tentaram "transformar-se", mas abandonaram a igreja por causa de suas frustrações e concluíram que, talvez, não sejam salvos.

Ao tentar cumprir um mandamento sem a ajuda do Senhor, você sai do trilho da verdade da Palavra e cai em religiosidade e legalismo, pois, em vez de depender de Deus para ser transformado, você busca a mudança por si mesmo e não obtém êxito.

Quando você entender o que Jesus falou, "sem mim nada podeis fazer", sua vida será mudada para sempre, de dentro para fora, pelo poder do Espírito Santo.

Desista de tentar transformar a si mesmo sem recorrer ao Senhor e seja livre da frustração e do fardo que produz ansiedade. Aprofunde o seu relacionamento com o Pai por meio das disciplinas espirituais, medite todos os dias em sua Palavra, e uma mudança notória acontecerá em você, de dentro para fora.

LEIA HOJE
Salmos 17-18
Provérbios 9
Mateus 9

ANOTAÇÕES

CRISTO É A NOSSA VIDA!

[...] pois nele vivemos, e nos movemos, e existimos, como alguns dos vossos poetas têm dito: Porque dele também somos geração.

— ATOS 17.28

10 JAN

A Bíblia diz que a justiça do homem, ou seja, aquilo que somos e realizamos em nossa própria força, é um trapo de imundice, pois não tem valor algum. A religião é uma tentativa de olhar para si e, então, mudar; diz respeito àquilo que o homem precisa fazer para merecer algo. Cristianismo, no entanto, é sobre olhar para Cristo; é esquecer-se de si e enxergar o perdão, para o amor e para a obra da Cruz que ele realizou.

A genuína vida cristã é deixar que Cristo nos transforme. Se a religião é sobre tudo aquilo que somos capazes de fazer por nós mesmos, o Evangelho é sobre o que ele faz por nós. Ser humilde não tem a ver com autodepreciação, mas com tirar o foco de si e colocá-lo em Jesus, reconhecendo que ele é tudo em nossa vida.

E o que isso significa na prática? Quando vier a ansiedade e o nervosismo, peça ao Espírito Santo que venha ao seu socorro e o transforme; clame a ele pela mudança que deseja em seu coração. Em uma oração honesta, admita a sua incapacidade e deixe que ele produza, sobrenatural e graciosamente, a restauração necessária em sua vida.

ANOTAÇÕES

DEVOCIONAL
010/365

LEIA HOJE
Salmos 19-20
Provérbios 10
Mateus 10

NOSSA MELHOR VERSÃO É CRISTO!

11 JAN

Logo, já não sou eu quem vive, mas Cristo vive em mim; e esse viver que, agora, tenho na carne, vivo pela fé no Filho de Deus, que me amou e a si mesmo se entregou por mim.

— GÁLATAS 2.20

"Seja a sua melhor versão". Essa ideia está em alta ultimamente, mas essa tentativa de realizar uma "autorreforma" não passa de mera autoajuda voltada à performance, e colocá-la em prática é um fardo muito pesado e frustrante. A melhor e única versão de nós mesmos não deve ser outra, senão Cristo. Não se trata de transformar-se em um ser humano aprimorado, mas de ser uma nova criatura em Cristo Jesus, como uma árvore plantada junto ao ribeiro das águas, que frutifica e é abençoado.

> Ele é como árvore plantada junto a corrente de águas, que, no devido tempo, dá o seu fruto, e cuja folhagem não murcha; e tudo quanto ele faz será bem-sucedido. (Salmos 1.3)

Você, que creu, é o justo do salmo 1, e isso é poderoso! Então, foque suas energias em ser como essa árvore, plantada junto a Cristo e à corrente do Espírito, recebendo forças do Senhor e meditando nas Escrituras todos os dias. Dessa forma, a imagem de Jesus será formada em seu interior e o fruto do Espírito brotará naturalmente em sua vida.

DEVOCIONAL
011/365

LEIA HOJE
Salmos 21-22
Provérbios 11
Mateus 11

ANOTAÇÕES

VIVA PELO ESPÍRITO, NÃO PELA CARNE

Mas o fruto do Espírito é: amor, alegria, paz, longanimidade, benignidade, bondade, fidelidade, mansidão, domínio próprio. Contra estas coisas não há lei.

— GÁLATAS 5.22-23

12 JAN

Observe que a carne produz obras, mas o Espírito gera fruto. Uma grande derrota da vida humana é tentar viver pelo que o seu braço pode fazer. Tentar ser uma pessoa melhor, mais capaz ou santa por conta própria é um esforço que produz resultados momentâneos acompanhados de frustrações permanentes.

Se você analisar as obras da carne, perceberá que nelas está a razão de todos os seus problemas; mas, ao voltar a sua atenção para o fruto do Espírito, verá que aí está a resposta para todos esses problemas. Lembre-se de que você só será capaz de frutificar com a ajuda do Senhor, então deixe as obras da carne e comece, hoje, a viver uma vida cheia do Espírito. Assim, os frutos brotarão naturalmente, e você andará em vitória.

ANOTAÇÕES

DEVOCIONAL
012/365

LEIA HOJE
Salmos 23-24
Provérbios 12
Mateus 12

DEUS É O SEU PAI

13 JAN

Porque não recebestes o espírito de escravidão, para viverdes, outra vez, atemorizados, mas recebestes o espírito de adoção, baseados no qual clamamos: Aba, Pai.

— ROMANOS 8.15

Jesus veio à Terra para revelar o novo nome de Deus, que é *Aba*. O Espírito Santo fez questão de usar essa palavra hebraica, pois ela tem um significado poderoso: "paizinho". Ao referir-se a Deus, Cristo o chama de Pai, um nome que os judeus não associavam ao Senhor. Eles o conheciam como *El Shaday*, o Deus todo-poderoso; Jeová *Nissi*, Deus é a nossa bandeira; Jeová *Jireh*, o Deus que provê; Jeová *Rafah*, o Deus que cura. No entanto, não o conheciam como Pai. Para eles, Deus era alguém distante. À medida que passamos a conhecê-lo como Pai, entendemos que esse único nome contém todos os outros.

Tudo do que você precisa está no Pai, e ele quer lhe revelar a sua paternidade. Ao invocar o nome do Pai, você toca em todos os outros nomes de Deus. Nós nos achegamos a ele, e temos o nosso coração preenchido. Nestes dias, quero lhe ensinar a se livrar da ideia de uma relação de troca ou de medo com Deus.

Na infância, muitos de nós fomos repreendidos e ameaçados por uma ideia assustadora de autoridade e ira paternas. Por isso, é possível que, alguns de nós passamos a acreditar que Deus, sendo Pai, está sempre irado conosco. Contudo, Deus é o seu Pai e está sorrindo para você apesar das suas imperfeições, então descanse nessa verdade. Não se preocupe, ele mesmo fará a obra em sua vida por meio do amor.

DEVOCIONAL
013/365

LEIA HOJE
Salmos 25-26
Provérbios 13
Mateus 13

ANOTAÇÕES

CONHEÇA O PAI AMOROSO

14 JAN

Seja a vossa vida sem avareza. Contentai-vos com as coisas que tendes; porque ele tem dito: De maneira alguma te deixarei, nunca jamais te abandonarei.

— HEBREUS 13.5

Muitos de nós temos problemas com a figura paterna, que deveria ser a representação do próprio Deus nas famílias, mas, infelizmente, vemos muitos homens abandonarem seus lares e traírem suas esposas. O Diabo desvirtuou o conceito de paternidade e fez com que essa função tão importante fosse frequentemente caracterizada por embriaguez, adultério e abandono. Assim, criou-se uma barreira entres filhos e pais. Se você foi ferido pelo seu pai, perdoe--o e entenda que o Pai do Céu não é assim; Deus não abandona nem trai.

Lembro-me do testemunho de um irmão. Ele era de uma família muito pobre e tinha apenas dez anos de idade quando seu pai saiu de casa. De pé, em frente ao portão, viu-o com uma mala na mão; então, perguntou à sua tia aonde ele estava indo. Ao ouvir que seu pai ia embora e que não voltaria, o menino indagou: "Quem vai cuidar de nós?". Hoje, ele relata que sentiu um grande vazio e isso o fez crescer muito inseguro; o medo havia tomado conta de seu coração, pois aquele que deveria lhe trazer segurança havia abandonado sua família para sempre.

No entanto, quando teve um encontro com o Senhor, sua vida foi restaurada. Ele perdoou o pai e passou a ter uma relação de pai e filho com o próprio Deus. Agora, de uma vez por todas, esse rapaz sabe que tem um Pai que nunca o deixará. O próprio Deus prometeu: "E eis que estou convosco todos os dias até à consumação do século" (Mateus 28.20b).

Se você deseja ter uma vida espiritual saudável, é preciso se relacionar intimamente com o Senhor, não com um Deus distante, que está observando os seus erros 24 horas por dia para depois puni-lo e castigá-lo. Definitivamente, ele não é o "Deus repressor", mas o Pai amoroso que sofreu o castigo em nosso lugar e nos amou completamente na cruz.

ANOTAÇÕES

DEVOCIONAL
014/365

LEIA HOJE
Salmos 27-28
Provérbios 14
Mateus 14

O QUE ACONTECE QUANDO ENCONTRAMOS DEUS

15 JAN

E chamou o Senhor Deus ao homem
e lhe perguntou: Onde estás?
— GÊNESIS 3.9

A primeira interrogação da Bíblia foi feita quando Adão se perdeu; Deus questionou: "Adão, onde você está?". Sendo assim, diz respeito ao homem que se perdeu e estava longe do Pai. Já a primeira pergunta do Novo Testamento foi feita pelos reis magos, no nascimento de Jesus: "Onde está o recém-nascido rei dos judeus?" (cf. Mateus 2.2), ou seja, "Onde está Deus?".

Perceba, a pergunta do Antigo Testamento quer saber onde está o homem, enquanto a do Novo Testamento pretende saber onde está Deus. Quando Adão foi expulso do Jardim, ele foi expulso da presença do Pai; e essa foi a maior tragédia da humanidade. Quando nos afastamos do Deus Pai, a vida tornou-se um caos. Em seguida, um grande desarranjo começou: cardos, abrolhos, dores no parto, assassinato, e muitas outras coisas terríveis que acontecem até os dias de hoje. Casamentos falidos, filhos perdidos, miséria e doenças são apenas reflexos de um mundo caído.

Porém, ao encontrar Deus, o homem, antes perdido, também se reencontra. Por esse motivo, quero lhe dar um conselho: volte para os braços do Pai. Somente nele você encontrará a ordem de que precisa. Invoque o nome do Senhor, aproxime-se dele, e ele endireitará os seus caminhos.

DEVOCIONAL
015/365

LEIA HOJE
Salmos 29-30
Provérbios 15
Mateus 15

ANOTAÇÕES

FALE PODEROSAMENTE, CONCORDE COM DEUS

16 JAN

Certamente, a palavra da cruz é loucura para os que se perdem, mas para nós, que somos salvos, poder de Deus.

— 1 CORÍNTIOS 1.18

Tudo o que Deus diz que você tem é real. Quando Jesus disse na cruz: "Está consumado!" (cf. João 19.30), ele estava dizendo que tudo o que tinha para fazer em sua vida estava feito, a partir de então precisamos apenas crer e receber pela fé.

A Bíblia não deve ser compreendida a partir de uma perspectiva limitada e influenciada pelo pecado. Em vez disso, com inteligência bíblica, devemos buscar entendê-la para além da lógica humana. Diferentemente da inteligência natural e emocional, a inteligência espiritual vem do Espírito, o qual revela coisas escondidas e tesouros ocultos.

É por isso que a Palavra de Deus é loucura para os que se perdem, mas é poder de Deus para a salvação daquele que crê. Ela não segue uma lógica natural, mas é espiritual e transcende a capacidade da razão humana.

Logo, por meio da fé, devemos escolher a verdade do Evangelho, e não aquilo que os nossos olhos humanos são capazes de enxergar. Em acordo com o que as Escrituras afirmam, declare o que você deseja ver, não o que está vendo, e então os Céus se abrirão sobre sua vida.

ANOTAÇÕES

LEIA HOJE

Salmos 31-32
Provérbios 16
Mateus 16

ABENÇOE A SUA VIDA

17 JAN

Do fruto da boca o coração se farta, do que produzem os lábios se satisfaz. A morte e a vida estão no poder da língua; o que bem a utiliza come do seu fruto.

— PROVÉRBIOS 18.20-21

Por mais difícil que seja a sua situação, creia que não é o fim de sua história. Quem confessa o que crê concorda com Deus, mas quem se baseia nas circunstâncias anda de acordo com a incredulidade. Ao declarar o que Deus diz, você vence o Inimigo.

Quanto mais você concorda com Deus, mais poder e promessas são liberados sobre a sua vida. O poder de Deus está em sua boca, então pare de falar mal de si mesmo. Jesus não se agrada quando você se condena, afinal, você é um filho amado e querido. Apesar dos seus muitos erros, ele continua o amando, e não deseja que se lamente das suas feridas e deficiências. Peça ao Espírito Santo para transformar o seu discurso, de modo que passe a falar aquilo que o Senhor diz a seu respeito. Isso mudará completamente a sua vida.

Declare as promessas, as bênçãos divinas, e não aceite aquilo que o Diabo fala sobre você. Exercite o hábito de falar bem de si mesmo todos os dias, em fé. Profira palavras de bênção, saúde, prosperidade. Chame à existência aquilo de que necessita, e então verá uma mudança radical acontecer em sua vida.

LEIA HOJE
Salmos 33-34
Provérbios 17
Mateus 17

ANOTAÇÕES

A BONDADE DO PAI SEGUIRÁ VOCÊ

18 JAN

> Ele é como árvore plantada junto a corrente de águas, que, no devido tempo, dá o seu fruto, e cuja folhagem não murcha; e tudo quanto ele faz será bem-sucedido.
>
> — SALMOS 1.3

Em Cristo, cada um de nós somos o homem de Salmos 1. Esse texto diz respeito a mim e a você, e a primeira coisa que o amor de Deus nos revela é que somos uma árvore plantada, e não uma árvore que nasceu em qualquer lugar, descuidadamente. "Plantada" significa que foi cuidadosamente planejada. Deus planejou sua vida para plantá-la no melhor lugar, a fim de que seja uma árvore saudável e frutífera.

Você pertence ao Pai, ele planejou cada um dos seus dias. Você está plantado junto às correntes de águas, e não no deserto. Com isso, será bem-sucedido em tudo o que fizer. Estar junto às correntes das águas significa que está em Cristo – a água viva, o rio que flui, o segredo do sucesso na caminhada cristã cheia do Espírito Santo.

Tudo de que precisamos, todo o suprimento, vem desse rio que nos sacia. Não procure respostas para suas necessidades em outro lugar, apenas permaneça cada dia junto a esse rio do Espírito. A Bíblia diz que nele reside a plenitude de todas as coisas, nele tudo foi criado e subsiste; sem ele não há vida (cf. Colossenses 1.16-17). É por isso que a árvore junto à corrente de águas dá o fruto no devido tempo. A sua folha e o seu vigor não murcham, e "tudo quanto faz será bem-sucedido".

Ao olhar para a sua circunstância, talvez você não consiga ver esse versículo acontecendo em sua vida. Entenda, porém, que a sua condição momentânea não define a sua vida em Cristo. A chave é permanecer próximo a Cristo, em uma vida cheia do Espírito. Quando vivemos assim, passamos por dias difíceis, mas a realidade dessa vida abundante prevalece. Continue crendo, não há noite escura que não passe; em breve, um novo dia nascerá.

ANOTAÇÕES

DEVOCIONAL
018/365

LEIA HOJE
Salmos 35-36
Provérbios 18
Mateus 18

RECEBA TODAS AS IMERECIDAS BÊNÇÃOS

19 JAN

Se ouvires a voz do Senhor, teu Deus, virão sobre ti e te alcançarão todas estas bênçãos.

— DEUTERONÔMIO 28.2

Esse é um texto muito conhecido por todos e revela diversas bênçãos. Deus não muda, a Palavra dele não volta atrás; ele é o mesmo ontem, hoje e para sempre. Essa promessa era para o povo de Israel, mas hoje, diz a Bíblia, nós somos o Israel de Deus (cf. Gálatas 6.16).

Veja que a condição vinculada à promessa é guardar os mandamentos, mas nenhum homem do Antigo Testamento foi capaz de cumprir com toda a Lei, de modo que ela colocou em evidência a natureza caída da humanidade. No entanto, a Bíblia revela uma boa nova: "Porque o fim da lei é Cristo, para justiça de todo aquele que crê" (Romanos 10.4). Jesus cumpriu todas as ordenanças e, como um cordeiro sem mácula, sacrificou-se pelos nossos pecados. Isso significa que fomos lavados pelo sangue de Cristo, justificados e santificados. Por isso, por meio da graça de Deus, estamos aptos a viver uma vida de obediência ao Senhor, sobrenaturalmente capacitados pelo Espírito Santo.

Uma vez que estamos em Cristo, o que ele fez vale para mim e para você. Jesus tomou o nosso lugar na cruz e nos deu um lugar na presença de Deus. Levou os nossos pecados e nos deu a sua justiça. A ele, as promessas são devidas por justiça, mas a você, por favor imerecido. O Filho conquistou cada uma dessas promessas para você e, se você crer e confessar, todas elas se manifestarão em sua vida. Você é abençoado em Cristo!

DEVOCIONAL
019/365

LEIA HOJE
Salmos 37-38
Provérbios 19
Mateus 19

ANOTAÇÕES

UMA OBRA A SER CUMPRIDA

20 JAN

Dirigiram-se, pois, a ele, perguntando: Que faremos para realizar as obras de Deus? Respondeu-lhes Jesus: A obra de Deus é esta: que creiais naquele que por ele foi enviado.

— JOÃO 6.28-29

A religião construiu uma fortaleza na mente de muitos de nós, fazendo-nos crer que só podemos ser abençoados se formos fiéis em cumprir uma série de requisitos. Mas sabemos que a vida com Deus não funciona dessa maneira.

Talvez você se pergunte: "Então não temos que fazer coisa alguma para sermos abençoados?". "Faça a tua parte que eu te ajudarei?", diz o SENHOR. Saiba que essa frase não está na Bíblia, é um ditado popular. No entanto, sim, tem algo que devemos fazer para sermos abençoados. A Bíblia diz que a obra que devemos cumprir é acreditar nas promessas, crer em Cristo e desfrutar das suas bênçãos.

Abandone o pensamento de merecimento e, como um filho amado, creia na graça, no favor imerecido, que é Cristo cumprindo em nosso lugar, o que eu e você não fomos capazes de realizar. Quando você foi colocado em Cristo, foi para a cruz com ele e os seus pecados foram mortos lá. Quando Jesus ressuscitou, você também ressuscitou. Cristo recebeu a promessa, você também pode recebê-la, ainda que não a mereça. Está chocado? Filhos são assim, recebem por herança, apenas por serem amados.

Religião é troca, vida cristã é presente; religião é merecimento, vida cristã é graça. Você recebe porque é filho e está sob a Aliança; recebe porque é amado e porque, na Cruz, o Senhor conquistou o direito legal de o abençoar. Você não precisa merecer, porque está em Cristo, apenas confie nas promessas.

ANOTAÇÕES

LEIA HOJE
Salmos 39-40
Provérbios 20
Mateus 20

REMOVA AS PEDRAS E FRUTIFIQUE

21 JAN

[...] Outra [parte] caiu sobre a pedra; e, tendo crescido, secou por falta de umidade.

— LUCAS 8.6

Você provavelmente conhece a parábola do semeador. Ela revela o segredo para frutificar e explica quando isso não acontece. O segredo está no solo, que deve ser bom. Ao nos concentrarmos nos resultados, esquecemos de lidar com os problemas que nos impedem de ver os frutos do sucesso.

Na parábola, o primeiro solo é rochoso, representando um coração cheio de orgulho e justiça própria, onde a Palavra de Deus não pode criar raízes. Se você deseja receber o favor de Deus, é essencial mudar de postura. Talvez você pense que não possui essas características, mas como identificá-las?

Reflita se você fica magoado, ressentido ou amargurado com frequência, e se tem dificuldade em perdoar. Talvez você se considere muito importante e, por isso, ofende-se facilmente. Esses são sinais de orgulho. Um coração endurecido não permite que a Palavra o penetre e torna-se imune a ela . Por esse motivo, é necessário quebrantar-se na presença de Deus e dizer: "Senhor, não quero mais ser assim, tenha misericórdia de mim, quebrante o meu coração".

A Bíblia diz que o Senhor está semeando, e deseja trazer luz e lhe revelar tesouros escondidos, mas, para isso, é necessário que a terra do seu coração receba a semente. Não se sinta acusado, vá ao Senhor hoje mesmo e peça a ele que trabalhe em seu coração. Perdoe quem você precisa perdoar, quebrante-se diante de Deus e veja os frutos começarem a brotar.

LEIA HOJE
Salmos 41-42
Provérbios 21
Mateus 21

ANOTAÇÕES

NÃO PERMITA QUE ESPINHOS O IMPEÇAM DE CRESCER

22 JAN

Outra caiu no meio dos espinhos; e estes, ao crescerem com ela, a sufocaram.

— LUCAS 8.7

A parábola do semeador fala sobre o coração cheio de espinhos, e essa é uma revelação que nos é oferecida para entendermos por que algumas áreas de nossa vida não estão crescendo e o que devemos fazer a respeito. Espinhos representam ganância e distrações mundanas que sufocam a Palavra de Deus em nosso coração. Não há nada de errado em querer viajar, comprar, vender, e desfrutar a vida, mas não deixe seu coração amar o dinheiro, pois o amor ao dinheiro é a raiz de todos os males (cf. 1Timóteo 6.10).

Não gostamos de admitir que, muitas vezes, nosso coração está cheio de espinhos, completamente apegado às coisas do mundo. E não entendemos por que não recebemos o favor de Deus. São os espinhos, eles estão lá! Então, precisamos ir ao Senhor e dizer: "Deus, tire todos os espinhos do meu coração. Não quero ficar apegado às coisas da terra, pois tudo aqui é passageiro. Quero desfrutar das verdadeiras riquezas que vêm do Senhor, que me fazem prosperar, e não trazem desgosto".

> A bênção do Senhor enriquece, e, com ela, ele não traz desgosto (Provérbios 10.22).

No dia do seu velório, não haverá um caminhão de mudança. Você não levará nada deste mundo. Podemos ter muitas coisas, mas nosso coração não deve estar em nada. O desejo de comprar e vender pode nos dominar. Corremos o risco de nos apegarmos tanto ao que supostamente nos falta, que nos abatemos, provando o que está ocupando o nosso coração. Não quero condenar você. Todos nós temos momentos na vida em que o coração está orgulhoso e endurecido, totalmente apegado às coisas deste mundo e cheio de espinhos que sufocam a Palavra.

A. W. Tozer diz que a nossa busca desenfreada pelas coisas externas é apenas a prova de nossa falência interior. Não se condene por isso. O segredo é sermos cheios do Espírito Santo todos os dias; orando a Palavra, cantando, e ouvindo o Evangelho da graça divina, e desta forma, nosso anseio por coisas passageiras perderá a força sobre nós. Quando estamos cheios de Deus, podemos continuar desfrutando das coisas desta vida sem perder a nossa alma, livres de qualquer ansiedade, pois já estamos plenamente satisfeitos nele.

ANOTAÇÕES

DEVOCIONAL 022/365

LEIA HOJE

Salmos 43-44
Provérbios 22
Mateus 22

QUANDO A TERRA É BOA, O FRUTO É ABUNDANTE

23 JAN

Outra, afinal, caiu em boa terra; cresceu e produziu a cento por um. Dizendo isto, clamou: Quem tem ouvidos para ouvir, ouça.

— LUCAS 8.8

O último tipo de solo relatado na parábola do semeador representa um coração segundo a vontade de Deus. Ele não é orgulhoso e duro ou sufocado pelas paixões desta vida, mas totalmente voltado para o Senhor. No solo fértil, o Reino de Deus está em primeiro lugar. A Bíblia ensina: "Buscai, pois, em primeiro lugar, o seu reino e a sua justiça, e todas estas coisas vos serão acrescentadas" (Mateus 6.33). Nisto começa a transformação, este é o segredo para uma vida abundante.

O desafio é mudar a postura do coração, pois quando você recebe a Palavra, ela certamente produzirá muito fruto na sua vida. Você é justo, e é através da Palavra que terá fé para ver o milagre acontecer na sua vida. Lembre-se de que os justos, os que nasceram de novo, viverão pela fé e ela vem pela Palavra semeada em seu coração. Portanto, tratar o coração é fundamental para ter sucesso na vida. A Bíblia diz: "Sobre tudo o que deve guardar, guarda o coração, porque dele procedem as fontes da vida" (Provérbios 4.23).

Guarde seu coração da mágoa, do ressentimento e da amargura. Perdoe aquele que o ofendeu, ore por seus perseguidores, abençoe os que o amaldiçoam. Peça ajuda ao Espírito Santo para fazer isso. Não se apegue às vaidades deste mundo, mas coloque o Reino de Deus em primeiro lugar. Isso é crucial para que você viva o que Deus quer fazer. Quando o coração estiver pronto, o fruto aparecerá.

Às vezes, tentamos resolver problemas externos para vermos o milagre, mas Deus está mostrando que, primeiro, devemos tratar o nosso coração. Quando você perdoa, abençoa o próximo e rejeita o apego às coisas deste mundo, o milagre acontece. Esse é o ponto de transformação.

LEIA HOJE
Salmos 45-46
Provérbios 23
Mateus 23

ANOTAÇÕES

OBTENHA CONFIANÇA PARA VENCER NO DIA MAU

Nisto é em nós aperfeiçoado o amor, para que, no Dia do Juízo, mantenhamos confiança; pois, segundo ele é, também nós somos neste mundo.

— 1 JOÃO 4.17

24 JAN

A Bíblia ensina que precisamos ser aperfeiçoados no amor para que, no dia do juízo, tenhamos confiança. Uma das coisas que o Diabo mais tenta lhe roubar é a confiança. Sem confiança, você não pode trabalhar, estudar, estar casado, viajar ou viver com alegria. Quando você está com medo, não consegue dormir e a ansiedade, o pânico e as ameaças assaltam a sua mente. Às vezes, tentamos lutar contra o medo, mas ele é um espírito maligno que nos ataca, e nos faz questionar o amor e a fidelidade do Pai.

Quando Jesus estava prestes a ser tentado, o Espírito Santo o levou ao deserto. Pouco antes disso, ele havia sido batizado e, na ocasião, o céu se abriu. Então, ouviu-se uma voz do céu, dizendo: "Este é o meu Filho amado, em quem tenho prazer" (cf. Mateus 3.13-17). Jesus enfrentou o Diabo com essa palavra do Pai, e a primeira tentação foi justamente sobre o que ele tinha acabado de ouvir: "Se és o Filho de Deus, ordena a esta pedra que se transforme em pão" (cf. Lucas 4.1-13). Jesus tinha acabado de ouvir que era o Filho amado de Deus, e o inimigo usou isso para questioná-lo. Satanás sempre irá questionar a nossa identidade e o amor de Deus por nós a fim de nos paralisar de medo.

Não é impressionante? De um lado, Jesus ouviu "Este é o meu Filho amado", e, do outro, o Diabo rebate: "Então prove". Jesus ouve que era "o filho amado", mas o Inimigo questiona se, de fato, Jesus era "filho". Veja que, ao tentar Jesus, ele ocultou a palavra "amado", pois sabia que quem sabe que é amado vence o mal. Nunca esqueça, nem por um dia, que você é um filho amado. Isso fará com que você ande em vitória diária sobre o Inimigo.

Filhos que sabem que são amados vencem o Diabo. Voltemos ao livro de 1João. Precisamos lembrar que somos filhos amados, para que, no dia do juízo, tenhamos confiança. Se a enfermidade ou a depressão bater à porta; se você estiver passando por uma luta e o Inimigo disser que você irá sucumbir, não se desespere, apenas lembre-se de que você é um filho muito amado. Abra a sua boca e confesse isso em fé, assim, a confiança sobrenatural encherá o seu coração e trará a vitória à sua vida.

ANOTAÇÕES

LEIA HOJE
Salmos 47-48
Provérbios 24
Mateus 24

O VERDADEIRO AMOR LANÇA FORA O MEDO

25 JAN

No amor não existe medo; antes, o perfeito amor lança fora o medo. Ora, o medo produz tormento; logo, aquele que teme não é aperfeiçoado no amor.

— 1 JOÃO 4.18

A Bíblia diz que o medo produz tormento. Logo, aquele que teme não está aperfeiçoado no amor. Deus quer que você viva em paz, apesar dos temores das guerras deste mundo. O amor lança fora o medo.

A primeira vez que o homem teve medo foi em Gênesis, quando Adão pecou. A Bíblia diz que ele teve medo e se escondeu. Deus tinha dito que ele morreria se comesse da árvore do conhecimento, então Adão achou que Deus o mataria. Portanto, em última análise, a maioria dos nossos temores estão relacionados à morte. Veja, as pessoas dizem ter medo de cobra, mas, na verdade, temem morrerem com a sua picada; dizem ter medo de viajar de avião, mas o medo real é do avião cair e, então, morrerem.

A morte está no final de muitos medos, mas eu tenho uma notícia maravilhosa para você: A Bíblia diz em Hebreus 2.14 que Jesus, pela sua morte, destruiu aquele que tem o poder da morte, Satanás, e livrou a todos que, pelo pavor da morte, estavam escravizados. A morte é um espírito maligno, mas quando Jesus morreu, ele derrotou esse espírito. Jesus tirou da morte o poder de nos matar.

O Diabo mata pelo pecado, e o salário do pecado é a morte. No entanto, uma vez que seus pecados estão perdoados pelo sangue de Jesus, quando o espírito da morte vier atacar, verá o sangue e não poderá tocá-lo. Quando o Anjo da Morte estava prestes a passar sobre as casas dos filhos de Israel, o Senhor disse: "Matem o cordeiro, fechem as portas, passem o sangue nos batentes das portas. Então o anjo da morte verá o sangue e passará reto" (cf. Êxodo 12.21-30).

Onde há o sangue de Jesus, não há pecado; e onde não há pecado, a morte não pode agir. Creia que você está perdoado para sempre, creia que o sangue de Jesus está sobre você e viva sem medo, pois a morte não pode mais o atingir. Quando nosso dia de partir chegar, não nos encontraremos com a morte, os anjos virão nos buscar. Nós estamos em Cristo, já passamos da morte para a vida, aleluia!

LEIA HOJE
Salmos 49-50
Provérbios 25
Mateus 25

ANOTAÇÕES

É UM FATO COMPROVADO: VOCÊ É AMADO

Mas Deus prova o seu próprio amor para conosco pelo fato de ter Cristo morrido por nós, sendo nós ainda pecadores.

— ROMANOS 5.8

26 JAN

A grande prova do amor de Deus por você e por mim não é a falta de problemas. Jesus já nos alertou quanto a isso: "No mundo tereis aflições, mas tende bom ânimo; eu venci o mundo". Ele venceu o mundo por você.

A prova do amor de Deus é que ele morreu na Cruz, pois não há demonstração maior de amor que entregar a própria vida por outro. Então, quando você estiver passando por uma dificuldade, não se pergunte "Onde está Deus?", ou "Será que Deus me ama?", ou ainda "Se ele me ama, por que estou sofrendo?". O sofrimento não significa a ausência do amor de Deus; ele é o resultado de vivermos em um mundo caído. É na hora da luta que você mais precisa crer que é amado por Deus e que, por isso, ele o livrará. No momento da angústia, lembre-se da voz do Céu dizendo: "Este é o meu Filho amado, em quem tenho prazer".

O medo acontece quando enfrentamos situações de ameaça e temos a sensação de incapacidade de enfrentá-la, achamos que estamos sozinhos e que não há ninguém para nos socorrer. Por isso, é tão importante vivermos com a consciência do amor de Deus por nós, em vez de considerarmos esse amor uma declaração vazia. Você é amado e não está só!

ANOTAÇÕES

DEVOCIONAL
026/365

LEIA HOJE
Salmos 51-52
Provérbios 26
Mateus 26

RECEBA TUDO, IMERECIDAMENTE

27 JAN

Então, lhe respondeu o pai:
Meu filho, tu sempre estás comigo;
tudo o que é meu é teu.

—LUCAS 15.31

Esse versículo é a resposta do pai ao irmão mais velho, na parábola do filho pródigo. O objetivo não era mostrar o pecado do filho desviado, mas mostrar o coração de Deus como nosso Pai amoroso. Nessa parábola, cada filho simboliza um tipo de crente: o que se desvia e o que permanece na igreja, mas se considera irrepreensível.

Muitas vezes, somos como o filho que ficou em casa. Estamos na igreja, cheios de justiça própria, achando que merecemos porque fazemos "tudo certo", mas, apesar disso, nós não nos sentimos abençoados. E, para piorar a revolta, ainda vemos outro irmão ao nosso lado recebendo bênçãos, apesar de, aos nossos olhos, ele não ser um bom servo de Deus.

Gosto de dizer que essa parábola mostra, na verdade, dois filhos desviados. Um fora de casa e outro, dentro. Nenhum dos dois conhecia o pai que tinha. A resposta do pai para o filho revoltado revela o seu coração para conosco. "Tu sempre estás comigo, tudo o que é meu é seu". Ele nunca tinha feito nenhuma festa com os amigos porque não acreditava que tudo o que era do Pai também era dele.

Essa história está aqui para nos libertar de uma mentalidade falsa de merecimento, em que os filhos maus devem ser castigados e os comportados, recompensados. O coração do Pai é bom e quer nos abençoar e nos conceder todas as boas coisas. O Pai é generoso, mas precisamos entender que a vida cristã não é uma troca; ao contrário, é o Pai dando tudo para aqueles que não merecem nada. Tanto o filho que se perdeu pode voltar e ser abençoado, quanto o filho dentro de casa pode desfrutar do que já é dele, imerecidamente, apenas por eles serem filhos. Não se julgue por merecer ou não coisa alguma, você é filho, desfrute das coisas que o Pai tem para você, pois tudo o que é do Pai é seu também.

DEVOCIONAL
027/365

LEIA HOJE
Salmos 53-54
Provérbios 27
Mateus 27

ANOTAÇÕES

OS SEUS ERROS NÃO SÃO MAIORES QUE O AMOR DE DEUS

28 JAN

E, levantando-se, foi para seu pai. Vinha ele ainda longe, quando seu pai o avistou, e, compadecido dele, correndo, o abraçou, e beijou.

— LUCAS 15.20

Essa é a cena chocante de um filho que pecou e se afastou do pai. Ele estava sofrendo, então decidiu voltar, mesmo não tendo a certeza do amor e do perdão do seu pai. Essa é a volta do filho pródigo para a casa. Apesar de tudo, e da terrível atitude pecaminosa desse filho, o pai nem sequer o repreendeu. Isso nos mostra que essa não é a intenção de Deus.

Deus não quer que você peque, é claro, porque o pecado pode destruir a sua vida. O pecado do filho pródigo o levou ao chiqueiro. Porém, o pecado não é maior do que o amor de Deus; seu pecado não se compara a esse amor.

É impressionante que, quando Adão pecou, Deus não foi encontrá-lo para castigá-lo e, muito menos, matá-lo, como ele imaginava. O Senhor foi até Adão e perguntou: "Adão, onde você está?" (cf. Gênesis 3.9). Perceba que ele não perguntou: "O que você fez?", como nós perguntaríamos. A fuga de Adão aponta que ele estava focado em seu erro, mas a pergunta de Deus mostra que ele se importava com o afastamento de Adão.

Pare de fugir de Deus. Embora não se alegre com nossos erros, quando nos arrependemos, ele nos perdoa, pois Jesus já pagou pelas nossas falhas na cruz. No entanto, ele se preocupa quando nos distanciamos dele, pois para Deus, você é mais importante do que os seus erros. "[...] o amor perdoa uma multidão de pecados" (1Pedro 4.8).

Se você pecou e, por alguma razão, afastou-se do Senhor, pensando quão triste ele está com você, faça como o filho pródigo, apenas volte para a presença do Pai. Você é o que importa para ele. Aconteça o que for, não corra de Deus, corra para Deus, pois os seus pecados nunca serão maiores do que o amor e o perdão divinos para a sua vida.

ANOTAÇÕES

DEVOCIONAL
028/365

LEIA HOJE
Salmos 55-56
Provérbios 28
Mateus 28

COISAS BOAS VÃO ACONTECER PARA VOCÊ

29 JAN

E o Deus da esperança vos encha de todo o gozo e paz no vosso crer, para que sejais ricos de esperança no poder do Espírito Santo.

— ROMANOS 15.13

A palavra "esperança", do grego "*elpis*", significa "uma expectativa de coisa boas". Temos esperança quando meditamos diariamente no Evangelho da graça de Deus, pois ele produz santas expectativas em nosso coração de que coisas boas vão acontecer. Evangelho significa "boas novas" ou "boas notícias". A Palavra de Deus tem o poder de encher o seu coração de esperança pelas promessas do Pai.

Vivemos em um mundo caído, cheio de expectativas, de guerras, recessões, pandemias, desemprego, violência, roubo, traições e tantas coisas ruins que podem atingir tanto o casamento, quanto os filhos, o trabalho, o presente e o futuro. Tudo isso tem produzido uma grande epidemia de ansiedade e todo tipo de doenças psicossomáticas. Essa é a realidade de um mundo sem Deus e a grande estratégia de Satanás de esmagar o homem.

Não podemos nos esquecer, porém, de que nós somos o resultado de nossas crenças, e elas proveem do que ouvimos e decidimos acreditar. Quando você enche a sua mente e o seu coração com as notícias ruins divulgadas na internet e na tevê eles são tomados de tormenta e desânimo. Quando, porém, você decide parar de ler e ouvir as más notícias do mundo e passa a ouvir diariamente as boas novas do Evangelho, algo sobrenatural acontece. A ansiedade cessa, a alegria toma o coração e uma vida abundante começa a fluir.

O nosso Deus é o Deus da esperança, da expectativa de coisas boas, e não do anúncio do juízo e do castigo às suas falhas. Mude o seu conceito a respeito do Senhor, ele é o seu Pai bondoso e fará de você alguém cheio de boas expectativas pelo poder do Espírito Santo à medida que ouvir e meditar nas boas novas do Evangelho.

Não se trata da esperança vazia do mundo, que não tem onde se apoiar, mas da esperança na promessa de um Deus que não mente nem falha. Ele é o Pai todo-poderoso que o ama. Encha o seu coração de esperança, coisas boas acontecerão.

LEIA HOJE
Salmos 57-58
Provérbios 29

ANOTAÇÕES

MENTE NOVA, VIDA VENCEDORA

30 JAN

E não vos conformeis com este século, mas transformai-vos pela renovação da vossa mente, para que experimenteis qual seja a boa, agradável e perfeita vontade de Deus.

— ROMANOS 12.2

Aprenda a lidar com a sua mente, ela é um grande campo de guerra. Tudo começa nela. O Diabo age de fora para dentro, ele começa na sua mente para, então, atingir o seu coração, abater o seu espírito e minar a sua fé. Então, proteja a sua mente com o capacete da salvação, assegurado pela Palavra de Deus (cf. Efésios 6.10-17) . Cada versículo é uma arma de fé contra o Diabo e, quando declaramos a Palavra em uma atitude de fé, nosso coração se enche das promessas de Deus; dessa forma, vivemos em paz e verdadeira alegria.

Diariamente, Deus fala conosco, mas o Inimigo também fala. Discernir quem está falando e escolher crer ou não, é fundamental. Quero lhe ensinar algo simples: todas as vezes que você tiver pensamentos de incredulidade, desânimo e apatia, lembre-se de que essa é a voz do Diabo falando com você, então rejeite-a imediatamente. A voz divina nunca nos abate, ela nos levanta.

É preciso compreender que o Diabo fala na primeira pessoa do singular, para que você pense que é você mesmo quem está falando. Não caia nisso! À medida que você preenche sua mente com a Palavra, torna-se cada vez mais sensível para identificar tais pensamentos e, então, obter a vitória. Não se desespere, o Espírito Santo lhe auxiliará nesse caminho.

Viver a vontade boa, perfeita e agradável do Senhor requer não se conformar com o mundo, não pensar como o mundo pensa. Renove a sua mente com as verdades do Evangelho e viva uma vida vencedora.

ANOTAÇÕES

LEIA HOJE
Salmos 59-60
Provérbios 30

VITÓRIA PELO SANGUE DE JESUS

31 JAN

Eles, pois, o venceram por causa do sangue do Cordeiro e por causa da palavra do testemunho que deram e, mesmo em face da morte, não amaram a própria vida.

— APOCALIPSE 12.11

Se o Diabo prender você no âmbito natural, ele vai ganhar a batalha; mas, se você levar a batalha para o campo espiritual e olhar para a vitória de Cristo na cruz, em vez de olhar para as suas próprias limitações, você vencerá.

> Agora, pois, já nenhuma condenação há para os que estão em Cristo Jesus. Porque a lei do Espírito da vida, em Cristo Jesus, te livrou da lei do pecado e da morte. (Romanos 8.1-2)

Nenhuma condenação há para mim que estou em Cristo Jesus. Isso é muito importante. A maioria das lutas, depressões e ansiedades que atingem as pessoas é resultado de acusação e culpa; essa é a grande arma do Diabo. Você precisa vencer essas coisas rejeitando as acusações do Inimigo, dia e noite, por meio da Palavra de Deus.

A maneira de vencer é pelo sangue de Jesus, como está escrito em Apocalipse. É acordar de manhã e dizer: "Eu estou perdoado pelo sangue de Jesus, portanto, não há mais culpa sobre mim; meus pecados foram pagos na cruz". À medida que confessar, as cadeias cairão e você experimentará a alegria do Espírito, fruto da sua fé na obra de Cristo.

Vencemos a culpa e a condenação por causa do sangue de Cristo, que pagou toda a dívida que tínhamos diante de Deus. Jesus tomou o nosso lugar, sofreu a ira divina e levou a maldição sobre si. Agora, não há mais dívida, culpa, condenação ou maldição sobre você. Esse é o testemunho que deve ser dado ao mundo espiritual. Apenas levante-se e declare a sua vitória pelo sangue de Jesus.

LEIA HOJE
Salmos 61-62
Provérbios 31

ANOTAÇÕES

FEVEREIRO

A VIDA DE CRISTO É A NOSSA VITÓRIA

01 FEV

Justificados, pois, mediante a fé, temos paz com Deus por meio de nosso Senhor Jesus Cristo.

— ROMANOS 5.1

Para vivenciar vitória, pare de se maldizer e concorde com Deus sobre sua identidade. A verdade a seu respeito não está no que vê ou sente, mas no que a Palavra declara. Você é quem Deus diz que é. Deixe de se condenar e dizer que é incapaz, e comece a afirmar as promessas divinas para a sua vida. Não foque em si mesmo, volte seus olhos para Cristo.

A Bíblia afirma que, pela fé, você é justo. Ser justo diante de Deus é mais do que ser perdoado, é ser declarado inocente diante dele, como se nunca tivesse pecado. Sei que isso parece ilógico, mas essa é a loucura do Evangelho. Jesus tomou o nosso lugar, pagou por nossos pecados e nos vestiu de sua vida santa e justa. Agora, estamos em paz diante de Deus, porque, quando ele olha para nós, vê Cristo, e essa poderosa verdade nos dá confiança para vivermos seguros com Deus.

> Logo, já não sou eu quem vive, mas Cristo vive em mim; e esse viver que, agora, tenho na carne, vivo pela fé no Filho de Deus, que me amou e a si mesmo se entregou por mim. (Gálatas 2.20)

No trecho acima, lemos a afirmação do apóstolo Paulo: "Já não sou eu quem vive, mas Cristo vive em mim". Por um lado, pode parecer que somos um fantoche, mas aqui está a revelação: a vida de Cristo está em nós. Isso é maravilhoso, é uma boa nova. No descanso, a vida não é passiva, e sim ativa em Deus, sem ansiedade. Há uma nova vida em nós, e ela nos garante sucesso e vitória em todas as áreas, aleluia!

LEIA HOJE
Salmos 63-64
Provérbios 1
Marcos 1

ANOTAÇÕES

FAÇA MAIS SEM SE CANSAR

02 FEV

> Mas os que esperam no SENHOR renovam as suas forças,
> sobem com asas como águias, correm e não se cansam,
> caminham e não se fatigam.
>
> — ISAÍAS 40.31

Se você se sente fraco, com a alma cansada; se está exausto de lutar pelo seu casamento, sua família ou filhos; se está cansado de batalhar contra uma depressão, a Bíblia apresenta uma palavra de esperança e fé para você: ele faz forte o cansado, ele o fortalece para vencer.

O segredo para vencer dias de cansaço na alma está, primeiramente, em ouvir o Senhor e se lembrar de sua grandeza e seu cuidado. Como criador de toda a Terra, ele jamais se cansa de lhe trazer auxílio, ainda que pela centésima vez. Muitas vezes, nós nos cansamos de ajudar as pessoas por períodos longos, especialmente quando não vê nelas as mudanças esperadas, mas o Senhor não. O amor dele é capaz de permanecer até o fim e estará com você até que as coisas se resolvam.

Ele não vai apenas motivá-lo ou oferecer uma palavra de incentivo para que você supere essa situação, mas a Bíblia promete que ele mesmo é quem o fortalecerá, de dentro para fora, multiplicará suas forças para que você persevere e vença. As montanhas não sairão do seu caminho, pois no mundo teremos aflições (cf. João 16.33), mas ele lhe dará a capacidade necessária para que as ultrapasse sem ser destruído.

A única coisa que ele requer de nós é que esperemos nele. Esperar não é uma atitude passiva, é, na verdade, um ato de fé. Você entrega o problema a Deus e confia que as coisas se resolverão em seu caminhar, pois o Todo-Poderoso está cuidando da situação. O resultado disso é que você não apenas será renovado, como também voará como a águia, sem sentir cansaço algum. Não é algo impressionante? O renovo não virá por você ficar parado, mas por sua fé e entrega ao Deus criador. Espere nele e veja o milagre.

ANOTAÇÕES

DEVOCIONAL
033/365

LEIA HOJE
Salmos 65-66
Provérbios 2
Marcos 2

ELE É A RESPOSTA PARA TUDO DE QUE PRECISAMOS

03 FEV

Reconhece-o em todos os teus caminhos,
e ele endireitará as tuas veredas.

— PROVÉRBIOS 3.6

Vivemos um tempo em que estamos cercados por muitos problemas e ameaças, e saber que recebemos do Senhor uma promessa poderosa traz profundo descanso e segurança.

Devemos estar ligados a Deus em amor, o que significa reconhecê-lo em todos os nossos caminhos. A palavra hebraica "reconhecer" em Provérbios 3.6 é *yada* e significa "conhecer por experiência". Não é apenas ter informações sobre alguém; trata-se de um relacionamento por experiência, não algo distante e impessoal, mas uma relação na qual você se volta a Deus até que ele se manifeste. Reconhecê-lo em todos os seus caminhos significa que nenhuma área da sua vida ficou de fora, ou seja, toda situação, problema, desafio e sonho foram entregues a ele.

A promessa, portanto, é que ele endireitará todas as coisas. É impressionante como insistimos em procurar solução para os dilemas da nossa vida de tantas maneiras, mas sem sucesso. Por alguma razão, nós nos enganamos ao acreditar que somos suficientemente capazes de resolver tudo sozinhos e, então, nós nos frustramos ao perceber que não é assim. Portanto, a solução está em voltarmos para o Senhor e o considerarmos em cada caminho da nossa vida. Hoje é o seu dia de levar cada situação a Deus e vivenciar a maneira como ele endireita suas veredas.

DEVOCIONAL
034/365

LEIA HOJE
Salmos 67-68
Provérbios 3
Marcos 3

ANOTAÇÕES

DEUS É O SEU PAI E ISSO MUDA TUDO

04 FEV

Manifestei o teu nome aos homens que me deste do mundo.
Eram teus, tu mos confiaste, e eles têm guardado a tua palavra.
— JOÃO 17.6

Conhecer o nome de Deus por experiência, e não apenas de ouvir falar, é a chave espiritual para tudo de que precisamos. Deus tem muitos nomes poderosos, e cada um deles pode nos socorrer em uma área. Ele é o Deus que nos cura, nossa bandeira, nosso pastor, nosso salvador, entre muitos outros nomes. No entanto, Jesus veio revelar o nome dos nomes, o novo nome de Deus: *Aba*, paizinho.

Quando Deus é o seu pai, por revelação e experiência, tudo de que você necessita estará suprido, pois o Pai tem conosco uma relação de amor incondicional. Isso produz grande fé, descanso e confiança. A religião, por muitos anos, tem escondido o verdadeiro nome de Deus e nos revelado um Deus distante, impessoal e severo, mas nada poderia estar mais longe da realidade que Cristo veio nos revelar: um Pai amoroso, paciente, bondoso e longânime.

Se, em suas orações, você não consegue chamar Deus de Pai, é necessário buscar, pela graça, desenvolver um relacionamento de filho com ele. Deus é o seu Pai; ele não é um juiz distante nem um legalista que lhe impõe um monte de regras. Você precisa não apenas reconhecer a Deus como seu Pai, mas experimentar essa relação de forma pessoal em sua vida cristã, pois esse nome evoca uma experiência de família, proximidade, intimidade e cuidado. Isso estabelece entre você e Deus uma relação única, transformadora e poderosa.

"*Aba*, paizinho", esse é o nome dele. Ore para que Deus revele esse nome a você. É por meio dessa revelação que somos verdadeiramente guardados. Ter um Pai celestial que o ama, que está vigilante e cuida de cada detalhe da sua vida é fundamental para viver vitoriosamente. Relacione-se com ele como Pai, fale com ele como um filho.

ANOTAÇÕES

DEVOCIONAL
035/365

LEIA HOJE
Salmos 69-70
Provérbios 4
Marcos 4

VIVA VITORIOSAMENTE JUSTIFICADO EM CRISTO

05 FEV

Agora, pois, já nenhuma condenação há para os que estão em Cristo Jesus.

— ROMANOS 8.1

Comece os seus dias lembrando de quem você é, rejeitando a culpa e a condenação, declarando que é um filho amado e lembrando-se de que foi perdoado e justificado. Estamos em Cristo e, por isso, não há nenhuma condenação sobre nós.

Ser justificado é mais do que ser perdoado; é ser declarado inocente. E quem, em si mesmo, poderia ser aprovado de tal maneira? A resposta a essa pergunta é que Cristo tomou o nosso lugar na cruz e nos deu o seu lugar no Céu, para que tivéssemos a consciência e a fé de que toda a Lei foi cumprida. Então, creia na justiça de Jesus, descanse e entregue a Deus os seus problemas.

Desde Adão, o inimigo exige do homem provas de sua filiação a Deus. No Jardim, questionou se Eva era realmente feita à imagem e semelhança de Deus (cf. Gênesis 3.1-5), e, no deserto, condicionou a filiação de Jesus à transformação de pedras em pães (cf. Lucas 4.1-4). Diariamente, ele requer provas a respeito de sua vida, mas você não precisa provar nada nem para o Diabo, nem para si mesmo ou para qualquer outra pessoa; é Deus quem o justifica, apenas repita essa verdade diante de cada questionamento ou acusação que vier à sua mente.

É impossível que os justificados por Cristo vivam sem paz, pois ela é a evidência da fé de quem entregou sua vida ao Senhor, e o Inimigo sabe disso. Portanto, uma das estratégias do Diabo, antes de paralisar sua vida, é roubar a sua paz e a sua fé por meio da acusação e da culpa. Então, devemos lembrar que esta calma é fruto da consciência de perdão, a certeza de que está tudo bem entre você e Deus, de que ele não está irado com você, porque Jesus já pagou por todos os seus pecados na cruz. A vitória virá na medida da paz em seu coração, e a paz, por sua vez, virá na medida da revelação do perdão de Deus. Creia no perdão divino, descanse, tenha paz e ande em vitória.

DEVOCIONAL
036/365

LEIA HOJE
Salmos 71-72
Provérbios 5
Marcos 5

ANOTAÇÕES

A PALAVRA DE DEUS TEM PODER PARA CRIAR

Como está escrito: Por pai de muitas nações te constituí, perante aquele no qual creu, o Deus que vivifica os mortos e chama à existência as coisas que não existem.

— ROMANOS 4.17

06 FEV

Muitos irmãos ainda sofrem por serem levados pelos enganos de todo "vento de doutrina" (cf. Efésios 4.14) que não está alinhado com o Evangelho, talvez disseminado na internet e, infelizmente, em muitas igrejas. Entre esses enganos, está a constante sensação de débito com Deus.

No entanto, saiba que a fé não é um sentimento, mas a crença na Palavra e na promessa de um Deus imutável. Ter fé é acreditar que Deus é poderoso e fiel para cumprir o que prometeu, incluso aos indignos e não merecedores que estão em Cristo.

Quando cremos e nos apegamos à Palavra, temos um firme fundamento sobre o qual construir com solidez. A Palavra não é a tinta e o papel que temos em mãos, mas a vida que nela se apresenta. Jesus é o Verbo que se fez carne e habitou entre nós (cf. João 1.14), e a Bíblia diz, em Hebreus, que tudo foi criado e é sustentado pelo Verbo de Deus; logo, crer na Palavra é o caminho para uma vida sólida e vencedora.

> Pela fé, entendemos que foi o universo formado pela palavra de Deus, de maneira que o visível veio a existir das coisas que não aparecem. (Hebreus 11.3)

Deus chama à existência as coisas que não existem, e todo o Universo foi formado pela sua Palavra. A verdade de que ele fez todas as coisas por meio da Palavra é poderosa e imutável, pois Deus continua criando para nos abençoar e o faz quando a Palavra em que cremos em nosso coração é declarada com fé. Saiba que, apesar de nós e de nossos erros, Deus não apenas pode, mas quer agir em nosso favor e responder a cada pedido que fazemos confiantes na obra da Cruz.

Hoje é dia de você abrir a sua boca e, mesmo diante de sentimentos controversos e situações desfavoráveis, concordar com Deus proclamando em fé o que ele lhe promete em sua Palavra.

ANOTAÇÕES

DEVOCIONAL
037/365

LEIA HOJE
Salmos 73-74
Provérbios 6
Marcos 6

PROFIRA PODEROSAMENTE E VEJA O SEU MILAGRE

07 FEV

Pois, nele, foram criadas todas as coisas,
nos céus e sobre a terra, as visíveis e as invisíveis,
sejam tronos, sejam soberanias, quer principados,
quer potestades. Tudo foi criado por meio dele e para ele.

— COLOSSENSES 1.16

Deus criou todas as coisas por meio da palavra. A Bíblia revela que nada foi feito sem Jesus, pois ele estava desde o princípio da criação. Entenda, então, que a palavra não foi feita em primeiro lugar para dialogar, mas para criar; esse é um poderoso princípio de fé. Quando Deus Pai falava, era também liberado para agir, porque ele é a própria Palavra. Como o Verbo de Deus, ele nos inspira com as suas promessas por meio de sua Palavra, que deve ser crida em nosso coração e proferida por nossos lábios.

Quando falamos a Palavra, liberamos a vida do próprio Cristo para trazer à existência aquilo que acreditamos. Não por menos, antes de o Inimigo roubar a sua bênção, ele roubará o seu louvor e a sua fé na promessa. Ele sempre tentará silenciá-lo em relação à Palavra, para que não experimente o que ela pode gerar em sua vida, quando proferida com fé. Declarar as verdades bíblicas em voz alta, mesmo contra a sua vontade, é fundamental, porque elas têm poder para criar.

> Porém que se diz? A palavra está perto de ti, na tua boca e no teu coração; isto é, a palavra da fé que pregamos. (Romanos 10.8)

A Palavra de Deus está perto de você, em sua boca e em seu coração, então declare-a, chame-a à existência, a Bíblia não sugere isso, mas afirma categoricamente esse fato.

DEVOCIONAL
038/365

LEIA HOJE
Salmos 75-76
Provérbios 7
Marcos 7

ANOTAÇÕES

ESCOLHA A VERDADE E SEJA UM VENCEDOR

08 FEV

Filho meu, atenta para as minhas palavras; aos meus ensinamentos inclina os ouvidos. Não os deixes apartar-se dos teus olhos; guarda-os no mais íntimo do teu coração. Porque são vida para quem os acha e saúde, para o seu corpo.

— PROVÉRBIOS 4.20-22

É impressionante como Deus nos instrui a focar na Palavra, meditar nela, ouvi-la e confessá-la para, então, obtermos vitória. Somente assim venceremos todo pensamento de derrota e guardaremos o nosso coração dos sentimentos de medo, culpa e fracasso.

O Diabo conhece o poder da Palavra e o poder que consiste em confessá-la. Por isso, o seu objetivo é distanciá-lo dela e distraí-lo, levando-o a focar em problemas e em emoções, porque, assim, roubará a sua fé e vencerá a batalha. O único caminho seguro é a Palavra de Deus, olhando para Cristo e crendo em suas promessas. Cada resposta e solução que precisamos são encontradas no Evangelho de Cristo.

> Ora, àquele que é poderoso para fazer infinitamente mais do que tudo quanto pedimos ou pensamos, conforme o seu poder que opera em nós. (Efésios 3.20)

A Palavra é poderosa para fazer infinitamente mais do que tudo quanto pedimos, pensamos ou imaginamos. O verdadeiro Deus está acima das más notícias, do mercado financeiro e de um diagnóstico médico. Você até pode me dizer, neste momento: “Pastor, contra fatos não há argumentos, precisamos ser realistas e levar em conta as notícias deste mundo”. Eu o compreendo, mas o que talvez você não saiba é que Deus não trabalha com os fatos e as notícias, ele trabalha com a verdade.

Realmente existem doenças, mas é verdade que Jesus carregou na cruz todas as suas enfermidades. É fato que você tem muitas necessidades, mas é verdade que o Senhor o tem abençoado com toda sorte de bênçãos espirituais em Cristo Jesus. Às vezes, nós nos sentimos fracos e incapazes, mas é verdade que podemos todas as coisas naquele que nos fortalece (cf. Filipenses 4.11-13). Portanto, qual lado você escolherá? Não é necessário negar os fatos, mas você certamente pode escolher a verdade, declará-la em fé e ver o milagre acontecer na sua vida.

ANOTAÇÕES

DEVOCIONAL
039/365

LEIA HOJE
Salmos 77-78
Provérbios 8
Marcos 8

SOSSEGUE A SUA ALMA E RECEBA FORÇA

09 FEV

Porque assim diz o SENHOR Deus, o Santo de Israel:
Em vos converterdes e em sossegardes, está a vossa salvação;
na tranquilidade e na confiança, a vossa força, mas não o quisestes.

— ISAÍAS 30.15

A Bíblia diz que a nossa salvação está em nos convertermos e nos aquietarmos, ou seja, na fé e na tranquilidade está a nossa força. Essas são chaves espirituais para você começar o seu dia. No original hebraico, a palavra "converter" é *shûbah* e significa "retirar-se". No Novo Testamento, em grego, usa-se a palavra *metanoia* que significa "mudar a mente". É precioso considerar que ao ser "transformado em minha mente" em relação a Deus e entender que devo me "retirar" do problema, entregando tudo ao Senhor, obtenho a vitória. Em outras palavras, é isso o que está registrado nas Escrituras.

Metanoia é quando você muda a sua maneira de pensar em relação a quem Deus é e a si mesmo. É nesse momento que acontece a salvação. Quando Deus deixa de ser um juiz e você deixa de ser um escravo, ele se torna Pai e você, filho. Não apenas isso, ele se torna um Pai amoroso e você um filho amado. Quando essa revelação chega ao coração, todo o medo se vai, toda ansiedade é dissipada e pode-se reinar em vida. Nisso está a sua vitória.

A salvação de Deus é muito mais ampla do que ser salvo do Inferno. A palavra bíblica para salvação também inclui ser salvo da miséria, da morte, da depressão, da doença e da ansiedade. Ela é chamada de *sozo* de Deus. Trata-se de uma salvação integral. Ela o salvou no passado, desde o momento em que você creu; salva você no presente, transformando a sua alma; e o salvará no futuro, quando seu corpo for glorificado. Creia, algo muito poderoso está acontecendo na sua vida.

A sua força e a sua vitória estão no princípio espiritual de voltar-se para o Senhor, não o vendo como um Deus distante e indiferente, mas como aquele que é a resposta para tudo de que você precisa, e que deseja abençoá-lo, porque o tem como um filho perdoado e justificado. Volte-se para ele com esse entendimento e entregue seus caminhos a Deus, sossegando a sua alma e descansando verdadeiramente. Nisso constará a sua força, salvação e vitória, porque sossegar é uma evidência de fé.

DEVOCIONAL
040/365

LEIA HOJE
Salmos 79-80
Provérbios 9
Marcos 9

ANOTAÇÕES

EXPERIMENTE UMA NOVA VIDA FORA DA RELIGIÃO

Mas o Senhor disse a Moisés e a Arão: Visto que não crestes em mim, para me santificardes diante dos filhos de Israel, por isso, não fareis entrar este povo na terra que lhe dei.

— NÚMEROS 20.12

10 FEV

O objetivo deste devocional é remover de sua cabeça qualquer cosmovisão religiosa. A religião pinta uma imagem equivocada de Deus. Você sabia que foi por esse motivo que Moisés não entrou na Terra Prometida? Deus o havia orientado a falar à rocha, que fluiria água no deserto. Moisés, porém, quis agir à sua maneira, e bateu na pedra. O líder de Israel mostrou incredulidade quando decidiu não obedecer à ordem específica de Deus, e preferiu fazer o milagre do seu jeito.

Da mesma forma, temos o costume de tentar alcançar a salvação da forma que achamos correta, e caímos no legalismo. Passamos a fazer as coisas de Deus sem o direcionamento e capacitação divina. Entretanto, desejo que você, por amor e não por regras, cultive intimidade com Deus e comece a enxergá-lo como seu Pai, tornando-se dependente dele em tudo o que se propõe a fazer.

Enquanto a religião traz culpa e condenação, Paulo afirma que o Evangelho traz graça e boas novas da parte de Deus. A partir de agora, ao considerar o seu relacionamento com Deus, não o veja como um conjunto de regras que, quando cumpridas, trarão bênçãos. Em vez disso, veja Deus como alguém que o ama e se relaciona com você não por seus méritos, mas apesar de seus erros.

Nossa mente é legalista por natureza, levando-nos a nos cobrar e nos acusar constantemente. A ansiedade, que hoje é prevalente, nada mais é do que o fruto de uma vida cheia de culpa e cobranças autoimpostas. No entanto, gostaria de convidá-lo a deixar de viver com a consciência pesada pela culpa e passar a viver com a consciência de perdão e aceitação.

ANOTAÇÕES

LEIA HOJE
Salmos 81-82
Provérbios 10
Marcos 10

VIVA FELIZ E LIVRE DA LEI

11 FEV

Abriram-se, então, os olhos de ambos; e,
percebendo que estavam nus,
coseram folhas de figueira e fizeram cintas para si.

— GÊNESIS 3.7

Quando Adão caiu, o pecado entrou no mundo e, com ele, a morte. Essa morte se mostra de muitas maneiras: tristeza, mágoa, ressentimentos, doenças, fracasso, brigas; tudo isso é morte. Basta olharmos às notícias diárias para vermos a manifestação do pecado nas ruas e, até mesmo, na nossa casa, causando sofrimento, escravidão e muralhas que nos impedem de viver o que Deus planejou para nós.

A Bíblia diz que, ao comerem da árvore do conhecimento do bem e do mal, uma coisa aconteceu com Adão e Eva: "os seus olhos se abriram", e eles passaram a viver conscientes do pecado. Após isso, a primeira coisa que fizeram foi se esconder de Deus, porque, sob culpa, derrota e angústia, tiveram medo. Isso também costuma ocorrer quando pecamos, nós nos sentimos impuros e indignos de nos aproximarmos do Senhor. Então, passamos a viver uma vida baseada em troca e em merecimento, que é, portanto, como uma usina de culpa.

Assim é a religião, que distorce a imagem de Deus, apresentando-o como uma divindade punitiva. Se quisermos vencer o pecado e a morte, precisamos adotar uma vida fundamentada na fé, na graça de Cristo e no seu favor imerecido. Pare de tentar tornar-se merecedor: você já foi perdoado por causa de Cristo!

LEIA HOJE
Salmos 83-84
Provérbios 11
Marcos 11

ANOTAÇÕES

NÃO CORRA DE DEUS, MAS PARA DEUS

Quem, ó Deus, é semelhante a ti, que perdoas a iniquidade e te esqueces da transgressão do restante da tua herança? O Senhor não retém a sua ira para sempre, porque tem prazer na misericórdia.

— MIQUEIAS 7.18

12 FEV

A Bíblia relata que Adão encontrava-se com Deus todos os dias, assim como o fazemos com cada devocional na presença do Pai. Certo dia, porém, desobedeceu a ordem divina e se escondeu. Na ocasião, Deus o chamou e perguntou: "Adão, onde você está?". Não é curioso ele não ter perguntado, em vez disso, o que Adão havia feito? Se fôssemos nós, certamente perguntaríamos "Rapaz, o que foi que você fez?". Porque é assim que a religião faz, ela cobra focada no erro, diferente de Deus.

Adão, ao errar, escondeu-se porque estava focado no seu erro. Deus, porém, não estava preocupado com o erro em si, mas com o homem, com o distanciamento daquele a quem amava. Deus não perguntou o que Adão fez, mas onde estava. Enquanto Adão preocupava-se com o erro, Deus com a distância que os separava.

Talvez você também tenha cometido muitos erros e, por isso, sente-se distante de Deus. Talvez relute em ler este livro ou se sinta espiritualmente frio. Isso acontece porque, como Adão, você está se sentindo culpado e indigno das bênçãos de Deus. No entanto, saiba que o seu erro nunca será maior do que o amor do Criador. Você está perdoado, Deus não está preocupado com o seu erro, mas com o seu distanciamento. Aproxime-se dele, porque ele o ama e pagou pelos seus erros em seu lugar.

ANOTAÇÕES

DEVOCIONAL
043/365

LEIA HOJE
Salmos 85-86
Provérbios 12
Marcos 12

APROXIME-SE DE DEUS

13 FEV

Porque este meu filho estava morto e reviveu,
estava perdido e foi achado. E começaram a regozijar-se.

— LUCAS 15.24

Quando a minha filha, Marina, tinha uns 4 ou 5 anos, fomos ao shopping. Na ocasião, Marília, minha esposa, levou-a ao banheiro feminino, enquanto eu fui ao banheiro masculino. Minha esposa havia dito à minha filha: "Fique aqui do lado de fora; a mamãe vai entrar no banheiro, e você fica aqui". E quando saímos do banheiro, Marina não estava lá. Ela desobedeceu e saiu da entrada do banheiro; em outras palavras, havia pecado. Saímos correndo pelo shopping lotado, procurando-a. Foram cinco minutos apavorantes. Perder um filho é terrível, mas, graças a Deus, logo a encontramos na beira da escada rolante, observando a movimentação do estabelecimento.

Imagine se fosse o seu filho perdido em um shopping porque desobedeceu. E tivesse passado meia hora, duas horas e o shopping inteiro procurando por ele, sem encontrá-lo. Agora, imagine que já se passaram 60 dias sem notícias de seu filho querido. Você já se encontra em profunda depressão e desespero. Então, por um milagre, seu filho é encontrado são e salvo. Ele estava sumido porque havia cometido um erro. O que você faria? Daria uma surra nele ou faria uma festa – como fez o pai que recebeu de volta seu filho na parábola contada por Jesus? Daria uma bronca nele, por causa da desobediência, ou choraria de alegria, por tê-lo encontrado?

É dessa maneira que Deus se sente com relação a você. Quando erramos e nos afastamos de sua presença, ele diz: "Meu filho, eu o amo tanto! Seus erros não são maiores do que o meu amor por você. Eu já tomei providência para você se aproximar; pelo sangue de Jesus, você já está perdoado". O Senhor quer seus filhos por perto. Na ocasião em que pecamos, Deus não nos procurou para nos matar, ele sacrificou o seu Filho, o Cordeiro de Deus, em nosso lugar, para que pudéssemos voltar para ele. O Pai fez tudo isso para provar o seu amor por nós. Logo, não há motivo para você se esconder, aproxime-se dele e de seu grande amor.

LEIA HOJE
Salmos 87-88
Provérbios 13
Marcos 13

ANOTAÇÕES

NÃO TEMA, TUDO ESTÁ BEM

14 FEV

Acima de tudo, porém, tende amor intenso uns para com os outros, porque o amor cobre multidão de pecados.

— 1 PEDRO 4.8

A primeira investida do Diabo foi afastar o homem de Deus pela culpa e condenação advindas do pecado. No entanto, Deus reaproximou o homem, derramando o sangue de um animal no lugar de Adão. A vida está no sangue derramado e assim a dívida do pecado é quitada. A Bíblia diz que o amor cobre uma multidão de pecados e que nosso Pai provou o seu amor derramando seu sangue por nós na cruz.

Vejamos como isso se aplica a nós. Tememos porque, inconscientemente, sentimos que temos uma dívida de pecado a ser saldada com Deus por meio da morte. Consciente ou não, sempre que erramos, esperamos por punição, por isso vivemos apavorados. No entanto, se você souber que alguém já pagou a sua dívida, não temerá mais e poderá viver em paz. A Bíblia diz que o sangue de Jesus cobre e apaga multidões de pecados, aproxima-o de Deus e remove a culpa e a consciência do erro.

Você não precisa mais viver com medo, pois não há dívida alguma a ser paga. Por amor, Jesus já pagou todos os seus pecados na cruz. Deus não está irado com você; ao contrário, ele o ama profundamente e deseja abençoar a sua vida. Tudo isso não lhe custou nada, mas custou tudo para ele, custou o seu próprio Filho. Nunca mais pense que Deus quer punir seus filhos, isso seria desmerecer a obra de Cristo na cruz. A morte de Jesus foi suficiente e definitiva para o perdoar para sempre: no passado, no presente e no futuro. Não tenha mais medo, está tudo bem agora.

ANOTAÇÕES

DEVOCIONAL
045/365

LEIA HOJE
Salmos 89-90
Provérbios 14
Marcos 14

ENTREGUE O SEU CAMINHO AO SENHOR, E O MAIS ELE FARÁ

15 FEV

Entrega o teu caminho ao SENHOR,
confia nele, e o mais ele fará.

— SALMOS 37.5

Sossegue a sua alma, acalme o seu coração. O problema que você está enfrentando não é insuperável. Como escrito no salmo 37: "entregue o seu caminho ao Senhor, confie nele, e o mais ele fará". Ele transformará o seu cônjuge. E trará a provisão financeira necessária. Ele afastará a tristeza da sua alma e realizará o milagre que precisa.

Quando entregamos nosso caminho a Deus e confiamos nele, ele promete fazer todas as coisas por nós. Isso é fé em ação, o momento em que reconhecemos que temos um Deus todo-poderoso que é nosso Pai e provou seu amor por nós na cruz. Por tudo isso, temos a certeza de que ele pode e quer nos abençoar.

Eu amo a presença divina. Você descobrirá que nela está a sua cura. Deus quer que você tenha descanso e viva livre de toda ansiedade. Ele cuida até dos passarinhos, você vale mais do que eles (cf. Mateus 6.26). A Bíblia diz que ao descansar e esperar em Deus, todas as coisas serão realinhadas na sua vida.

Hoje é dia de pegar toda a sua lista de preocupações e problemas que têm tirado o seu sono, ameaçando e amedrontando você, pegue também as situações em que não vê saída: portas fechadas, perseguições, cadeias mentais, relacionamentos feridos, e entregue tudo a Deus. Somente quando voltamos para o lugar de onde saímos, para a presença dele é que todas as coisas serão organizadas e resolvidas novamente na nossa vida.

DEVOCIONAL
046/365

LEIA HOJE
Salmos 91-92
Provérbios 15
Marcos 15

ANOTAÇÕES

NÃO SE CONDENE; ELE O CAPACITA A VENCER

16 FEV

Quem intentará acusação contra os eleitos de Deus?
É Deus quem os justifica. Quem os condenará?
É Cristo Jesus quem morreu ou, antes, quem ressuscitou, o qual
está à direita de Deus e também intercede por nós.

— ROMANOS 8.33-34

Não se cobre. Não caia na armadilha do Inimigo. Ele o acusa de dia e de noite, dizendo que você não é uma boa mãe ou um bom pai, um bom filho, um bom cônjuge. O Senhor, no entanto, não está preocupado com as suas debilidades, porque ele mesmo supre o que você não é capaz de fazer. Ele o capacita a ser pai, mãe, filho, empresário. Ele é quem o capacita a superar as dívidas financeiras, as tristezas e a descansar. É nessa hora que você recebe a vitória, porque descansar é uma grande evidência de fé. Quem entregou tudo a ele, descansou; e se descansou, creu.

Quero lhe dizer algo em amor, não tenho a intenção de condená-lo: você está sofrendo hoje o problema que o preocupou ontem. É essa preocupação que está produzindo ansiedade e sofrimento. No entanto, deve entender que aquilo que entregou ontem a Deus está resolvido hoje, deixar que ele cuide de tudo não é uma questão de ser passivo, mas de continuar.

Você pode até pensar: "Eu não consigo". Então, fale para o Senhor: "Ajude-me a entregar-lhe tudo, pois eu não consigo. Ajude-me a descansar". Quando você descansa, a vitória chega. Em sossegar e em confiar está a sua vitória e força. Entregue o seu caminho ao Senhor, confia nele e o mais ele fará. Ele fará resplandecer a sua luz como o sol ao meio-dia. Não há noite escura que não passe. Amanhecerá! O Senhor está com você e lhe dará a vitória.

ANOTAÇÕES

DEVOCIONAL
047/365

LEIA HOJE
Salmos 93-94
Provérbios 16
Marcos 16

VOCÊ É INOCENTE AOS OLHOS DE DEUS

17 FEV

O qual foi entregue por causa das nossas transgressões e ressuscitou por causa da nossa justificação.

— ROMANOS 4.25

Há uma verdade muito poderosa de que precisamos nos lembrar todos os dias: fomos perdoados e justificados. A Bíblia nos ensina que Cristo foi entregue em nosso lugar para pagar os nossos pecados. É como se você fizesse a coisa errada e, pela Lei, deveria ser punido, mas Cristo assumiu o seu lugar e sofreu a punição. Você pode pensar: "Pastor, porque alguém faria isso?". Porque ele é o Pai e o ama. O amor não se explica, experimenta-se.

Muitos querem explicar a graça, mas o que precisamos entender é que a graça é uma pessoa: Cristo. Não tente explicá-lo pela razão humana, apenas experimente Cristo e veja a vitória chegar à sua vida. Experimente o amor de Deus, isso é graça imerecida. O fato é que ele deu a vida em nosso lugar e pagou a nossa dívida, uma realidade que deve ser compreendida espiritualmente.

Além disso, a Bíblia fala que ele não só morreu para pagar a nossa dívida, mas ressuscitou dos mortos para nos justificar. Duas coisas que estão acontecendo aqui: se Jesus apenas tivesse morrido, a nossa dívida de pecado diante de Deus, que nos levaria para o Inferno, estaria paga, mas você ainda seria um criminoso, ainda que perdoado. No entanto, ao ressuscitar, ele prova que o pagamento da dívida foi aceito e nos torna justos diante de Deus.

Ser justo aos olhos de Deus é escutar dele: "Você está aprovado segundo a minha lei; pelo meu padrão, você merece ser abençoado". Agora, ele vê Cristo em você e não encontra defeito, porque Jesus cumpriu perfeitamente todas as exigências. Então, quando você ora, é como se Cristo estivesse orando. Por isso, você pode orar com confiança de que será ouvido, porque, aos olhos de Deus, você é justificado, aleluia!

LEIA HOJE
Salmos 95-96
Provérbios 17

ANOTAÇÕES

ELE RESSUSCITOU; O PAGAMENTO DA DÍVIDA FOI ACEITO

18 FEV

> Se, com a tua boca, confessares Jesus como Senhor e, em teu coração, creres que Deus o ressuscitou dentre os mortos, serás salvo.
>
> — ROMANOS 10.9

Ao nos identificarmos com a morte de Jesus, também nos identificamos com a sua ressurreição. Você já deve saber que Jesus morreu por nossos pecados, mas será que você compreende o verdadeiro significado de ele ter ressuscitado dentre os mortos? Acompanhe a ilustração a seguir para entender a ressurreição.

Imagine que está em outro país e lá cometeu uma infração. A lei desse país exige que você seja preso, o que o leva ao desespero. Então, o conduzem até o rei desse país e você pede clemência, dizendo: "Pelo amor de Deus, ajude-me". E o rei responde: "Infelizmente, não posso fazer nada a respeito. Você cometeu um crime em meu país, portanto, não posso negligenciar a lei e considerá-lo justo. A única solução é encontrar alguém que seja preso em seu lugar". Você, então, por grande sorte, encontra uma pessoa que, amorosamente, dispõe-se a ir para a prisão em seu lugar. Naquele momento, é o seu pecado que está sendo pago. Assim foi a morte de Jesus em nosso lugar.

Porém, como você saberá que o rei aceitou o pagamento e que agora não corre mais risco de ser preso e pode descansar em paz? Então, um belo dia, você encontra a pessoa que foi presa em seu lugar, andando solta pela rua. E o que isso significa? Que ela cumpriu toda a pena e que o pagamento foi aceito, por isso está liberta.

Então, a garantia de que você foi perdoado é a ressurreição de Jesus. Ao tomar nossos pecados e pagar nossa dívida com seu sangue, Jesus cumpriu a pena diante de Deus, portanto, não havia mais pecado. Então, Deus o ressuscitou dentre os mortos como prova de que a dívida foi quitada. Você está perdoado, e a ressurreição é a prova do perdão.

ANOTAÇÕES

DEVOCIONAL
049/365

LEIA HOJE
Salmos 97-98
Provérbios 18

UM NOVO CAMINHO FOI ABERTO

19 FEV

[...] assim também Cristo, tendo-se oferecido uma vez para sempre para tirar os pecados de muitos, aparecerá segunda vez, sem pecado, aos que o aguardam para a salvação.

— HEBREUS 9.28

Jesus é o seu substituto, ele pagou a dívida que você jamais poderia pagar. A morte dele quitou a dívida e a ressurreição provou que o pagamento foi aceito por Deus. Na cruz, Jesus levou os pecados do seu passado, do seu presente e do seu futuro, representando um perdão eterno. Você pode me perguntar: "Pastor, mas o preço foi pago até pelos pecados que ainda vou cometer?". Sim, mas não estou lhe orientando a pecar, apenas digo que está pago. Todos os seus pecados foram perdoados há quase 2000 anos, quando Jesus morrer, e você ainda não tinha cometido pecado algum.

A ressurreição é a confirmação de que o pagamento foi aceito no Céu. Isso proporciona paz para que se liberte da culpa. Você pode viver em tranquilo, uma vez que não há mais culpa, acusação ou condenação sobre sua vida, pois o sangue foi derramado e Jesus ressuscitou. Declare paz, pois, ao crer, é necessário abrir a boca e declarar em voz alta, apropriando-se das verdades bíblicas a seu respeito.

O perdão dos pecados é a base da nossa fé, porque, se devemos algo, não temos confiança nem segurança para nos aproximar de Deus e contar com o seu auxílio. Se você deve, teme; mas se está consciente de que alguém pagou a sua dívida, não tem mais o que temer. A Bíblia diz que podemos nos aproximar ousadamente ao trono da graça pelo novo e vivo caminho que foi aberto pelo sangue derramado de Cristo.

> Tendo, pois, irmãos, intrepidez para entrar no Santo dos Santos, pelo sangue de Jesus, pelo novo e vivo caminho que ele nos consagrou pelo véu, isto é, pela sua carne. (Hebreus 10.19-20)

Esse novo caminho não existia antes da Cruz e foi aberto pelo sangue de Cristo, para que pudéssemos chegar com intrepidez e encontrar socorro em Deus. Éramos culpados diante do Juiz, como poderíamos, então, solicitar favores e bênçãos? Agora, porém, tendo consciência do sangue derramado, nós nos aproximamos dele sem focarmos em nossas falhas, mas no que Cristo fez por nós. Com ousadia, oramos na certeza de que seremos ouvidos, não por nossos méritos, mas por causa da obra de Cristo.

DEVOCIONAL
050/365

LEIA HOJE
Salmos 99-100
Provérbios 19

ANOTAÇÕES

NÃO TOME O CAMINHO DOS FILISTEUS

Tendo Faraó deixado ir o povo, Deus não o levou pelo caminho da terra dos filisteus, posto que mais perto, pois disse: Para que, porventura, o povo não se arrependa, vendo a guerra, e torne ao Egito.

— ÊXODO 13.17

20 FEV

Quando Deus chamou o seu povo no Egito, ele o guiou por um caminho mais longo para evitar que o povo passasse pela terra dos filisteus e, cheio de desânimo, pensasse em voltar atrás.

Muitos irmãos optam pelo caminho dos filisteus em busca de uma vida melhor, mas esse é o caminho da carne e da força humana. Outros, têm recebido a promessa de Canaã, que simboliza a vida espiritual abundante, na qual desfrutamos de tudo o que Deus tem para nós. No entanto, o caminho para Canaã não passa pela terra dos filisteus, que é a rota mais fácil, adotada por aqueles que tomam decisões sem consultar Deus em oração.

O Espírito Santo deseja nos abençoar, e conduzi-nos da escassez para a abundância; da enfermidade para a saúde; da desonra para a dupla honra; da depressão para a alegria de viver; da insônia para o sono dos justos; da ansiedade para a paz que excede todo o entendimento. Ele quer nos ensinar a ter um casamento que vale a pena ser vivido e nos levar de uma vida estéril para uma vida frutífera.

E qual é o problema? Muitos têm escolhido o caminho dos filisteus, que é mais lógico, e, por isso, não veem o agir de Deus em suas vidas. O Espírito Santo nos impulsiona a deixar aquilo que é natural de lado. Então, pare de cogitar entre o caro e o barato, o certo e o errado. Pare de tomar decisões erradas, deixe-o guiá-lo. Você sempre terá dois caminhos de passagem: o caminho do deserto e o caminho dos filisteus. O caminho dos filisteus representa a autoajuda e a força do próprio braço; mas o caminho do deserto é o caminho da dependência do Espírito.

No deserto, de dia, o Espírito de Deus guia seu povo por meio de uma nuvem; de noite, por meio de coluna de fogo. Queira ser conduzido pelo Espírito Santo e deixe de escolher seus próprios caminhos. Aquiete o seu coração porque os caminhos do Senhor são mais altos do que os seus e, quando você passar a depender de Deus para tomar decisões e escolher caminhos, ele o conduzirá a uma vida vitoriosa. Tome essa decisão hoje, não faça mais nada sem antes falar com o Senhor.

ANOTAÇÕES

DEVOCIONAL
051/365

LEIA HOJE
Salmos 101-102
Provérbios 20

ANDE POR CAMINHOS MAIS ELEVADOS, VIVA EM VITÓRIA

21 FEV

[...] porque, assim como os céus são mais altos do que a terra, assim são os meus caminhos mais altos do que os vossos caminhos, e os meus pensamentos, mais altos do que os vossos

— ISAÍAS 55.9

Você está com pressa e, por isso, tem tomado decisões precipitadas. Saia do controle e permita que o Senhor aja por você. Deixe o Espírito Santo guiá-lo na luta por seu casamento, suas finanças, seus desertos, ensinando-o a rota para chegar em Canaã.

Os caminhos e os pensamentos de Deus são muito mais elevados do que os nossos. Isso significa que ele pensa o que não somos capazes de pensar e vê de uma perspectiva totalmente diferente da nossa. O Senhor vê de cima, por isso conhece o início e o fim das coisas e nos ensina a tomar a decisão certa por seus caminhos.

Imaginar os caminhos e pensamentos elevados de Deus é como assistir de um helicóptero a um grande desfile. Se está embaixo, você só pode ver o que está acontecendo naquele momento, naquele lugar, mas se está no helicóptero, você pode ver o desfile inteiro, do começo ao fim, por isso pode tomar decisões que as pessoas que estão embaixo não podem.

É exatamente essa a diferença entre nós e Deus. Ele vê de cima e já conhece o começo e o fim de sua história; afinal, foi quem planejou cada um dos seus dias. Então, ouça o que o Espírito está falando a respeito da sua vida, seja guiado por ele e tenha grande sucesso. Fale com Deus, que o ajudará a ouvir a sua voz.

DEVOCIONAL
052/365

LEIA HOJE
Salmos 103-104
Provérbios 21

ANOTAÇÕES

AGRADE-SE DO SENHOR, E ELE SATISFARÁ OS DESEJOS DO SEU CORAÇÃO

22 FEV

Agrada-te do SENHOR, e ele satisfará os desejos do teu coração.

— SALMOS 37.4

Quando Deus conduziu o povo pelo caminho do deserto, eles se depararam com o Mar Vermelho à frente; e quando Moisés pensou que não havia mais opções, a Bíblia diz que Deus o orientou a erguer a vara e estender a mão sobre as águas e, então, o mar se dividiu ao meio. Ele tinha no meio do mar um caminho aberto que ninguém podia ver, mas, porque confiaram nele, o encontraram e passaram por ele. Quando você entrega o seu caminho ao Senhor e confia nele, Deus revela passagens escondidas que conduzem a novos lugares.

Há quem se envolva em negócios equivocados porque não ouve o Espírito Santo. As pessoas escolhem amizades e tomam decisões sem a orientação divina e, por consequência, acabam vivendo em derrota. O pior é que muitos são guiados por problemas, quando algo dá errado, se desanimam e tomam decisões precipitadas, como ir embora ou desistir. Nesses momentos, o que os levou a decidir? O problema. Não pense que viverá exitosamente seguindo assim. Devemos ser guiados pelo Espírito, e não por problemas.

A Bíblia nos orienta a confiar no Senhor, fazer o bem e nos alimentar da verdade. Você só pode fazer isso após se alimentar da verdade do Evangelho da graça, assim como o tem feito pelos devocionais. Veja a sequência: ao receber a revelação do Evangelho, pratique o bem. Isso significa concordar com Deus a respeito da verdade que recebeu, o que fortalecerá a sua fé para confiar. E se você confiar, grandes coisas o Senhor fará.

Além disso, a Bíblia também nos instrui a nos deleitarmos no Senhor e, então, ele satisfará os desejos do nosso coração. Agradar-se de Deus, no entanto, só é possível quando concluímos que não há resposta certa fora dele. Nele está tudo de que precisamos, portanto, não procure solução em outro lugar. Entregue tudo ao Senhor e você verá não apenas seus problemas se resolverem, mas se sentirá plenamente realizado e preenchido, aleluia!

ANOTAÇÕES

LEIA HOJE

Salmos 105-106
Provérbios 22

DESCANSE E ESPERE NO SENHOR

23 FEV

Mas os mansos herdarão a terra e
se deleitarão na abundância de paz.

— SALMOS 37.11

Quem é o manso ao que se refere a passagem? Deus não fala de temperamento, mas de alguém que entrega problemas e decisões a serem tomadas, em suas mãos. O manso é aquele que confia, não passivamente, pois a fé não é passiva. O descanso e a fé são a iniciativa de crer, abrir mão e descansar.

Eu não consigo ver saída para algumas coisas na minha vida. Outras parecem portas de Deus, que não se abrem. A verdade é que eu não sou muito diferente de você. Assim como você, também preciso entregar tudo nas mãos do Senhor, confiar diariamente. Depender do Espírito Santo para avançar. Entenda, porém, que o ritmo de Deus é diferente do nosso; ele não tem pressa. Nós queremos que as situações se resolvam rapidamente, mas Deus tem coisas a alcançar em nós, para o nosso bem, durante o processo do milagre.

Moisés, guiado por Deus, tirou o povo do Egito poderosamente, mas então, de repente, se encontraram em uma situação difícil. Faraó e seu exército estavam atrás deles, e o Mar Vermelho estava à frente, o que fazer? Mesmo quando somos guiados pelo Espírito Santo, às vezes, enfrentamos problemas aparentemente sem saída. A diferença entre seguir o caminho da carne e o caminho do Espírito é que, quando parece não haver saída, o Senhor abre caminhos escondidos. A passagem estava lá, dentro do mar, escondida dos inimigos, por isso não a viam (cf. Êxodo 14).

Se você trilhou um caminho errado e está com problemas, não se condene nem se culpe por isso, pois Deus o perdoou em Cristo. Apenas pare e retorne ao Senhor que lhe mostrará a saída. A partir de hoje, escolha andar pelo caminho da dependência de Deus; sempre ore antes de tomar decisões. Esteja preparado, sabendo que, mesmo no caminho guiado por nosso Pai, adversidades poderão surgir. No entanto, quando surgirem, enfrente-as confiadamente, pois o Senhor que o guiou também o respaldará. Caso não consiga ver saída, não se apavore, lembre-se de que ela está escondida em algum lugar e o próprio Deus a revelará.

DEVOCIONAL
054/365

LEIA HOJE
Salmos 107-108
Provérbios 23

ANOTAÇÕES

NÃO VIVA EM DESGOSTO

Buscai, antes de tudo, o seu reino, e estas coisas vos serão acrescentadas. Não temais, ó pequenino rebanho; porque vosso Pai se agradou em dar-vos o seu reino.

— LUCAS 12.31-32

24 FEV

Jesus propõe uma vida sem ansiedade e livre de qualquer tipo de fardo. Não se preocupe com o que comerá ou beberá. Deus sabe que muitas de nossas inquietações, como pagar as contas e prover o melhor para nossas famílias, são legítimas. Há muitos hipócritas que criticam aqueles que buscam em Deus realizar seus sonhos ou aqueles que pregam e falam de milagres. No entanto, apesar das críticas, desejam as mesmas coisas em se íntimo.

Entenda, porém: a bênção de Deus, diferentemente do mundo, enriquece, e não traz desgosto. Do mesmo jeito que Deus nos quer dar o básico: casa, comida, vestimentas; ele também tem prazer em nos dar outras coisas. E quando algo vem de Deus, não traz consigo desgosto:

> A bênção do Senhor enriquece, e, com ela, ele não traz desgosto.
> (Provérbios 10.22)

Há pessoas que são tão ricas, mas só possuem dinheiro. Têm uma cama caríssima, com colchão de última geração, mas não têm descanso. Têm dinheiro para festas, mas não têm alegria. Têm dinheiro para viajar, mas não têm paz. Têm condições de pagar jantares caros, mas não têm amigos verdadeiros para os acompanhar. Deus supre todas as nossas necessidades: a cama boa e o descanso, a festa e a alegria, a viagem e a paz, o jantar e os amigos.

A bênção de Deus não custaria a sua vida, saúde ou família. Pessoas sem Deus desperdiçam toda a vida para ganhar dinheiro e, depois, gastam tudo o que possuem tentando recuperar a vida, a família e a saúde que perderam. Isso não é bênção. Coloque Jesus em primeiro lugar e veja todas essas bênçãos imerecidas serem acrescentadas à sua vida.

ANOTAÇÕES

DEVOCIONAL
055/365

LEIA HOJE
Salmos 109-110
Provérbios 24

VOCÊ PODE REINAR EM VIDA

25 FEV

Porque o reino de Deus não é comida nem bebida, mas justiça, e paz, e alegria no Espírito Santo.

— ROMANOS 14.17

O que é o Reino e a Justiça de Deus? Há uma regra de interpretação segundo a qual a Bíblia se explica. A Bíblia ensina que Jesus é a nossa justiça; então, buscar a justiça é buscar Cristo. Apocalipse declara que Jesus é o Rei dos Reis, o Senhor do Reino, e Romanos diz que o Reino de Deus não é comida nem bebida, mas é justiça, paz e alegria no Espírito Santo.

Jesus é a Justiça e o Reino de Deus, nele estão todas as coisas. Do que você realmente precisa? Quando você começa a buscá-lo em primeiro lugar, como estamos fazendo em cada devocional, a promessa divina é que tudo do que você precisa será acrescentado em sua vida: provisões, portas abertas, comidas, bebidas, vestimentas, tudo!

O Reino de Deus é o lugar espiritual mais elevado onde podemos viver e reinar; é o lugar onde os seus filhos são chamados para viver. Nele nada pode nos atingir ou nos parar, porque o governo soberano e sobrenatural divino impera, acima de qualquer obra das trevas. Ao viver na dimensão desse Reino de justiça, paz e alegria no Espírito, nada lhe faltará, porque o cuidado do Provedor é completo.

Espero que, a essa altura, você esteja desejando viver nesse Reino. Deixe-me mostrar o caminho que conduz a essa realidade. É como subir uma escada, um degrau após o outro: justiça, paz, alegria no Espírito. Tudo começa com a fé, tornando-se justo em Cristo, sendo não somente perdoado, como também declarado inocente diante de Deus. Essa verdade produzirá uma paz sobrenatural em seu coração e em sua mente, restaurando em seu espírito uma alegria incomparável. Pela fé, peça ao Espírito Santo que o ajude. A porta está aberta para você.

DEVOCIONAL
056/365

LEIA HOJE
Salmos 111-112
Provérbios 25

ANOTAÇÕES

COMA DO PÃO CELESTIAL

26 FEV

Replicou-lhes Jesus: Em verdade, em verdade vos digo: não foi Moisés quem vos deu o pão do céu; o verdadeiro pão do céu é meu Pai quem vos dá.

— JOÃO 6.32

Aprenda uma coisa: Deus nunca é pego de surpresa! Para ele, sempre haverá uma saída para sua vida, mesmo quando nos encontramos em uma situação como a de Moisés diante do Mar Vermelho, pensando que estamos sem opção e não conseguimos ver uma saída. Saiba que Deus está no controle. Nesses momentos, não seja natural, seja espiritual. Não tome decisões precipitadas, lógicas ou emocionais. Não deixe o dinheiro nem a mágoa definir seus caminhos. Se você escolher o caminho do Senhor, e não o caminho da carne e do ressentimento, então, encontrará portas abertas em sua vida.

A porta que Deus abriu no mar, diante de Moisés, estava escondida dos inimigos. Moisés também não podia vê-la, por isso, precisou crer e confiar. Assim, quando já estava em caminho pelo deserto, Deus proveu o maná, um pão do céu, diariamente. Essa verdade nos revela que, semelhantemente, precisamos de uma porção do Senhor a cada dia. Eles não precisavam nem podiam guardar o maná para o dia seguinte, porque a provisão seria fresca e diária. Deus usa a comida do céu para edificar em você o que é celestial.

Nessa narrativa, havia uma particularidade que nos ensina um princípio muito poderoso: às sextas-feiras, caía o dobro de maná, porque no sábado ninguém deveria sair para colhê-lo (cf. Êxodo 16.26-30). Era sábado de descanso, que apontava para o princípio do descanso. Deus projetou o homem para viver segundo esse princípio, por isso ele foi criado no sexto dia, sendo o primeiro dia do homem, o sétimo dia de Deus, o dia de descanso.

Talvez você ainda esteja no deserto, e compreendo quão difícil ele possa ser. Entenda, porém, que esse não é o seu lugar fixo. O deserto é apenas um período de tribulações, é temporário. O lugar de Deus para você é Canaã, um lugar de abundância e provisão. Deus quer levá-lo para lá, à medida em que caminha com ele.

O deserto faz parte da vida cristã, no entanto, lembre-se de que, mesmo nesse tempo, é necessário crer e receber o maná – o pão do céu – a cada manhã. Leia a Palavra e o devocional todos os dias. Isso o fortalecerá em tempos de luta e o preparará para a abundância, que está logo ali, em seu futuro. Não se desanime, dias melhores chegarão para os filhos amados do Senhor.

ANOTAÇÕES

DEVOCIONAL
057/365

LEIA HOJE
Salmos 113-114
Provérbios 26

UMA VIDA DE ÊXITO INCLUI O DESCANSO

27 FEV

Respondeu-lhes ele: Isto é o que disse o SENHOR: Amanhã é repouso, o santo sábado do Senhor; o que quiserdes cozer no forno, cozei-o, e o que quiserdes cozer em água, cozei-o em água; e tudo o que sobrar separai, guardando para a manhã seguinte.

— ÊXODO 16.23

A Bíblia ensina que o sábado pertence ao Senhor. Hoje, para os que cremos, o sábado não é mais um mero dia da semana; é um princípio personificado em Cristo. No passado, Deus estabeleceu o sábado como um dia de descanso; depois, ele estabeleceu o ano sabático, um ano de descanso a cada seis anos de trabalho, e, mais tarde, o ano do Jubileu, a cada quarenta e nove anos, sendo mais um ano de descanso.

Em tudo isso, Deus revelou um princípio poderoso: o fato de que ele nos planejou uma vida de descanso. Sabemos, porém, que hoje Jesus é o nosso sábado, portanto, é o nosso verdadeiro descanso; não há paz genuína e plena fora dele. Deus não lhe planejou apenas um dia de descanso, um ano sabático ou a expectativa da aposentadoria. O Senhor lhe diz: "Eu sou o seu sábado! Fora dessa posição de descanso, não haverá favor nem alegria verdadeira".

No capítulo 4 de Zacarias, o profeta recebe a visão de um candelabro de ouro com sete hastes, com azeite de ouro fluindo por cada uma. Jesus é esse candelabro, e o número sete é o número de perfeição e completude. O azeite fluindo por cada haste é o suprimento completo de Deus fluindo a nós. Assim, cada área da sua vida é como uma dessas hastes. Cada vez que se preocupa, porém, é como se bloqueasse essa haste. Esse canal pelo qual flui o suprimento de Deus precisa estar desimpedido para que possa derramar todas as bênçãos sobre você. A ansiedade bloqueia esses canais celestiais e impede o fluir de Deus em sua vida.

Você foi planejado para ter sucesso, mas isso só acontece ao viver o descanso no Senhor. Não se trata do falso descanso que o mundo oferece, que é momentâneo, passageiro e perigoso. Acessar o "sábado" celestial, no qual se encontra o verdadeiro repouso, é entregar qualquer preocupação ao Senhor. Manifeste a sua fé descansando em Deus e veja o milagre acontecer.

LEIA HOJE
Salmos 115-116
Provérbios 27

ANOTAÇÕES

OS AMADOS SÃO OS QUE RECEBEM

Inútil vos será levantar de madrugada, repousar tarde, comer o pão que penosamente granjeastes; aos seus amados ele o dá enquanto dormem.

— SALMOS 127.2

28 FEV

Esta é uma chave para viver vitoriosamente. Preste atenção nesse texto. Na Bíblia, "dormir" significa "descansar", e descansar é evidência de fé. A fé flui e, nessa hora, o amado pode descansar. Você precisa lembrar todo dia que é amado, pois somente aqueles que sabem que são amados recebem o favor divino e vencem o Diabo.

Deus não é contra alguém levantar cedo e trabalhar duro. Ele apenas nos mostra que é possível fazer isso e, ainda assim, não ser uma pessoa abençoada, pois a verdadeira bênção não provém da nossa força, mas do nosso Pai amoroso. É vão comer o pão conquistado penosamente. É como nadar e morrer na praia. A liberdade consta em que "Deus dá aos seus amados enquanto eles dormem". Deus se move por nossa fé, por isso, a Bíblia diz que o justo viverá pela fé. E, se é assim, então devemos descansar e crer, deixando a insônia física e espiritual.

A Palavra de Deus nos ensina o caminho do descanso. Ela diz em Salmos 4.8: "Em paz me deito e logo pego no sono, porque, SENHOR, só tu me fazes repousar seguro". Portanto, o sono é resultado da paz. Se você, ao deitar-se, se sente perturbado e ansioso, então não poderá dormir. É necessário haver tranquilidade para dormir e receber a bênção de Deus. A paz divina, resultado da revelação de que somos totalmente perdoados e declarados inocentes, é o segredo do verdadeiro descanso. Quando entendemos que nos tornamos filhos amados, podemos descansar e, consequentemente, sermos abençoados.

Lembre-se de que o versículo diz que ele dá não apenas "aos que dormem", mas aos que sabem que são amados. Jesus provou o seu amor por você na cruz. Creia, descanse, durma e receba o seu milagre.

ANOTAÇÕES

DEVOCIONAL
059/365

LEIA HOJE
Salmos 117-118
Provérbios 28

MARÇO

VOCÊ ESTÁ PERDOADO; DEUS ESTÁ FELIZ COM VOCÊ

01 MAR

[...] Tem bom ânimo, filho;
estão perdoados os teus pecados.

— MATEUS 9.2

Se você quer vitória, precisa urgentemente rejeitar a condenação do Diabo na sua vida e na dos outros. Pare de punir a si mesmo e as pessoas ao seu redor. Esse comportamento é fruto de um entendimento equivocado sobre Deus. Como as pessoas acreditam que Deus as trata, assim elas tratam o próximo. Cristo é perfeito, e porque você está nele, Deus está sorrindo para você, apesar de seus erros.

Quando você considera Deus como alguém que trata você com rigor, você agirá do mesmo com os outros. Isso é um engano do Diabo. A raiz dos maus hábitos é a culpa e a condenação. A revelação de que não existe mais culpa para nós é o que nos faz vencedores. Essa é uma chave poderosa para a sua vida. Não sei se hoje você está carregando culpa ou condenação por algo que aconteceu, mas tenho boas notícias: o coração de Deus não é para condenar, mas para perdoar!

Se Deus perdoa você, quem é você para não se perdoar? Ao crer completamente no perdão, você sai do fracasso para a vitória, porque a fé é liberada quando há perdão. Quando você erra e não crê que está perdoado, não consegue ter a segurança de que será ouvido, pois acredita que está em débito com Deus. No entanto, os seus pecados estão apagados diante do Senhor. O que o sangue de Jesus apaga não é mais lembrado por Deus, não há mais culpa.

Meu querido, o Senhor não está irado com você nem está vasculhando cada canto da sua vida para acusá-lo e condená-lo com uma punição. Ele não está fazendo de conta que você não pecou, pois sabe todas as coisas a respeito da sua vida, inclusive os seus erros. A questão é que o Pai colocou todos os seus pecados e derramou toda a sua ira sobre Jesus, perdoando você para sempre, por amor.

Se, hoje, você acredita nesse tão grande perdão, apenas rejeite toda e qualquer acusação ou condenação na sua vida e receba as bênçãos que Deus tem para você. Não há pecado grande demais que o sangue de Cristo não pague, ou pecado sujo demais que não possa ser purificado. O que você fez nunca será maior do que o que ele fez.

DEVOCIONAL
060/365

LEIA HOJE
Salmos 119.1-32
Provérbios 29
Lucas 1

ANOTAÇÕES

SEJA FORTALECIDO E REVIGORADO NO SENHOR

Sede fortes, e revigore-se o vosso coração,
vós todos que esperais no SENHOR.

— SALMOS 31.24

02 MAR

Espere no Senhor e em sua infinita bondade. O que tem afligido o seu coração? É nisso que o Senhor quer derramar bondade dele para você.

Quando o Diabo quiser ameaçar o seu futuro, lembre-o do futuro dele, mas, principalmente, lembre-o do seu futuro, daquilo que o Senhor tem preparado para você. Deus quer enxugar dos seus olhos toda lágrima. Haverá um dia em que não haverá mais morte, nem dor, nem pranto, tudo vai passar. Ainda teremos lutas nesta Terra, mas existe uma infinita porção de bondade divina para ser derramada sobre nós, e precisamos crer que os Céus estão fazendo isso agora mesmo.

Talvez você ainda esteja muito apegado e sofrendo pelas coisas desta vida. Não se condene por isso – por trabalhar, querer ganhar dinheiro e prosperar –, mas não morra por isso. Deus quer ensinar a você que a vida não se resume a uma batalha desesperada e ansiosa pelo sucesso. Na verdade, isso consome toda a nossa energia e nos leva ao esgotamento e desânimo.

Para aquele que espera no Senhor, ele diz: "Sede fortes, e revigore-se o vosso coração" (Salmos 31.24) . É um imperativo, porque esse é um fato. Quando esperamos nele, cremos que Deus está do nosso lado enquanto trabalhamos, e descobrimos o quão grande é a bondade divina, que nos garante uma vida de sucesso, sem nos consumir e sem ansiedade.

Esse é o resultado dos que se "refugiam no Senhor". Aqueles que diariamente se voltam para Deus, a fim de se abrigarem e entregarem todas as coisas, serão fortalecidos e revigorados. Refugie-se nele agora mesmo, seja fortalecido e revigorado pelo Espírito Santo.

ANOTAÇÕES

LEIA HOJE
Salmos 119.33-64
Provérbios 30
Lucas 2

A BONDADE DE DEUS MUDA A SUA MENTE

03 MAR

Ou desprezas a riqueza da sua bondade, e tolerância, e longanimidade, ignorando que a bondade de Deus é que te conduz ao arrependimento?

— ROMANOS 2.4

Nós sempre pensamos que a vara de Deus é o que nos conduz ao arrependimento; é o famoso "se não vem pelo amor, vem pela dor". Muitos realmente tem vindo ao Senhor pela dor, mas o que as pessoas não sabem é que, provavelmente, não foi Deus quem causou esse sofrimento. Para a nossa surpresa, no entanto, a Bíblia diz que o que nos conduz ao arrependimento não é a vara, mas a bondade de Deus.

"Arrependimento" é a palavra grega *metanoia*, que significa "mudança de mentalidade". Antes você pensava de uma certa maneira a respeito do Senhor. Talvez, ele era um Deus distante, julgador, severo, juiz. Agora, porém, conhecendo a bondade divina, você o vê como um Pai zeloso, longânime, paciente. Essa mudança de ideias está relacionada com o processo do verdadeiro arrependimento.

Metanoia não tem a ver apenas com o pecado. É claro que, antes, você vivia como escravo do pecado e achava que não poderia ser livre, mas a graça divina foi suficiente para libertá-lo de dentro para fora. Certamente aconteceu uma mudança de mente também nessa área, na sua vida, se você conheceu a graça de Deus.

Mas, para além disso, a *metanoia* também modifica sua visão a respeito de si mesmo, quando se dá conta do amor de Deus. Antes, você achava que não era nada nem ninguém, mas descobriu que foi comprado por um alto preço. Via-se incapaz, porém descobriu que possui habilidades celestiais por causa da bondade de Deus.

Se você nasceu de novo, o seu espírito humano é novo, mas a sua mente ainda é velha e ultrapassada, formatada com os pensamentos da autoajuda, da religião, do sistema de troca, da punição e do merecimento; e isso afasta você de Deus. Portanto, é preciso renovar a mente por meio do Evangelho da graça de Deus, o qual você lê todos os dias aqui no devocional. Assim, você passará a ver o Senhor como um pai amoroso e a si mesmo como um filho amado dele, o que produzirá uma profunda paz e cura sobre sua alma, levando-o a uma fé sólida capaz de receber todas as promessas divinas. Apenas continue, você já se arrependeu, sua mente já foi transformada; muito em breve, tudo será novo e muito melhor na sua vida.

DEVOCIONAL
062/365

LEIA HOJE
Salmos 119.65-96
Provérbios 31
Lucas 3

ANOTAÇÕES

A SUA VIDA SERÁ MUDADA

04 MAR

Porque Deus é quem efetua em vós tanto o querer como o realizar, segundo a sua boa vontade.
— FILIPENSES 2.13

Muitas pessoas querem se livrar do pecado, mas simplesmente não conseguem, por exemplo, desvincular-se da pornografia ou abandonar a masturbação. O pecado pode ser prazeroso, mas não é bom. Ele produz morte e acusação, por isso as pessoas que nasceram de novo não querem permanecer nessa prática. O que digo a elas é que não tentem por si mesmos, mas que orem no momento da tentação, pedindo ao Senhor força e graça.

Quando Deus o convence de que ele é bom, isso leva você a pensar de outra maneira a respeito de si mesmo, dele e do pecado. É a bondade de Deus, e não a sua vara, que vai afetar a sua vida. A Bíblia diz que o Senhor opera em nós o seu querer e o seu realizar. Quando a sua graça nos toca, tudo muda. Não fique tentando mudar o seu próprio coração e sua maneira de agir. Isso é muito pesado. Deixe que a graça divina faça isso por você.

Porcos gostam da lama, mas ovelhas preferem os pastos verdejantes. Eventualmente, elas podem até cair na lama, mas rapidamente querem se lavar, porque a sujeira não faz parte da sua essência. Ao nascer de novo, você se tornar uma ovelha, e essa passa a ser a sua natureza. Desse modo, você não quer mais viver na lama do pecado, ainda que eventualmente caia nela. Perceba que as tentações estarão lá na sua carne, mas você já não está mais em paz para praticar as mesmas coisas.

O que aconteceu é que a vontade de Deus é colocada dentro de todos aqueles que nasceram de novo. No entanto, embora você não queira mais a velha vida, sente-se angustiado por ainda não conseguir se desvencilhar dela definitivamente. O que fazer? Pare de tentar e mostre ao Senhor a sua incapacidade de lidar com o pecado. Peça a ele que opere em seu coração o querer e o realizar dele. O pecado perderá o poder sobre sua vida quando você parar de lutar e se entregar a Deus.

ANOTAÇÕES

LEIA HOJE
Salmos 119.97-128
Lucas 4

A GRAÇA DE DEUS NOS MUDA DE DENTRO PARA FORA

05 MAR

Ide, porém, e aprendei o que significa: Misericórdia quero e não holocaustos; pois não vim chamar justos, e sim pecadores [ao arrependimento].

— MATEUS 9.13

Na história de Zaqueu, aquele baixinho, rico, ímpio, cobrador de impostos que subiu em uma árvore para ver Jesus (cf. Lucas 19.1-10), podemos ver como a graça de Deus pode mudar a nossa vida poderosamente. Embora fosse rico, Zaqueu extorquia as pessoas, cobrando impostos além da conta. Ele foi atraído para o Senhor porque certamente ouviu falar de sua bondade, e subiu em uma árvore para ver a graça passar, afinal Jesus é a graça que veio até nós. Ao olhar para a graça, que é Cristo, foi alcançado por ela. Sua atitude tocou o coração do Mestre, que, ao vê-lo, pediu que descesse da árvore e disse que naquela noite comeria com ele em sua casa.

Naquele momento, Zaqueu afirmou ao Senhor que restituiria aquelas pessoas de quem havia roubado. Apesar de Jesus não apontar seus pecados diretamente, aquele cobrador de impostos teve uma *metanoia*, ou seja, uma mudança de mentalidade que o conduziu ao arrependimento; afinal, ele havia encontrado o Senhor.

É a graça de Deus que tem o poder de nos mudar de dentro para fora. Apesar de a Lei ser verdadeira, não é essa verdade que liberta. A Lei é santa, mas não produz santidade; é justa, mas não produz justiça. Somente a graça pode fazer isso, e ela estava atuando na vida de Zaqueu por meio do Deus que se fez homem e decidiu entrar na casa de um pecador para jantar.

O que mudou Zaqueu não foram as muitas promessas que ele fez nem as tentativas de mudança, mas sim o fato de se deixar ser tocado pela graça de Deus, e receber Jesus mesmo não merecendo. Quando você deixa a graça tocar você, ela o transforma de dentro para fora. Pare de tentar mudar com suas próprias forças e receba a graça que está disponível para você. Não sei o que o pecado pode estar fazendo em sua vida, mas sei o que a graça de Deus pode fazer, porque ela é abundante e muito maior do que nossas imperfeições.

DEVOCIONAL
064/365

LEIA HOJE
Salmos 119.129-160
Lucas 5

ANOTAÇÕES

QUANDO A GRAÇA NOS TOCA, SOMOS TRANSFORMADOS

06 MAR

> Logo, já não sou eu quem vive, mas Cristo vive em mim; e esse viver que, agora, tenho na carne, vivo pela fé no Filho de Deus, que me amou e a si mesmo se entregou por mim.
>
> — GÁLATAS 2.20

A história de Zaqueu e a história do jovem rico são paralelas: um jovem rico que se dizia cumpridor da Lei (cf. Mateus 19.16-20) e um pecador rico que sabia que não merecia coisa alguma. O jovem rico não conseguiu seguir a Jesus, porque olhava para a sua própria performance e achava que cumpria os mandamentos. Quando Jesus revela o que tinha em seu coração – toda a sua ganância – e o desafia a renunciar o que tinha para segui-lo, o jovem foi embora triste e desapontado, porque estava focado em si mesmo. Já Zaqueu, que era escravo do dinheiro, ao experimentar a graça divina, foi liberto e salvo.

O jovem rico não pôde ser transformado porque estava preso à Lei. Zaqueu, que era pecador, ao ser tocado pela graça, teve sua vida transformada. Pare de tentar mudar por conta própria; isso é Lei. Deixe a graça tocar você, isso é o Evangelho. A Lei condena e evidencia a sua incapacidade, fazendo você perceber que é dependente da graça de Deus.

O alvo da Lei é levá-lo ao fim de si mesmo, a ponto de você reconhecer que não é capaz de alcançar transformação por conta própria. Porém, há pessoas que pensam ser fortes demais, e o Senhor permite que elas lutem até que suas forças se esgotem. É por isso que, às vezes, o Inferno é o lugar mais perto do Céu, pois o seu fim é o começo de Deus. Perca logo, reconheça que não pode e entregue-se para Deus. Deixe a graça lhe tocar e transformar a sua vida. A Lei não pode fazer isso, pois é o relacionamento baseado no merecimento; a graça é o relacionamento entre pai e filho.

Quando você abre mão e desiste de lutar sozinho, Deus lhe concede favor abundante e imerecido. Desvie os olhos de si mesmo, daquilo que o seu braço pode fazer. Pare de olhar para suas falhas, seus defeitos. Pare de se condenar. Reconheça que você precisa do favor divino. Olhe para si como alguém perdoado, amado, justificado em Cristo. Ocupe-se com o Senhor, e não com você; com a bondade dele, e não com a sua necessidade. Pense na graça de Deus, e não no tamanho do seu problema. Ao fazer isso, você será mudado, gradualmente, pelo Espírito Santo.

ANOTAÇÕES

DEVOCIONAL
065/365

LEIA HOJE
Salmos 119.161-176
Lucas 6

SÊ RICO DE BOAS EXPECTATIVAS

07 MAR

Bem-aventurado aquele que tem o Deus de Jacó por seu auxílio, cuja esperança está no SENHOR, seu Deus.

— SALMOS 146.5

Nessa passagem, a palavra "esperança" não se refere à esperança do mundo, que é tão vaga e incerta quanto um "quem sabe?". Nós, porém, temos uma esperança certa, fundamentada nas promessas divinas e na expectativa de que algo bom vai nos acontecer porque o Senhor é fiel e bondoso conosco. Deus tem coisas boas para você hoje! Mesmo que você não esteja vendo ou sentindo isso – talvez esteja experimentando justamente o contrário –, acredite na promessa.

Não se baseie naquilo que você vê, pois é momentâneo e certamente passará. A promessa, no entanto, é permanente. Ande pela promessa, e não pela circunstância. Deus é verdadeiro, fiel e justo; se ele falou, certamente acontecerá. Hoje, nós o amamos não porque somos obrigados, mas porque ele nos amou primeiro. Devemos meditar todos os dias no quanto somos amados e no quanto Deus planeja nos abençoar. Isso produz em nosso coração amor por ele e nos leva a crer firmemente em suas promessas.

> E ser achado nele, não tendo justiça própria, que procede de lei, senão a que é mediante a fé em Cristo, a justiça que procede de Deus, baseada na fé. (Filipenses 3.9)

Aqui, o apóstolo Paulo está dizendo que existem duas maneiras de viver a vida cristã, duas "roupas" que você pode vestir. A primeira refere-se aos seus próprios feitos e a uma lista de regras que você deve seguir para se achegar a Deus, o que é impossível, pois ninguém, além de Jesus, foi capaz de cumprir integralmente a Lei e as obrigações do Antigo Testamento. A segunda maneira é se vestir de Cristo e ser achado nele, porque Jesus já cumpriu tudo que era necessário para que você esteja na presença de Deus.

Quando você se apresenta diante de Deus vestido de Cristo, o Senhor não vê você, mas Jesus. Veja que, ao meditar nessas verdades poderosas do amor de Deus, o Espírito Santo faz de você uma pessoa "rica de esperança". É isso que o Senhor está fazendo com você à medida que você lê este devocional e crê no quanto é amado, perdoado e abençoado. Há, agora mesmo, uma grande expectativa de coisas boas em seu coração. Algo bom está para acontecer.

LEIA HOJE
Salmos 120-121
Lucas 7

ANOTAÇÕES

O INIMIGO NÃO TEM PODER SOBRE VOCÊ

08 MAR

Disse o SENHOR a Satanás: Eis que tudo quanto ele tem está em teu poder; somente contra ele não estendas a mão. E Satanás saiu da presença do SENHOR.

—JÓ 1.12

No capítulo 1 do livro de Jó, há uma conversa entre o Diabo e Deus sobre Jó que deixa muitos de nós apavorados, temendo que Deus aceite o mesmo desafio em relação a nossa vida. Hoje, a Bíblia nos chama de justos, porque estamos justificados em Cristo. Não sei se você gosta ou não dessa notícia; talvez isso o assuste, já que o justo Jó foi testado e sofreu extremamente.

No entanto, vamos separar as coisas. O que aconteceu especificamente com Jó não vai se repetir com você, pois ele estava antes da Cruz; o sangue de Jesus, que paga nossos pecados, ainda não havia sido derramado, e com isso foi aberto um novo e vivo caminho para nos achegarmos a Deus. Sendo assim, nossa justificação está em Cristo e não mais precisamos ser testados para sermos tidos como justos.

Saber que você é justificado em Cristo e que está mais do que perdoado – declarado inocente – é uma grande bênção. Com essa verdade em mente, você não precisa mais temer o Inimigo, pois, onde está o sangue de Cristo, não há condenação, portanto, Satanás não tem poder contra essa grande verdade. Essa é a nossa garantia.

Alegre o seu coração, pois, como justificado em Cristo, você tem direito legal a todas as bênçãos que ele conquistou por nós, cumprindo toda justiça de Deus, exigida a ele. Glória a Deus! Você é justo, protegido e abençoado.

ANOTAÇÕES

LEIA HOJE
Salmos 122-123
Lucas 8

VOCÊ É UM FILHO "MIMADO" POR DEUS

09 MAR

Satanás retrucou: "Então, o senhor acha que Jó é assim por pura bondade de coração? Ora! Ninguém é tão bom assim! O senhor o mima como se fosse uma criança [...]. Desse modo, quem não seria fiel?".

— JÓ 1.9-10 (AM)

Alguns versículos atrás, Deus chama Jó de justo. E nessa passagem, o Diabo alega que Jó era fiel porque Deus era bom com ele. Essa fala de Satanás, embora indignada, revela algo maravilhoso sobre nós, que somos hoje os justos em Cristo. Ela aponta como Deus trata o justo. Se Deus fazia esse mimo com Jó, conforme Satanás relata, muito mais agora Deus faz conosco, uma vez que hoje, somos verdadeiramente justos. Quando você ler esse versículo, troque o nome de Jó pelo seu. Você é mimado por Deus, e Satanás está indignado por causa disso.

Deus o mima como se você fosse uma criança e cuida de tudo em sua vida, sua família e suas riquezas. No entanto, precisamos crer nisso. Creia hoje que o Senhor colocou uma cerca para proteger você, sua família e seus bens. O Senhor está mimando você com bondades e bênçãos agora mesmo. Ele está atraindo você com laços de amor. Fique em paz e desfrute do mimo de Deus para você.

ANOTAÇÕES

CREIA NA BOA NOTÍCIA DO EVANGELHO

10 MAR

> Pois não me envergonho do evangelho,
> porque é o poder de Deus para a salvação
> de todo aquele que crê, primeiro do judeu e também do grego.
>
> — ROMANOS 1.16

Muitas vezes, sou acusado de ser um pastor *light* por pregar coisas boas para as pessoas, mas faço isso porque, se eu for cobrar algo de você ou mostrar seus erros e falhas para deixá-lo mal, então o que estou pregando não pode ser chamado de Evangelho, pois ele é boa notícia. Tenha muito cuidado com o que você ouve ou lê, pois tudo que está fora do Evangelho traz morte e condenação para a sua vida, rouba a sua fé e mata o seu espírito.

Estou aqui para lhe contar que Jesus trocou de lugar com você, carregando na cruz todas as doenças, misérias e maldições. Ele o perdoou para lhe dar vida, amor, proteção e cercá-lo de bondade, cuidando da sua família e prosperando os seus bens. Essa é a verdade do Evangelho, a boa notícia de Deus para o mundo que tanto padece.

Não deixe Satanás acusá-lo de ser um interesseiro ou de estar perto de Deus apenas porque ele está sendo bom com você. É claro que nós queremos as bênçãos de Deus, pois quem somos nós para viver sem elas? Se nosso Pai não nos abençoar, como poderíamos viver e vencer nesta vida? Fique em paz por crer na bondade divina e acreditar que ele abençoa você e guarda sua família.

Se alguém lhe acusar, apenas diga: "Sim, é verdade, eu sou filho e quero receber a proteção do meu Pai, a bênção dele em tudo que faço, em tudo que eu colocar as minhas mãos, pois preciso e dependo dele para viver". Não negue sua filiação, você se tornou uma pessoa bendita a partir do momento que aceitou a Cristo como seu Senhor, Salvador e Pai.

ANOTAÇÕES

DEVOCIONAL
069/365

LEIA HOJE
Salmos 126-127
Lucas 10

DEUS NOS DÁ PROVAS DE AMOR

11 MAR

Mas Deus demonstrou quanto nos ama ao
oferecer seu Filho em sacrifício por nós
quando ainda éramos tão ingratos e maus para com ele.

— ROMANOS 5.8 (AM)

Deus quer provar que você é amado. Gosto de pensar nesse versículo da seguinte maneira: imagine que, todos os dias, digo para a minha esposa que a amo e procuro dar demonstrações do meu amor por ela. No entanto, suponhamos que, mesmo me esforçando para provar o meu amor, ela ainda não acreditasse plenamente em mim. Até que um dia, um ladrão entra em nossa casa, rende-nos e diz: "Eu vou matar um de vocês dois hoje. Escolha". Sendo assim, entro na frente do ladrão e digo: "Pode me matar, porque eu amo esta mulher e vou morrer por ela". Então, eu morro, e ela sai livre.

Agora pergunto a você: a partir desse momento, ficaria alguma dúvida para a minha esposa de que eu a amava de verdade? Não; e por quê? Porque a maior prova de amor que você pode dar a alguém é morrer por esta pessoa, pois você entrega tudo o que tem, inclusive sua própria vida. Quando estamos vivos, damos presentes, viagens e afirmamos o nosso amor com palavras, mas, se morremos por alguém, esse ato se torna um argumento definitivo e inquestionável.

A Bíblia diz em Romanos 5.8: "Mas Deus prova o seu próprio amor para conosco pelo fato de ter Cristo morrido por nós, sendo nós ainda pecadores". Talvez você ache que, se Deus tivesse de morrer somente por você, ele não o faria. Um dia esse pensamento veio ao meu coração, mas o Espírito Santo me disse: "Se sua única filha estivesse se afogando, você pularia na água para salvá-la?". Eu imediatamente falei que pularia. Então, ele continuou: "Você se acha melhor do que eu? Se você, sendo mal, daria sua vida para salvar sua única filha, por que dúvida que, se só existisse você no mundo, eu também não daria a minha vida para salvá-lo?". Deus quer dar provas concretas de que o ama, por isso deu a própria vida para salvar você.

LEIA HOJE
Salmos 128-129
Lucas 11

ANOTAÇÕES

PORQUE ELE NOS AMA, ESTAREMOS SEGUROS

12 MAR

Estas coisas vos tenho dito para que tenhais paz em mim.
No mundo, passais por aflições;
mas tende bom ânimo; eu venci o mundo.

— JOÃO 16.33

A grande prova do amor de Deus não está em uma bênção ou na ausência de problemas, pois Jesus nos disse que no mundo teríamos aflições. As bênçãos vêm e vão, mas elas não definem o amor divino.

Deus é um Deus de perdão, que conhece você perfeitamente e, mesmo assim, decidiu amá-lo plenamente. Isso é fundamental. No entanto, muitos duvidam desse amor justamente quando mais precisam crer nele, durante grandes lutas. Isso acontece quando se acredita que o amor divino equivale a recebermos muitas bênçãos e estarmos imunes a todos os problemas. Essa é uma crença equivocada, pois sempre que algo der errado, você se sentirá inseguro por pensar que Deus se afastou.

Você pode pensar: "Se Deus me ama, porque estou sofrendo?". Você está sofrendo porque está em um mundo caído, cheio de demônios, inveja e coisas ruins. Jesus nunca falou: "Porque eu amo você, não terá aflições". No entanto, disse: "No mundo tereis aflições, porque este mundo está caído. Aqui não é sua casa; aqui não é o seu lugar ainda. Mas tenha bom ânimo, eu venci o mundo".

A grande prova do amor de Deus é o fato de que ele morreu por você, sendo você ainda um pecador. No meio da luta, quando você estiver doente, com depressão, ansiedade, sofrendo um prejuízo, não diga: "Se Deus me ama, porque estou sofrendo?"; em vez disso, afirme: "Eu estou sofrendo porque este mundo jaz no maligno, mas Jesus morreu na cruz como prova de amor por mim, por isso sei que ele virá em meu socorro". Nesse momento, você sentirá paz e viverá em segurança, tendo a firme convicção de que será socorrido, pois não duvida de que é amado.

ANOTAÇÕES

DEVOCIONAL
071/365

LEIA HOJE
Salmos 130-131
Lucas 12

A GRANDE TROCA DO AMOR DE DEUS

13 MAR

Mas o fato é que ele levou nossas doenças, nossas deformidades, tudo que há de errado em nós. [...] Ele recebeu o castigo, e isso nos restaurou. Por meio das feridas dele, somos curados.

— ISAÍAS 53.4-5 (AM)

O fundamento do amor de Deus é a Cruz, e esta é uma das verdades mais poderosas do Evangelho: Deus trocou de lugar conosco. A Cruz é a substituição do pecador criminoso pelo Deus santo que se fez homem. O fato de que fomos perdoados para sempre – passado, presente e futuro – é uma das maiores demonstrações do amor de Deus por nós. Cristo tomou toda a nossa dívida de pecado e sofreu em nosso lugar toda a condenação, a maldição da Lei, as enfermidades, a miséria e a morte. Ele suportou a ira de Deus em nosso lugar para que recebêssemos perdão e salvação.

Além de resolver todo o impacto do pecado em nossa vida – a miséria, a morte e o juízo eterno –, o que já seria glorioso, Cristo nos deu o que era dele. Ele se fez Filho do homem para que nós fossemos feitos filhos de Deus; foi ao Inferno para que pudéssemos subir ao Céu; fez-se pobre para que nos tornássemos ricos; tornou-se pecado para que fôssemos feitos justiça de Deus; tornou-se maldição para que fôssemos abençoados; sacrificou-se para nos dar vida eterna; tomou sobre si nossas feridas para que fôssemos curados. Essa lista é apenas uma parte do glorioso benefício da Cruz a nosso favor.

Portanto, não se envergonhe por causa de suas falhas, pois Deus conhece nossos pecados totalmente, e mesmo assim, decidiu nos amar completamente. Os nossos pecados e deslealdades não podem nos desconectar de Deus, pois a obra dele na cruz, por amor a nós, é muito maior do que nossos erros passados e futuros. Não se trata de uma autorização para você pecar; o pecado é mau. No entanto, saiba que, mesmo que peque, se você se arrepender, não poderá ser separado de Deus, por causa do sangue de Jesus derramado a seu favor. Todas as manhãs, inclusive no dia mau, no dia do seu pecado, lembre-se de que ele ama você mesmo assim. Corra para ele.

DEVOCIONAL
072/365

LEIA HOJE
Salmos 132-133
Lucas 13

ANOTAÇÕES

EXISTE UM TESOURO CELESTIAL PARA VOCÊ

14 MAR

Quero vocês unidos numa vida de amor, em contato com tudo que se pode saber sobre Deus. [...] Digo isso porque não quero que ninguém os induza a alguma busca inútil do que chamam de "mistérios", ou "o Segredo".

— COLOSSENSES 2.2-4 (AM)

Quando pensamos no mundo espiritual, na presença do Pai, podemos imaginar que existe um grande baú celestial aberto para você com um imensurável tesouro. Basta olhar, e tudo que precisa estará lá, pronto para ser acessado. É como se o Senhor afirmasse: "Você precisa de paz? Está aqui, pegue. Precisa de cura física? Coloque a sua mão e pegue. Precisa de cura emocional, libertação? Pegue. Precisa de suprimento em alguma área da sua vida? Está aqui. Precisa de direção, perdão, restauração? Tudo está à sua disposição".

Isso é assim porque em Cristo, que é esse tesouro, estão contidos todos os tesouros da sabedoria e do conhecimento, além de todas as riquezas. Nele, tudo subsiste, ele é antes de tudo, e sem ele, nada do que existe viria a existir. E, uma vez que a Bíblia afirma que agora estamos nele, tudo está à nossa disposição. Você só precisa crer e se apropriar pela fé, orando na posição de justo que é, em Cristo.

Quando olhamos para nós mesmos, percebemos o quão incapazes e frágeis somos. Com isso, ficamos desanimados e perdemos a força para avançar. Hoje, porém, quero que você entenda que há um mistério de Deus, espiritual, que estava escondido, mas agora foi revelado. Ele é a chave para todas as nossas necessidades. A Bíblia diz que o mistério que estava oculto é Cristo, que agora se revela a todos que creem que ele é Deus e que nele estão contidas e sustentadas todas as riquezas.

O mais importante, no entanto, é saber, que nele tudo está disponível para que você viva uma vida abundante e vencedora. Pare de tentar adquirir por si mesmo algum conhecimento humano que vá solucionar os seus problemas, isso é uma grande ilusão. Não me oponho ao conhecimento terreno, apenas o considero passageiro e limitado em sua eficácia, mas o que você recebe de Deus é pleno e permanente. Do que você precisa hoje? Pare um pouco e peça ao seu Pai, de uma maneira sobrenatural e inexplicável, você verá isso ser acrescentado à sua vida.

ANOTAÇÕES

DEVOCIONAL
073/365

LEIA HOJE
Salmos 134-135
Lucas 14

VIVA HOJE UMA VIDA CELESTIAL

15 MAR

E, assim, se alguém está em Cristo, é nova criatura; as coisas antigas já passaram; eis que se fizeram novas.

— 2CORÍNTIOS 5.17

Apocalipse capítulo 21 está ligado à verdade de 2Coríntios 5.17, na qual o apóstolo Paulo faz uma afirmação a nosso respeito, dizendo que os que estão em Cristo Jesus são novas criaturas. As coisas velhas e antigas já passaram, e tudo se fez novo. Para os que creram em Cristo e nasceram de novo, essa é uma realidade hoje. Sobre a Nova Jerusalém, em Apocalipse, a Bíblia anuncia a chegada de um novo céu e uma nova terra, onde tudo se fez novo e as coisas velhas já passaram, assim como em Coríntios. Na Nova Jerusalém, a cidade santa que virá do Céu para habitarmos nela, não haverá mais lágrimas. Também não haverá mais morte, dor e enfermidade.

> Vi novo céu e nova terra, pois o primeiro céu e a primeira terra passaram, e o mar já não existe. (Apocalipse 21.1)

Aqui, percebemos uma santa conexão entre a vida eterna e nossa vida como salvos hoje. Quando vivemos na dimensão espiritual, antecipamos na Terra a experiência que viveremos nos dias gloriosos por vir. Em outras palavras, na dimensão espiritual, podemos viver as realidades do Céu agora mesmo.

Essas verdades já estão acontecendo para nós hoje, porque o Espírito Santo já foi enviado para nos consolar e enxugar nossas lágrimas. As coisas velhas que passaram são justamente a morte, a enfermidade, a dor; pois, para nós, isso está resolvido em Cristo. A Bíblia diz: "Quem está em Cristo passou da morte para a vida" (cf. João 5.24); a morte ficou para trás. Quando nossa hora de partir desta Terra chegar, de fato não morreremos, mas "dormiremos", porque a morte é um espírito maligno com o qual não nos encontraremos, porque Cristo já o venceu na cruz.

Quando alguém sem Deus morre, um espírito maligno, chamado morte, vem buscá-lo para levá-lo ao tribunal a fim de ser julgado e condenado. Quando, porém, um filho de Deus parte, os anjos vêm buscá-lo para levá-lo de volta para casa. Fique em paz, você é filho, e as coisas velhas e a morte já passaram.

DEVOCIONAL
074/365

LEIA HOJE
Salmos 136-137
Lucas 15

ANOTAÇÕES

VIVA SEM MEDO, A MORTE NÃO PODE MAIS ALCANÇAR VOCÊ

16 MAR

[...] e livrasse todos que, pelo pavor da morte, estavam sujeitos à escravidão por toda a vida.

— HEBREUS 2.15

Em Cristo, já estamos vivendo as realidades da vida futura. A Bíblia menciona que na cidade celestial não haverá morte, nem dor, nem pranto, nada das coisas que sofremos hoje. O que Deus tem preparado para nós é algo que olhos nunca viram, ouvidos nunca ouviram, nem jamais penetrou no coração do homem. Isso é maravilhoso e está descrito em Apocalipse 21.

De uma vez por todas, entenda que aquele que crê não mais passará pela morte. Uma vez que entendemos que Cristo venceu a morte e desempregou Satanás de nos matar, podemos ter paz. O versículo de hoje nos revela que Jesus, pela sua morte, destruiu "aquele que tem o poder da morte, o Diabo". Nós sabemos, no entanto, que o Diabo continua agindo. Então, o que precisamos entender é que a palavra "destruir", no original grego é *katargeo* e significa "desempregar". Assim, podemos ler o versículo da seguinte forma: Jesus, na sua morte, desempregou o Diabo de nos matar e, com isso, libertou a todos nós que, apavorados com medo de morrer, estávamos escravizados por toda a vida.

Entenda como isso acontece na prática e como é libertador para todos nós. A maneira como o Diabo mata é pelo pecado, pois "o salário do pecado é a morte" (cf. Romanos 6.23). Então, onde não há pecado, o "salário", que é a morte, não pode ser cobrado pelo Diabo. Quando você crê em Jesus como seu salvador, o sangue dele paga para sempre todos os seus pecados, logo, o Diabo não pode cobrar de você o salário da morte, e por isso, em relação a você que crê, ele está desempregado. Se crer nisso hoje, nunca mais terá medo de morrer, pois quando o seu dia de partir chegar, serão os anjos de Deus que virão buscá-lo. Viva sem medo, a morte não tem mais poder sobre a sua vida.

ANOTAÇÕES

DEVOCIONAL
075/365

LEIA HOJE
Salmos 138-139
Lucas 16

AS PORTAS ESTÃO ABERTAS PARA VOCÊ

17 MAR

As suas portas nunca jamais se fecharão de dia, porque, nela, não haverá noite.
— APOCALIPSE 21.25

Talvez você não esteja muito acostumado a orar pedindo por revelação, mas essa é a coisa de que mais precisamos. Ore por isso todos os dias, peça a Deus que lhe dê espírito de revelação no pleno conhecimento da verdade. A revelação acontece quando o que entendemos na nossa mente sobre as realidades de Deus para nós explode no nosso espírito e muda a nossa vida. Não basta ler a Bíblia, é necessário ver com os olhos espirituais, é como destampar uma panela e poder ver o que está dentro. Deus quer que tudo o que você tem aprendido aqui seja uma experiência real na sua vida, e é a revelação que fará isso.

Por exemplo, já comentamos anteriormente que podemos viver as realidades da Eternidade hoje. Uma verdade poderosa da Nova Jerusalém celestial que se aplica a nós hoje, é que "as suas portas nunca se fecham". Isso significa que, se você crer, Deus sempre terá portas abertas para sua vida e isso muda completamente suas perspectivas.

Ele abriu todo tipo de porta para você. Não sei qual delas você está realmente precisando hoje. Talvez, você precise entrar pela porta da salvação, que livra do Inferno e de todas as misérias e mazelas das maldições; ou pela porta da provisão, para viver uma vida abundante; da libertação, que liberta você completamente das tristezas e angústias; da felicidade, que lhe dá acesso a um casamento abençoado; da saúde ou, ainda, pela porta de uma vida frutífera em tudo o que fizer.

Se você está no vale hoje, tem uma porta para você, chamada porta da esperança. Entre por ela, peça socorro, e o Senhor o auxiliará. Você precisa ser cheio do Espírito? Então, entre pela porta da fonte, porque a Bíblia afirma que aquele que beber da água que Deus der se tornará uma fonte a jorrar. Talvez você tenha vivido por muito tempo com as portas fechadas em alguma área da sua vida, ou em muitas. Hoje, profetizo sobre a sua vida que Deus está lhe dando a revelação de que, porque você está em Cristo, apesar dos seus erros e pecados, ele está abrindo portas que mudarão o seu destino. Creia nessa verdade hoje. Ore agora mesmo, com todo o seu coração, e peça a Deus que lhe faça entrar pela porta que supre a sua necessidade. Receba o seu milagre.

DEVOCIONAL
076/365

LEIA HOJE
Salmos 140-141
Lucas 17

ANOTAÇÕES

DEUS ENVIOU SUA PALAVRA PARA NOS DAR VIDA

Enviou-lhes a sua palavra, e os sarou,
e os livrou do que lhes era mortal.

— SALMOS 107.20

18 MAR

Quando a Bíblia diz que Deus nos enviou a sua Palavra, sarou-nos e nos livrou do que era mortal, isso nos revela a importância de tratarmos a Bíblia como um livro espiritual, que tem o poder de nos transformar completamente. Não é um livro qualquer, é sobrenatural. Não é a tinta e o papel que são poderosos, é o que está escrito nas páginas: o sopro de Deus.

O Inimigo sabe disso, e por isso é tão difícil ler a Bíblia. Você já percebeu quanta resistência existe para estudarmos a Palavra? Quando vemos notícias na internet, permanecemos despertos, mas assim que começamos a ler a Bíblia, o sono chega imediatamente. Isso acontece porque Satanás sabe muito bem o poder que a Palavra de Deus tem na vida de uma pessoa, e por isso ele empenha todo esforço, utilizando-se de distrações, para impedir que você se aprofunde nela diariamente.

A Bíblia diz que Jesus é o verbo de Deus, ele é a própria Palavra, por isso quem não ama a Palavra não pode amar o Senhor. Você deve entender uma coisa, a palavra não foi criada por Deus em primeiro lugar, apenas para comunicar. Ela existe para criar, já que ele criou todas as coisas falando. Então, ao ler a Palavra, você fortalece a sua fé e recebe o poder de chamar à existência as promessas de Deus sobre a sua vida.

Mude hoje a sua atitude em relação à leitura da Palavra, exponha-se a ela todos os dias, pois é a sua dieta espiritual, para que você seja fortalecido e transformado. Comece agora mesmo e testemunhe mudanças poderosas em sua vida.

ANOTAÇÕES

LEIA HOJE
Salmos 142-143
Lucas 18

A VITÓRIA NÃO É CONQUISTADA, ELA NOS É DADA

19 MAR

Que diremos, pois, à vista destas coisas?
Se Deus é por nós, quem será contra nós?

— ROMANOS 8.31

Um dos nomes de Deus é Jeová Nissi, "O Senhor é a nossa bandeira". Isso significa que ele é a nossa vitória no meio da guerra. Quando alguém conquista um território, ele finca a sua bandeira de posse naquele lugar. Por isso, Deus é a nossa bandeira. Se você está passando por uma luta, acredite: maior é o que está com você do que o que está contra você. Maior é o que está do seu lado, maior é aquele que peleja suas batalhas. Acredite nisto: o Senhor abriu uma porta, e você é um vencedor.

Entretanto, é importante ressaltar a compreensão de que não é porque Deus abriu uma porta que não haverá mais guerra. Às vezes, é justamente porque Deus abriu uma porta para você que a guerra está acontecendo. É justamente porque Deus lhe deu um negócio, um casamento, uma bênção, que o Diabo se levantou para tentar roubar o que você recebeu de Deus. Apesar disso, fique em paz e persevere, porque à medida que você se posiciona na vitória, ela lhe é dada, em vez de conquistada. Aqueles que recebem a abundância da graça e o dom da justiça reinarão em vida. Nas nossas guerras, não conquistamos, antes, recebemos a conquista, recebemos a vitória conquistada por Cristo a nosso favor.

Sim, Jesus falou que no mundo teríamos aflições e enfrentaríamos guerras, mas também disse para termos bom ânimo, porque venceu o mundo e suas guerras. Embora não ignoremos os ardis de Satanás, a melhor estratégia de guerra é não dar valor e atenção ao que ele está fazendo. Ignore-o, entregue a guerra para Deus e descanse. Ele é o vencedor que peleja por nós. Quando Satanás disser que vai matar você, diga para ele resolver com o Senhor das suas batalhas, Cristo. Não tente lutar, receba a vitória sem merecer, apenas vá a Cristo e veja a vitória que ele lhe dará.

[...] os que recebem a abundância da graça e o dom da justiça reinarão em vida por meio de um só, a saber, Jesus Cristo. (Romanos 5.17)

DEVOCIONAL
078/365

LEIA HOJE
Salmos 144-145
Lucas 19

ANOTAÇÕES

ELE É SEU AMIGO ÍNTIMO

20 MAR

Já não vos chamo servos, porque o servo não sabe o que faz o seu senhor; mas tenho-vos chamado amigos, porque tudo quanto ouvi de meu Pai vos tenho dado a conhecer.

— JOÃO 15.15

O servo trabalha para o seu senhor, mas não sabe o que está no coração dele. Você percebe que essa é a diferença entre quem anda com Deus na Lei, que é um sistema de troca, regras, merecimentos e punições, e quem anda com Deus baseado na graça, que é o favor imerecido, um relacionamento de pai e filho? Muitas pessoas me questionam se deixaram de ser servas de Deus, uma vez que entenderam que são filhas. Claro que somos servos de Deus, até porque, fomos comprados por ele, pelo seu sangue derramado, e essa verdade não deixou de existir.

No entanto, somos servos e amigos de Deus. É preciso ter inteligência espiritual para ler a Bíblia. O simples servo não sabe nada do coração de Deus; é um servo da Lei e está debaixo de um jugo pesado. No entanto, o servo que também é amigo, é como um filho que serve ao pai, não mais por medo ou obrigação, mas por amor. João 15.15 revela que há um servo que é amigo, porque, na sua graça, Deus compartilha o coração dele conosco e revela coisas que os que estão se relacionando com ele baseados na troca e nas regras não sabem.

O Senhor nos chama de amigos porque quer compartilhar o coração dele conosco, verdades que ele vai revelar para você e que vão mudar sua vida. Ele está presente, não de qualquer forma, mas como um amigo íntimo, por causa da obra do seu precioso Filho Jesus, que nos aproximou de Deus pelo seu sangue derramado.

Então agora, é isto que você tem que entender: a amizade de Deus conosco não está baseada em nós, pois, por causa de nosso pecado, Deus não poderia ser nosso amigo. Em Cristo, porém, há uma troca. Ele toma o nosso lugar e paga pelos nossos pecados. E agora, ao olhar para nós, Deus vê Cristo. E porque vê Cristo sem pecado e perfeito, agora Deus pode ser nosso amigo e pode revelar coisas escondidas e preciosas a nós.

Deus não está mais distante de você, em um relacionamento impessoal. Ele está perto, como um amigo. Hoje mesmo você pode parar e ouvir o que ele tem a revelar sobre você, dessa maneira entrará em um novo nível espiritual com Deus e experimentará uma vida abundante. Não se preocupe, apenas comece a falar com ele do seu jeito, o Espírito Santo ensinará você.

ANOTAÇÕES

DEVOCIONAL
079/365

LEIA HOJE
Salmos 146-147
Lucas 20

JESUS É O MAIOR PRESENTE DE DEUS AO HOMEM

21 MAR

Porque Deus amou ao mundo de tal maneira que deu o seu Filho unigênito, para que todo o que nele crê não pereça, mas tenha a vida eterna.

—JOÃO 3.16

A Bíblia diz que por amor Deus nos deu seu Filho. E ele se chama Emanuel, que significa "Deus conosco". No entanto, ele não apenas está conosco agora, a Bíblia fala que está dentro de nós. Não é um Deus distante, é um Deus amigo que revela seu próprio coração, que está por perto e não nos abandona.

Acredite em um relacionamento saudável, pois o seu maior amigo é o seu Pai, e ele está dizendo a você: "Não vou deixá-lo nem abandoná-lo, estarei com você todos os dias da sua vida". O Senhor, como um Pai amoroso, fala ao nosso coração com essas palavras de afirmação. Há pessoas que não têm pai, porque nunca o conheceram ou porque o pai foi embora. Outros têm, mas não possuem uma boa convivência com ele; são "órfãos de pais vivos". Se esse é o seu caso, perdoe o seu pai terreno assim como Cristo lhe perdoou. Hoje, o Senhor quer restaurar a verdade da paternidade ao seu coração. Não importa quão ruim tenha sido a sua experiência com o seu pai terreno, agora você tem um Pai Celestial, que diz: "Eu sou o seu Pai, o seu amigo. Eu estou perto, não vou embora, vou curar suas feridas e trazer significado para sua vida, eu amo você".

Deus nos deu Jesus como um presente gratuito, e a presença dele em nossa vida é um dom que não merecemos. Você não faz nada para merecer essa amizade, porque nunca poderia fazer algo suficiente para ter a amizade de Deus. Não foi você quem escolheu ser amigo de Deus, ele que o escolheu para ser amigo dele. Com amor eterno ele o atraiu, com laços de amor o prendeu. Uma vez que não foi você nem seu mérito que tornou Deus seu amigo, também não serão seus erros que afastarão você dele.

Hoje, quero desafiá-lo a viver com a consciência de que você é um filho amado e que Deus é seu Pai íntimo, que o ama e está todo tempo com você. Não tenha medo, fale com ele todo o tempo e viva seguro e em paz.

LEIA HOJE
Salmos 148-149
Lucas 21

ANOTAÇÕES

OLHE PARA CRISTO E SEJA TRANSFORMADO

> E todos nós, com o rosto desvendado, contemplando, como por espelho, a glória do Senhor, somos transformados, de glória em glória, na sua própria imagem, como pelo Senhor, o Espírito.
>
> — 2CORÍNTIOS 3.18

22 MAR

Todos os dias precisamos comer uma porção do favor e da promessa de Deus, porque somos justos, e os justos vivem pela fé. A fé, por sua vez, é alimentada por aquilo que você lê, ouve e aplica ao seu coração quando crê. Ao ouvir a Palavra do Pai, você é alimentado. Esse foi um princípio que Deus estabeleceu com Adão, logo no começo da criação. Uma das coisas mais preciosas que está em Gênesis, é que todos os dias Adão ia ter com Deus. Era no momento que o dia virava, que Adão recebia a influência da glória de Deus, para que pudesse governar o jardim e reinar sobre ele.

Da mesma maneira, Deus deseja que todos os dias separemos um tempo para estarmos com ele, recebendo sua glória e reinando em vida. Hoje, quando olhamos para o Senhor na Palavra, é como se estivéssemos olhando em um espelho, e à medida que nós o contemplamos, a imagem dele reflete em nós. Então, somos transformados e nos parecemos um pouco mais com ele, o que significa que nos tornamos melhores, mais fortes e capazes, sem merecimento algum.

O espelho é Cristo; não um vidro qualquer. À medida que o contemplamos, a imagem dele reflete em nós e é impressa em nosso ser. Cristo é o ser humano perfeito. Todas as nossas dores, mazelas, dificuldades, defeitos, derrotas, fracassos, incapacidades e inabilidades estão supridas nele. Tudo de que nós precisamos é sermos parecidos com Cristo. Então, quanto mais gastamos tempo olhando para ele na Palavra, nós nos parecemos mais com ele e menos sofremos com as dificuldades dessa vida.

Compreenda que nada disso é na força do seu braço; não é tentando ser a melhor versão de si mesmo, como dizem na autoajuda, que você vai conseguir realmente ser uma pessoa melhor e se livrar dos sofrimentos. A vida cristã envolve uma mudança que ocorre de dentro para fora, à medida que contemplamos a Cristo. Não tente se melhorar por conta própria; apenas continue lendo a Palavra e fazendo o seu devocional. Peça ao Senhor que o transforme de dentro para fora, de modo que você se torne mais parecido com ele, a fim de viver uma vida vencedora.

ANOTAÇÕES

DEVOCIONAL
081/365

LEIA HOJE
Salmos 150
Lucas 22

SORRIA, ELE ESTÁ SORRINDO PARA VOCÊ

23 MAR

Com a visão do Espírito, ouviu-se uma voz:
"Este é o meu Filho, escolhido e marcado pelo meu amor,
a alegria da minha vida".

— MATEUS 3.17 (AM)

Quando você terminar esse devocional, dia 31 de dezembro, creio que estará irreconhecível. Deus terá mudado tantas coisas em sua vida que você não faz ideia. Por isso, o que faço todos os dias, em cada página, é pintar um quadro de Cristo para você. Não estou aqui para expor religião nem para discutir teologia. Meu objetivo é lhe mostrar Cristo, porque é ao contemplá-lo, que somos transformados e recebemos glória celestial para reinar nesta vida.

Você se torna semelhante àquele que adora. O problema é que muitos irmãos, quando contemplam a face de Cristo, não veem um Cristo sorrindo para eles. No entanto, a Bíblia afirma que quando contemplamos a face de Cristo, como que por um espelho, somos transformados (cf. 1Coríntios 13.12). E qual é a face que você está vendo? Se não está vendo Jesus sorrir, isso indica que a Lei, o sistema religioso de troca e merecimento, ainda está condenando você. Por isso, você não tem fé para experimentar o melhor de Deus.

Deus está feliz com você. Você pode até me questionar dizendo: "Por quê? Eu erro, não faço tudo certo, tenho falhas, não consigo fazer o devocional em dia, minha leitura não está em dia, não sou uma boa mãe, não sou um bom pai. Não faço as coisas como eu gostaria. Como ele pode estar feliz comigo?". Você precisa entender que a vida com Deus não é sobre você, é sobre ele; não é sobre o que você faz ou deixa de fazer, é sobre o que o Senhor fez e está fazendo por você. Esqueça de si mesmo e olhe para Cristo. Deus não está feliz com você por algo de bom que tenha feito, mas porque você está em Cristo.

Jesus já fez todas as coisas; nele, tudo está feito. E a Bíblia diz que, por amor, colocou você nele. Então, quando Deus olha para você, não vê o homem, vê Cristo. E sorri, porque em Cristo a obra está consumada, a vontade de Deus foi feita. Você precisa, todos os dias, acordar de manhã com esta santa consciência em seu coração: "Meu Pai me ama e, por causa de Cristo, está feliz comigo". Essa é a face que você deve contemplar. Se fizer isso, terá uma fé gigante para crer nas promessas de Deus. Vamos lá! Sorria, ele está sorrindo para você.

DEVOCIONAL
082/365

LEIA HOJE
Lucas 23

ANOTAÇÕES

VEJA O ABA E SEJA RESTAURADO

24 MAR

E, porque vós sois filhos, enviou Deus ao nosso coração o Espírito de seu Filho, que clama: Aba, Pai! De sorte que já não és escravo, porém filho; e, sendo filho, também herdeiro por Deus.

— GÁLATAS 4.6-7

Se você acredita que Deus está zangado com você, terá dificuldade em receber as promessas dele. A Bíblia diz que Deus nos amou quando nós ainda éramos inimigos dele. Agora, que somos filhos, ele nos ama ainda mais. Saber que somos filhos amados de Deus nos dá a confiança de que ele está trabalhando a nosso favor e que, no final, tudo dará certo.

A nossa relação com o nosso pai terreno reflete muito a nossa relação com Deus, e Satanás sabe disso. O Diabo ataca a nossa relação com o pai terreno porque quer comprometer nossa relação com o Pai celestial. Se sua relação com seu pai terreno foi tensa, ausente e até violenta, inconscientemente você pode olhar para o Pai Celestial de forma distorcida.

Conheci pessoas que não conseguiam chamar Deus de Pai devido à imagem negativa que tinham do próprio pai terreno. Essa é uma realidade que muitos de nós ainda enfrentam. A verdade é que temos uma grande dificuldade em aceitar Deus como o nosso Pai amoroso. Apesar de acreditarmos que Deus é nosso pai e desejarmos nos aproximar dele, muitas vezes não fazemos isso na prática, por causa da nossa relação com o pai terreno. Entendo todas as dores e desafios que muitos de vocês viveram com os seus pais, e não estou aqui para condená-los. Em vez disso, convido você a buscar um novo relacionamento com um Pai totalmente diferente daquele que lhe frustrou.

Jesus veio revelar o novo nome de Deus: Aba, que significa "paizinho". Hoje, Deus quer que você o chame de Pai e o veja como um Pai amoroso e perdoador, que não deseja punir você pelos seus erros, pois isso já foi feito em Cristo. Ele quer acolher, sarar e abençoar você, revelando-se como o seu *Aba*, seu paizinho querido. Venha até ele agora mesmo, peça isso a ele e veja o grande poder restaurador agindo em sua vida.

ANOTAÇÕES

LEIA HOJE
Lucas 24

ENCONTRE A DEUS E VOCÊ SE ENCONTRARÁ

25 MAR

Mas da árvore do conhecimento do bem e do mal não comerás; porque, no dia em que dela comeres, certamente morrerás.

— GÊNESIS 2.17

Quando Adão foi expulso do Éden, uma grande tragédia aconteceu: o pecado entrou no mundo, trazendo consigo a morte. Foi o início do sofrimento da humanidade: doença, miséria e morte. No entanto, a questão crucial não foi o fato de o homem ter sido expulso do Jardim, e sim ele ter sido afastado da presença do Pai. O homem foi criado para viver na presença de Deus, assim como o peixe foi criado para viver na água e as plantas, na terra. Se um peixe é retirado da água, ele morre; se uma planta é removida da terra, ela morre. Da mesma forma, se o homem for afastado da presença de Deus, ele certamente morrerá.

Essa verdade ainda hoje nos afeta; sofremos todas as consequências do pecado e da morte sempre que nos afastamos de Deus, mesmo estando na igreja. Tentamos resolver nossos problemas buscando soluções em tantos lugares, apenas para descobrirmos que não há resposta definitiva fora da presença de Deus. Se você deseja voltar para uma vida como Deus planejou no Éden, plena, abençoada, absoluta, suprida, deve voltar para o lugar onde caiu. Em Apocalipse, encontramos essa mesma repreensão direcionada para uma das igrejas, que diz:

> Lembra-te, pois, de onde caíste, *arrepende-te e volta à prática das primeiras obras*; e, se não, venho a ti e moverei do seu lugar o teu candeeiro, caso não te arrependas. (Apocalipse 2.5, grifo nosso)

Arrependimento é mudança de mente, ou metanoia. Aqui, estamos falando necessariamente da transformação da mente em relação a Deus. Mude a perspectiva e volte a enxergá-lo como seu Pai. Volte para a comunhão, para a presença, e todas as coisas serão restauradas. Esta é uma decisão diária que devemos tomar: contar tudo para Deus e considerá-lo em nossos caminhos. Dessa maneira, as coisas se realinham. Você é um filho amado, e o Pai está esperando por você.

DEVOCIONAL
084/365

LEIA HOJE
Salmos 1-2
Provérbios 1
João 1

ANOTAÇÕES

DEUS TEM PRAZER EM VOCÊ

26 MAR

O SENHOR é quem vai adiante de ti; ele será contigo, não te deixará, nem te desamparará; não temas, nem te atemorizes.

— DEUTERONÔMIO 31.8

Muitas vezes, tive a sensação de abandono, mesmo sabendo que Deus não me deixa. Talvez isso acontecia devido à ausência do meu pai, que estava sempre longe, trabalhando na fazenda. Essa situação não era culpa dele, mas uma criança não compreende isso. Essa distância produziu em mim a sensação de abandono em várias ocasiões. No entanto, quando abençoei o meu pai e me voltei para o Senhor, o próprio Deus começou a restaurar essa confiança em meu coração.

Quando você libera perdão para o seu pai terreno, devido a um relacionamento difícil que talvez tenham vivido, algo poderoso acontece. Deus cura você e libera o seu coração para uma nova experiência com ele. Algo poderoso passa a mover seu coração de uma maneira nova, e agora você pode se voltar para Deus e vê-lo sorrindo. Agora você tem um Pai que o ama e está cuidando de você. O seu Pai, que é Deus, ama e o conhece mais do que você mesmo. Ele conhece seus erros, seus pensamentos, suas dificuldades, suas tentações e, mesmo assim, mais do que ninguém, pode ajudar e guiar você.

Outro dia, eu estava orando por um irmão que enfrenta uma situação muito difícil. Ele cometeu erros terríveis e está pagando caro por isso diante dos homens. Então fiquei pensando, Deus o ama, ele é seu filho. O amor de Deus é muito maior do que qualquer erro que ele tenha cometido, e isso pode ajudá-lo a crer que o Senhor o socorreria em sua dificuldade. O amor de Deus supera todos os nossos erros. Não estou aqui incentivando você a errar, mas é um fato que todos nós erramos. No entanto, nossas falhas nunca superarão o amor de Deus por nós, porque ele é Pai. Essa relação é simplesmente inexplicável.

É tão bonito o que Deus disse a Jesus quando este estava prestes a iniciar seu ministério. Para mim, essa é uma das cenas mais lindas e tocantes do Novo Testamento, porque acredito que Deus também está dizendo a mesma coisa para nós, que agora somos seus filhos. Leia o versículo e ouça Deus falando isso para você agora mesmo.

> E do céu veio uma voz, que disse: — Este é o meu Filho querido, que me dá muita alegria! (Mateus 3.17, NTLH)

ANOTAÇÕES

DEVOCIONAL
085/365

LEIA HOJE
Salmos 3-4
Provérbios 2
João 2

O CÉU É O LUGAR DOS FILHOS

27 MAR

Tendo Jesus ouvido isto, respondeu-lhes:
Os sãos não precisam de médico, e sim os doentes;
não vim chamar justos, e sim pecadores.

— MARCOS 2.17

Como é bom pensar que seu Pai o ama, que está feliz com você e que tem prazer em sua vida. Você pode me dizer: "Pastor, você não pode falar isso! Tem muita gente aqui pecando, muita gente errando, muito crente frio...". No entanto, isso não é sobre fazer o certo ou o errado, é sobre ser filho. Se você é pai ou mãe, entende bem isso. Nossos filhos erram e deixam de fazer o que é certo, mas nós, que também somos maus, não conseguimos deixar de amá-los. Ficamos com raiva, perdemos a paciência, mas não os abandonamos. Amamos nossos filhos mesmo assim. Por que você acha que somos melhores do que Deus?

No bairro onde moro, com certeza há pessoas melhores do que meus filhos, com mais caráter e competência do que eles. No entanto, elas não moram na minha casa por uma simples razão: não são meus filhos. Sei que isto pode chocar, mas preciso compartilhar uma verdade: o Céu não é a casa das melhores pessoas da Terra; é o lugar dos filhos. Haverá muita surpresa quando chegarmos lá. Algumas pessoas que imaginávamos encontrar não estarão presentes, enquanto outras que jamais imaginamos que estariam ali, estarão.

Assim como o Céu não é a casa dos melhores homens, o Inferno pode ser o destino daqueles que se consideram irrepreensíveis. O Inferno não é o lugar de quem pecou, é o lugar dos que não creram na obra de Cristo na cruz. Da mesma forma, o Céu não é o lugar de quem nunca errou, mas sim dos que creram na obra da Cruz, no perdão de seus pecados, reconheceram Jesus como salvador e se tornaram filhos de Deus.

Na prisão, muitos dos detentos pertencem às famílias evangélicas, e uma parte significativa deles também é crente. Isso não é chocante? E por que isso acontece? O motivo é óbvio: imagine o sofrimento de uma mãe que tem um filho preso. Ela se converte, passa a frequentar a igreja e busca a Deus enquanto ora pelo filho preso. E ele, estando encarcerado, tem a chance de clamar a Deus e ser salvo. Afinal, o lugar mais perto do Céu é o Inferno. A graça de Deus é isso, os que não merecem, mas creram, estarão por lá. Se você creu, alegre-se, não é sobre bom comportamento, é sobre fé naquele que ama você.

DEVOCIONAL
086/365

LEIA HOJE
Salmos 5-6
Provérbios 3
João 3

ANOTAÇÕES

AMOR INCONDICIONAL

28 MAR

Deus é amor. Quando passamos a habitar permanentemente no amor, vivendo uma vida de amor, vivemos em Deus e Deus vive em nós.

— 1 JOÃO 4.17 (AM)

Você compreende que a sua relação com Deus não se baseia no que você faz? Veja, Jesus não tinha aberto nenhuma igreja, curado nenhum enfermo, expulsado nenhum demônio nem mesmo ressuscitado morto algum. Ele não tinha feito obra alguma quando o céu se abriu para ele e o Pai falou: "Este é o meu Filho amado em quem eu tenho prazer" (cf. Mateus 17.5). Claramente essa é uma prova de que o amor de Deus por nós não está ligado a qualquer obra que façamos ou deixemos de fazer. Ele já amava a Jesus, antes mesmo que qualquer obra fosse feita.

Ouça o que o Senhor diz hoje: "É isso que penso de você também. Você é meu filho. Sei dos seus erros, mas não se preocupe, completarei a obra na sua vida. Só fique perto de mim. Tenho prazer em você". Mais do que nunca, precisamos de uma completa mudança de paradigma na nossa relação com Deus. Por muitos anos, a religião nos convenceu a viver uma vida baseada em obras, acreditando que precisamos realizá-las para merecer a bênção e o amor divinos. Hoje, porém, nossos olhos têm sido abertos pelo Espírito Santo para entendermos que não praticamos boas obras para sermos amados, mas o fazemos porque já o somos.

Meditar no amor do Pai por nós é tão importante, pois o amor cobre multidões de pecados (cf. 1Pedro 4.8). A Bíblia diz que é o amor que nos cura. Deus não apenas ama, ele é amor. E todos os frutos do amor de que precisamos: a benignidade, a bondade, a mansidão e o domínio próprio, estão nele. A boa notícia é que esse amor já foi derramado em nosso coração e está, agora mesmo, operando em nós para nos curar, libertar, perdoar e abençoar.

Saber que é amado pelo seu Pai tira o medo, a culpa, a condenação, o fardo, cura a alma e sara as feridas. Quando você sabe que tem um Pai que o ama e se relaciona com você, não com base na sua performance ou nos seus erros, o medo desaparece e a cura brota na sua alma. Creia hoje que você é amado, independentemente das suas obras, e veja o efeito desse amor na sua vida.

ANOTAÇÕES

DEVOCIONAL
087/365

LEIA HOJE
Salmos 7-8
Provérbios 4
João 4

VOCÊ PRECISA SABER CLAMAR

29 MAR

Elevo os olhos para os montes: de onde me virá o socorro?
O meu socorro vem do SENHOR, que fez o céu e a terra.

— SALMOS 121.1-2

Em muitos lugares, há pessoas que creram em Jesus, mas ainda pensam que Deus está irado com elas sempre que falham. Por isso, vivem amedrontadas e inseguras, sem saber se as promessas bíblicas se aplicam a elas, já que possuem tantas falhas. Quando você acha que Deus está irado, é tomado pelo medo, sente-se inseguro e não tem fé para acreditar que as promessas também são para você.

Enquanto não compreender o Evangelho da graça de Deus e seu amor incondicional, continuará vivendo com medo e insegurança. No entanto, não se condene por ainda não ver esse amor nem experimentar a realidade dele na sua vida, apenas continue lendo e meditando, enquanto isso, o Senhor está movendo em seu coração. Cada vez que você medita nesse amor, aqui comigo, é como se uma santa dose de remédio fosse injetada em você, atingindo todos os seus problemas. Quando você menos imaginar, verá a cura operada por esse amor e a transformação da sua vida.

Você deve se apressar em acreditar em tudo que Jesus realizou na cruz por você, especialmente ao lidar com o fracasso, o medo e a culpa. Pense nisto, com todo amor e carinho: você não pode ser mais rápido em confiar no garçom que prometeu trazer um refrigerante gelado, do que em um Deus que é o seu Pai, que o ama incondicionalmente e prometeu abençoá-lo. Se um garçom pode ser fiel para trazer o seu pedido, imagine Deus. Certamente ele atenderá o seu clamor, simplesmente por amor, você é filho dele.

Talvez você me diga: "Pastor, não sei orar". Você sabe sim. Quando os meus filhos eram pequenos e estavam com medo a noite, no quarto deles, eles não precisavam fazer um pedido eloquente para "o pai que estava no quarto ao lado"; não, eles apenas gritavam: "Paieeee!", e nós, rapidamente, corríamos para "matar o monstro escondido no fim do corredor". Agora mesmo, se você está sofrendo, chame por ele, grite por ele, será suficiente para ele atender o seu socorro, afinal, você é um filhinho querido.

DEVOCIONAL
088/365

LEIA HOJE
Salmos 9-10
Provérbios 5
João 5

ANOTAÇÕES

NÃO TENTE ENTENDER, APENAS EXPERIMENTE

E nós conhecemos e cremos no amor que Deus tem por nós.
Deus é amor, e aquele que permanece no amor
permanece em Deus, e Deus, nele.

— 1 JOÃO 4.16

30 MAR

A palavra "conhecer"", no original grego, é *ginosko* e significa "saber por experiência". Não diz respeito a conhecer intelectualmente, mas ter uma experiência que toca você, queima o seu coração e muda a sua vida. Essa é a diferença entre a religião e o relacionamento íntimo com o Pai.

Uma criança recém-nascida, não sabe falar nem é capaz de compreender o que a mãe diz, mas, de alguma maneira milagrosa, elas se comunicam. O bebê recebe da mãe suprimento cada vez que é amamentado, e se sente acolhido e aquecido cada vez que é abraçado. Isso é o que o Senhor quer viver com você, um relacionamento íntimo, que não é fruto de um entendimento intelectual e sim de uma experiência diária por meio do Espírito Santo.

Na história de Jesus e os discípulos no caminho de Emaús, registrada no Evangelho de Lucas, Jesus entra na casa deles para jantar. Após partirem o pão, seus olhos se abrem, e eles reconhecem que aquele era Jesus. Cristo, então, vai embora, e eles dizem um ao outro: "[...] Porventura, não nos ardia o coração, quando ele, pelo caminho, nos falava, quando nos expunha as Escrituras?" (Lucas 24.32). Pergunto a você: quantas vezes o seu coração tem ardido enquanto você lê a Bíblia, ou lê esse devocional, ou, ainda, em momento de oração? Quando isso acontece, significa que Jesus está falando com você. Não é uma compreensão intelectual, é uma experiência no coração que faz toda a diferença. Isso alivia a alma e fortalece o espírito.

Hoje, ouse se apoiar no amor de Deus e creia agora mesmo que você é um filho amado de Deus. Ele conhece bem seus erros e defeitos, mas ainda assim o ama. Creia sem demora que ele está feliz com você e, por causa de Cristo, está sorrindo na sua direção. O amor de Deus nunca falha e lança fora todo o medo. Você só precisa crer, não demore.

ANOTAÇÕES

LEIA HOJE
Salmos 11-12
Provérbios 6
João 6

NO SEU PIOR DIA, LOUVE

31 MAR

Ainda que a figueira não floresça, nem haja fruto na vide; [...] todavia, eu me alegro no Senhor, exulto no Deus da minha salvação. O Senhor Deus é a minha fortaleza, e faz os meus pés como os da corça, e me faz andar altaneiramente. [...]

— HABACUQUE 3.17-19

Talvez você esteja passando por um longo período de muitas batalhas, mas saiba de uma coisa; não há noite escura que não passe, o dia sempre amanhece. Na presença de Deus, há esperança. Não se atemorize, mas confesse a Palavra. Eu sei, por experiência própria, que, às vezes, a nossa sensação é de que o problema que estamos passando é muito pesado, mas é nesse momento, em que tudo parece não ter saída, que podemos cantar como Habacuque e crer que o Senhor mudará a nossa sorte.

O profeta descreve de forma impactante os momentos sombrios da nossa vida. Ele fala sobre a figueira que não floresce, simbolizando a perda da doçura da vida; o fruto da videira que desaparece, representando a falta de alegria e celebração; e o produto da oliveira que se esvai, indicando a ausência da unção e da capacidade que Deus nos concede. Além disso, os currais estão vazios e os campos não nos dão o suprimento, refletindo tempos de escassez.

Em um momento assim, você terá de decidir; sucumbir ou confiar, exaltando o Senhor da sua salvação. Quando assumimos uma postura de fé, o Inferno estremece, e os Céus param para aplaudir o justo em ação. Lembre-se de que em todo o tempo o Inimigo tentará prendê-lo para roubar a sua fé. Esse é o momento de olharmos para o Senhor e nos lembrarmos de que ele é a nossa fortaleza, ele nos faz velozes como a corça e nos levanta a cabeça, milagrosamente.

Todos nós passamos dias ou épocas terríveis e, hoje, estamos aprendendo a passar por elas, como filhos amados que somos. Não olhe para as suas dívidas e fique angustiado, sua angústia não pode quitá-las. Não olhe para a doença e se desespere, seu desespero não pode curá-la. Olhe para o Senhor, sua fortaleza. Cante agora mesmo enquanto entrega a sua luta e dor nas mãos daquele que pode transformar as circunstâncias. Você verá que essa atitude de fé moverá o Céu a seu favor e, quando menos esperar, um milagre terá acontecido.

DEVOCIONAL
090/365

LEIA HOJE
Salmos 13-14
Provérbios 7
João 7

ANOTAÇÕES

ABRIL

RECEBA A VITÓRIA

01 ABR

Porque pela graça sois salvos, mediante a fé;
e isto não vem de vós; é dom de Deus;
não de obras, para que ninguém se glorie.

— EFÉSIOS 2.8-9

O apóstolo Paulo nos lembra em Efésios que a nossa salvação é um presente de Deus, um dom concedido pela sua graça. Não é algo que possamos conquistar por meio de nossas próprias obras ou esforços. Essa verdade nos desafia a reavaliar como vemos nosso relacionamento com Deus e nossa própria jornada de fé.

Em um mundo que valoriza tanto o esforço pessoal e as conquistas, pode ser difícil aceitar que a salvação não é algo que possamos merecer ou ganhar. Deus, em sua infinita misericórdia, oferece-nos a salvação gratuitamente. Isso nos mostra a profundidade do seu amor e nos lembra que nossa dependência deve estar inteiramente nele, e não em nossas habilidades ou realizações.

Pare por um momento para refletir sobre a graça de Deus em sua vida. Você tem tentado ganhar o favor de Deus através de seus esforços? Tem se sentido sobrecarregado procurando ser perfeito? Não se coloque no centro da sua própria vida. Reconheça que você não é capaz de se tornar um modelo de perfeição. Em vez de carregar esse fardo, reconheça sua insuficiência e entregue-se a Cristo. Diga: "Senhor, eu não sou nada sem ti. Entrego a minha vida ao Senhor para que sejas o centro dos pensamentos e ações".

Lembre-se, a graça de Deus é um presente que não pode ser comprado ou conquistado. Apenas permita que Cristo seja o Senhor da sua vida e a transformação acontecerá naturalmente. Confie na obra de Jesus e experimente uma vida completamente transformada.

DEVOCIONAL
091/365

LEIA HOJE
Salmos 15-16
Provérbios 8
João 8

ANOTAÇÕES

A SUPERIORIDADE DA OBRA DE CRISTO SOBRE A DE ADÃO

02 ABR

É verdade que, por causa de um só homem e por meio do seu pecado, a morte começou a dominar a raça humana. Mas o resultado do que foi feito por um só homem, Jesus Cristo, é muito maior! [...]

— ROMANOS 5.17 (NTLH)

O favor de Deus é essencial em nossa vida. Ele nos concede tudo, mesmo sem merecermos, através de Cristo. A Bíblia nos ensina que, embora o pecado de Adão tenha trazido doença, morte e miséria à humanidade, aqueles que recebem a graça abundante e o dom da justiça em Cristo têm uma vitória ainda maior. Isso significa ser aprovado diante de Deus pelos méritos de Cristo, não pelas nossas ações.

Aqueles que recebem a graça e o favor imerecido de Deus vão reinar, não sobre pessoas, mas circunstâncias, demônios, dívidas, enfermidades e ansiedade. A lógica da fé nos ensina que, se um homem (Adão) trouxe todo o mal para a humanidade, mesmo sem o conhecermos, é justo que um único homem sem pecado (Cristo) pague por todos nós e mude a nossa sorte.

Você não fez nada para receber o mal que sofre, apenas nasceu da linhagem de Adão. Da mesma forma, não precisa fazer nada para se livrar dessa condição, apenas nascer de novo em Cristo e desfrutar do resultado de sua obra. Quem aceita Cristo como presente do amor de Deus recebe a imensa graça e pode reinar em vida, vivendo abundantemente, apesar das lutas.

O que Cristo fez é muito maior do que o que Adão fez. O pecado do primeiro homem partiu dele mesmo, mas a redenção de Cristo abrange toda a humanidade. Por isso, podemos viver com segurança, assim como não há nada que alguém possa fazer de bom para mudar a condição de pecador, que é resultado da obra de Adão, muito mais não há nada que alguém possa fazer de errado para mudar a condição de justo, de filho amado e perdoado, que é resultado da obra de Cristo em nosso favor.

Essa é a loucura do Evangelho que você pode desfrutar pela fé. Basta crer que ele morreu por você para que receba toda a vida e as bênçãos advindas dele, gratuitamente, apenas por crer. Decida-se agora mesmo e receba essa grande dádiva.

ANOTAÇÕES

DEVOCIONAL
092/365

LEIA HOJE
Salmos 17-18
Provérbios 9
João 9

O SEU MILAGRE ESTÁ NO LOUVOR

03 ABR

Canta alegremente, ó estéril, que não deste à luz; exulta com alegre canto e exclama, tu que não tiveste dores de parto; porque mais são os filhos da mulher solitária do que os filhos da casada, diz o SENHOR.

— ISAÍAS 54.1

Você pode se perguntar por que tantas vezes recomendo cantar louvores no meio da luta. A resposta é simples: essa é a chave para receber o favor imerecido de Deus. Imagine alguém que enfrenta um problema ou uma dívida e não sabe nem como orar, mas decide louvar assim mesmo. Esse ato de louvor é poderoso.

Enquanto quem reclama exalta o problema, quem adora exalta ao Senhor. Adorar significa reconhecer que Deus é o Senhor da sua vida. Pare de reclamar hoje de seu cônjuge, seus filhos ou suas dívidas. Você está vivo, tem o Senhor ao seu lado, conta com os irmãos, a igreja e a unção do Espírito. Comece a louvar e agradecer a Deus. Mesmo que nada esteja perfeito, louve-o. Nos momentos mais difíceis da minha vida, a adoração foi a maneira que Deus usou para me dar a vitória, e eu acredito que você pode experimentar o mesmo e ver o Senhor transformar a sua vida.

A Bíblia diz: "Canta alegremente, ó estéril, que não deste à luz"(Isaías 54.1). Essa mulher estava angustiada, mas foi orientada a cantar, porque isso a tornaria mãe de muitos filhos. Cante por causa da fé, não por aquilo que você vê, mas pelo que crê, apesar das circunstâncias. Olhando para o problema, você perde o louvor, mas olhando para a promessa, seu louvor se renova. Quando exaltamos o Senhor, o Inimigo é derrotado e o favor é liberado.

Se você não consegue encontrar louvor em seus lábios, apenas reclamações, não se sinta condenado. Fale com Deus; ele dará a graça para que louvores jorrem de seus lábios. À medida que você exalta a Deus, sua mão se estenderá a seu favor. Enquanto canta, ele liberará o favor do Céu, pois você está exaltando a Fonte, e não o problema. Mesmo que a dor persista ou o cenário diante de você seja de derrota, cante. Mesmo que o fruto desejado ainda não esteja visível, cante, pois, a promessa é de abundância.

DEVOCIONAL
093/365

LEIA HOJE
Salmos 19-20
Provérbios 10
João 10

ANOTAÇÕES

A ALMA PRÓSPERA É A CHAVE PARA TODAS AS OUTRAS PROSPERIDADES

04 ABR

Amado, acima de tudo, faço votos por tua prosperidade e saúde, assim como é próspera a tua alma.

— 3JOÃO 1.2

Quando me casei, passei a morar temporariamente em um apartamento de 50 metros quadrados; eu estava contente, pois Deus havia aberto uma porta para nós em um momento em que não tinha dinheiro ou condições para alugar um lugar. Era um período de escassez em minha vida. Eu havia fechado uma empresa e estava desempregado, mas Deus estava providenciando e cuidando de nós. Embora aquele apartamento não fosse o ideal, estava feliz por ter um lugar para viver com minha esposa no início do nosso casamento.

A medida da sua felicidade reflete a verdadeira prosperidade. Louve a Deus, agradeça e seja feliz! Quando você encontra alegria no presente, o Senhor o levará à plena satisfação no futuro. Portanto, decida ser feliz hoje, enquanto caminha em direção ao lugar de glória e satisfação que Deus preparou para você. Essa é uma chave para uma vida abundante, pois estar contente e feliz é uma decisão em Deus, que permite desfrutar cada dia que ele nos deu.

O apóstolo João, ao se dirigir ao seu discípulo Gaio nos dá uma chave espiritual. Ele revela que a verdadeira prosperidade começa com uma alma próspera, que é cultivada à medida que meditamos em Cristo e em sua obra consumada. Ter uma alma próspera significa ter uma mente cheia de Cristo e do Evangelho. Isso remove culpa, acusação, condenação e peso, aliviando você da ansiedade, depressão, insônia e pânico, e fortalecendo sua fé, o que abrirá portas para sua prosperidade. Sendo assim, preocupe-se em ser rico por dentro, e a riqueza externa logo se manifestará.

ANOTAÇÕES

LEIA HOJE
Salmos 21-22
Provérbios 11
João 11

NÃO QUEIRA TER RAZÃO, QUEIRA TER FAVOR

05 ABR

E Deus ainda acrescenta: "Eu condeno o coração orgulhoso, mas a minha graça abençoa o coração humilde".

— TIAGO 4.6 (AM)

O favor é uma dádiva significativa em nossa vida, pois é a manifestação de Deus, concedendo tudo para quem não merece nada. O favor é a abertura de portas que ninguém pode fechar, é conexão com pessoas que você jamais imaginou e que serão bênção em sua vida.

Um toque do favor de Deus é mais poderoso do que um ano inteiro de trabalho duro. Eu não estou aqui desmerecendo acordar cedo, trabalhar com afinco – isso é importante. Estou enfatizando que fazer tudo isso, por si só, não é suficiente. Você pode trabalhar incansavelmente, conquistar diplomas e ainda assim não alcançar o que deseja, porque está faltando o favor.

Mas o que tira o favor? A justiça própria, o ego, orgulho, a mágoa, o ressentimento, o achar que merece, porque se acha importante. É melhor ter favor do que ter razão. Nesses casos, precisamos liberar perdão às pessoas com as quais convivemos. A única pessoa que tem o direito de não perdoar é Deus, porque é o juiz, no entanto, ele está sempre pronto a perdoar. Quem não perdoa está se colocando no lugar de Deus, está dizendo que é juiz, logo, não pode ter o favor.

Perdoar é uma bênção que fazemos a nós mesmos. Não é fácil, por isso precisamos da graça. Resolva isso no seu coração, peça ajuda ao Espírito Santo e perdoe agora mesmo todos os que o ofenderam. Perca a mágoa e o ressentimento, com a ajuda de Deus, mas não perca o favor imerecido do Senhor.

DEVOCIONAL
095/365

LEIA HOJE
Salmos 23-24
Provérbios 12
João 12

ANOTAÇÕES

OUÇA O SEU AJUDADOR E SUBA AO TRONO

06 ABR

Ester [...], quando lhe chegou a vez de ir ao rei, nada pediu além do que disse Hegai, eunuco do rei, guarda das mulheres. E Ester alcançou favor de todos quantos a viam.

— ESTER 2.15

No livro de Ester, encontramos uma pessoa que encontrou o favor de Deus. Favor de Deus é ele assinando e endossando você em tudo o que faz. Favor é quando você erra, merece sofrer o dano, mesmo assim Deus muda as circunstâncias por amor a você. Favor é Deus dando tudo para quem não merece nada. Somente Cristo pode nos dar algo assim.

Ester virou rainha pelo favor imerecido. E ela o alcançou porque não confiou em suas próprias habilidades. Veja que estava acontecendo um "concurso de *miss*" para saber qual seria a próxima rainha. Foram convocadas as mulheres mais bonitas, a fim de serem preparadas por um ano, para só depois, apresentarem-se ao rei. O que está acontecendo aqui é que todas as outras mulheres rejeitaram a instrução do eunuco do rei, que era um homem que conhecia o rei, e tentaram se embelezar por elas mesmas.

Ester, por sua vez, humildemente, decidiu ouvir o eunuco, porque reconhecia que ele sabia das vontades do rei e poderia dar a ela as instruções corretas. Esse ato de humildade a levou ao trono. Veja que o favor é que nos faz reinar, então, não renuncie a ele.

Portanto, humilhe-se hoje, não confie na força do seu braço, ouça a voz do seu ajudador, em cada área da vida e, como Ester, suba ao trono para reinar.

ANOTAÇÕES

LEIA HOJE
Salmos 25-26
Provérbios 13
João 13

FALE PODEROSAMENTE, CONCORDE COM DEUS

07 ABR

Tendo, porém, o mesmo espírito da fé, como está escrito: Eu cri; por isso, é que falei. Também nós cremos; por isso, também falamos.

— 2CORÍNTIOS 4.13

É essencial erguer sua voz diariamente para proclamar bênçãos, orando e declarando as promessas de Deus. A fé surge ao ouvir a Palavra, mas, depois de crer, é necessário expressar essa crença. Quando você ouve a Palavra, é como uma pintura em uma xícara de porcelana; ao falar com fé, é como se a xícara fosse levada ao forno, fundindo a imagem e tornando-a parte dela. Dessa forma, ao crer e confessar, a revelação se integra a você.

Não se pode receber bênçãos permanecendo em silêncio. É importante pronunciar e declarar a Palavra divina. A vida espiritual consiste em ouvir, acreditar e falar. Essa é uma chave espiritual, comprovada pelo fato de Jesus ser o Verbo que se fez carne (cf. João 1.14). Ele é a Palavra; portanto, ao pronunciar a Palavra com fé, liberamos Cristo sobre nossas situações. A fé invoca o que não existe, assim como Deus criou tudo pelo poder da sua Palavra (Romanos 4.17).

Cristo e a Palavra são inseparáveis. Antes de o Inimigo roubar sua bênção, ele tenta calar você. Lembre-se de que Jesus venceu Satanás no deserto citando as Escrituras: "está escrito". Sempre que enfrentar um problema, desafio, sonho ou necessidade, levante-se e declare com convicção: "está escrito". Fale a Palavra sobre a situação, mesmo sem vontade, contra as circunstâncias, acreditando firmemente. Surpreenda-se com os resultados.

Em Gênesis, Deus criou o mundo falando: "disse Deus...". Isso demonstra que a palavra foi inicialmente usada para criar, não para dialogar. Suas palavras têm poder; elas podem alimentar a derrota ou a vitória, a incredulidade ou a fé. Quando você reclama, fortalece o problema e o Inimigo. Mas, ao declarar a Palavra contra a situação adversa, mesmo sem sentir nada, você derrota o Diabo, e a Palavra traz à existência aquilo em que você crê. Hoje, não permita que o Inimigo cale você. Levante-se em fé e proclame em voz alta as promessas de Deus.

DEVOCIONAL
097/365

LEIA HOJE
Salmos 27-28
Provérbios 14
João 14

ANOTAÇÕES

CONHEÇA A CRISTO POR EXPERIÊNCIA E SEJA TRANSFORMADO

E nós conhecemos e cremos no amor que Deus tem por nós. Deus é amor, e aquele que permanece no amor permanece em Deus, e Deus, nele.

— 1 JOÃO 4.16

08 ABR

O versículo 16 nos ensina que devemos conhecer e crer no amor que Deus tem por nós. Conhecimento e fé são duas verdades essenciais em nossa jornada espiritual. Para uma experiência verdadeiramente poderosa, libertadora e curadora com o amor de Deus, precisamos alcançar o entendimento acerca do "conhecer e crer" mencionado na Bíblia. Caso contrário, o conhecimento será apenas uma informação inútil, incapaz de transformar nossa vida.

A palavra grega para "conhecer" no texto é *ginosko*, que significa "conhecer por experiência". Não é um conhecimento superficial ou de ouvir falar, mas uma vivência profunda com o Senhor através da Palavra, que transforma a nossa vida. Quando Jesus ressuscitou e apareceu aos discípulos no caminho de Emaús, ele não se revelou pessoalmente, mas sim na Palavra. Ele nos ensinou que hoje nossa relação com o Senhor é fundamentada nessa Palavra, pela fé. Mas como podemos ser transformados por ela?

A transformação ocorre quando oramos a Palavra. Essa prática é poderosa, porque nos conectamos ao espírito da Palavra e somos transformados por ela. Ao orar a Palavra, não pedimos, intercedemos ou repreendemos. Não divagamos ou falamos sobre outra coisa. Simplesmente permanecemos na Palavra, permitindo que ela penetre em nosso coração. Quem ora a Palavra corretamente, diz exatamente o que precisa ser dito.

Orar a Palavra envolve aplicar o coração e falar com a boca. Nesse momento, não estamos preocupados em entender tudo, mas sim em assimilar a verdade que está entrando em nosso coração. Orar a Palavra é uma das práticas mais poderosas, porque ao tocar em Cristo, recebemos virtude dele, e milagres acontecem.

Desafio você hoje a escolher uma porção da Palavra de Deus, talvez o salmo 91, e orá-lo. Não é uma leitura nem uma reza. Ore o salmo em voz alta, na primeira pessoa do singular. Faça isso com fé. Se perceber que alguma parte aquece seu coração, repita-a, mas lembre-se: não são meras palavras vãs, mas uma insistência em oração. O Espírito Santo irá ajudá-lo. Apenas comece e seja abençoado.

ANOTAÇÕES

DEVOCIONAL
098/365

LEIA HOJE
Salmos 29-30
Provérbios 15
João 15

SEJA PODEROSAMENTE AFETADO PELO AMOR DE DEUS

09 ABR

Quem confessa que Jesus é o Filho de Deus participa de um relacionamento íntimo e estável com Deus. É por saber disso que abraçamos de coração esse amor que procede de Deus.

— 1 JOÃO 4.16 (AM)

Tenho falado a você que o amor é uma pessoa, e ela é Deus. Ele não apenas ama, mas é o próprio amor. Assim, ao nos conectarmos com o amor, estamos tocando em Deus. Muitas vezes, nossa visão do amor pode ser influenciada por imagens idealizadas e superficiais, como a dos cinemas, mas a verdadeira prova do amor está na vida de Deus, que se fez homem e morreu em nosso lugar para nos salvar. Frequentemente, buscamos cura e soluções em diversas áreas, indo de um médico a outro ou consultando psicólogos. Embora essas sejam abordagens válidas, elas são apenas paliativas. A verdadeira cura ocorre quando experimentamos o amor divino.

Lembro-me da história de um pastor cuja filha estava lutando contra a anorexia. Ele havia tentado de todas as formas ajudá-la, mas sem sucesso. Em um momento de oração, Deus lhe pediu para abraçar sua filha e deixar que o amor dele a curasse. O pastor, então, a abraçou, mesmo ela tentando se soltar. Durante uma hora, ele permaneceu ali, envolto no amor de Deus e, ao fim desse tempo, sua filha estava completamente liberta, pois o amor é verdadeiramente libertador.

A Bíblia nos ensina que o amor cobre multidão de pecados e alcança o mais profundo do nosso ser. O amor de Deus é descrito como sendo tão alto, largo, comprido e profundo, que toca todas as áreas da nossa vida em todas as épocas. No entanto, muitas vezes, não paramos para refletir sobre essa profundidade nem em como nos relacionar com Deus com base nesse amor.

Compreenda que a resposta para as suas necessidades está no amor, e ele é Cristo. Buscar soluções fora dele será apenas uma perda de tempo. Volte-se agora para o seu amado, derrame sua alma em oração e receba o amor que cura, liberta e transforma. Deus é seu Pai e deseja amá-lo de maneira a fazer você sentir o impacto desse amor. Converse com ele e permita que seu amor afete sua vida profundamente.

DEVOCIONAL
099/365

LEIA HOJE
Salmos 31-32
Provérbios 16
João 16

ANOTAÇÕES

VENÇA O MEDO COM O AMOR

10 ABR

Deus é amor. Quando passamos a habitar permanentemente no amor, vivendo uma vida de amor, vivemos em Deus e Deus vive em nós. [...] No amor, não há espaço para o medo. O amor amadurecido expulsa o medo.

— 1 JOÃO 4.17-18 (AM)

Quando o homem peca no Jardim do Éden, surge a primeira menção de medo na Bíblia. O texto relata que Adão teve medo e se escondeu. Parece que o medo é uma reação inicial às consequências do pecado, pois ele nos separa de nosso Pai. Adão temia pela própria vida, pois Deus havia avisado que, se comesse do fruto proibido, morreria. Após ter tido um relacionamento diário com Deus, Adão acreditava que o Senhor viria para puni-lo, e por isso se escondeu.

Em última análise, todo medo que experimentamos está relacionado à morte. Ela é o fim de todos os medos. Vivemos em uma época em que o medo tem dominado o coração das pessoas. O texto que lemos o descreve como paralisante, gerador de uma vida cheia de incertezas e ansiedades. As pessoas receiam se casar, empreender, liderar; qualquer tipo de medo pode nos impedir de viver os melhores momentos da nossa vida. O medo, portanto, é um veneno que penetra no nosso coração e nos impede de viver plenamente. Enfrentá-lo é, na verdade, lidar com a falta de amor.

O oposto do medo não é a coragem, mas o amor. Quem ama não tem medo; quem tem medo ainda não foi aperfeiçoado no amor. Deus está trabalhando para remover todo medo do seu coração. Ele se dissipa à medida que você medita sobre o fato de ser amado, compreendendo verdadeiramente essa dimensão.

O amor de Deus por nós não é comprovado pela ausência de problemas ou pelas bênçãos recebidas, mas pelo fato de Cristo ter morrido na cruz por nós, mesmo quando ainda estávamos distantes dele. Deus nos amou antes mesmo de o conhecermos. Agora, como cremos, podemos perceber esse imenso amor, evidenciado pela morte de Cristo: "Ninguém tem maior amor do que este: de dar alguém a própria vida em favor dos seus amigos" (João 15.13).

Você é amado. Apenas creia e permita que esse amor remova todo medo do seu coração, para que você possa viver com segurança e alegria, certo de que tem um Pai amoroso cuidando de você.

ANOTAÇÕES

DEVOCIONAL
100/365

LEIA HOJE
Salmos 33-34
Provérbios 17
João 17

DESCANSE COMO UMA CRIANÇA DESMAMADA

11 ABR

Pelo contrário, fiz calar e sossegar a minha alma;
como a criança desmamada se aquieta nos braços de sua mãe,
como essa criança é a minha alma para comigo.

— SALMOS 131.2

Uma criança recém-nascida, ao terminar de mamar, fica tão saciada e preenchida pelo leite materno, aninhada no colo, que adormece nos braços da mãe. Essa é uma bela imagem do amor de Deus. Quando minha netinha nasceu, no primeiro dia, ela se alimentou no peito da minha filha por 40 minutos. Quando fui visitá-las, a bebê tinha acabado de mamar e estava completamente relaxada nos braços da mãe. Foi uma cena tocante, que me lembrou de um salmo, ilustrando como Deus deseja nos saciar até ficarmos como uma criança desmamada, plena e descansada, nos braços maternos.

Deus quer que você se sinta assim: profundamente amado, ciente da sua presença e cuidado, a ponto de estar completamente relaxado e em paz. Isso trará cura, eliminando toda ansiedade e medo. Por isso, é crucial meditar no amor de Deus, pois ele é a resposta para mais do que imaginamos. A escravidão do medo é uma das coisas mais tristes e terríveis, e Deus deseja que você viva sem medo através do seu amor.

A Bíblia, em 1João 4.17, diz que Deus é amor, e quando habitamos permanentemente nesse amor, vivemos em Deus e ele vive em nós. Ele quer que você faça do amor a sua morada; a consciência de que é amado deve ser o seu lar, um lugar especial e permanente. Não basta apenas saber que esse amor existe ou acreditar nele, é necessário habitar nele, tornando-o um refúgio constante.

Que o Espírito Santo nos conduza a esse nível de envolvimento com o amor de Deus, fazendo dele literalmente um lugar onde vivemos, somos supridos, protegidos e curados. Pare agora mesmo e busque esse amor, deixe Deus "amamentá-lo" com seu amor, para que você se sinta como uma criança segura e saciada em seus braços. Desfrute desse amor agora mesmo.

DEVOCIONAL
101/365

LEIA HOJE
Salmos 35-36
Provérbios 18
João 18

ANOTAÇÕES

A CRUZ É A GRANDE PROVA DO AMOR DE DEUS

12 ABR

Mas Deus prova o seu próprio amor para conosco pelo fato de ter Cristo morrido por nós, sendo nós ainda pecadores. Logo [...] sendo justificados pelo seu sangue, seremos por ele salvos da ira.

— ROMANOS 5.8-9

Deus deseja que você tenha uma consciência diária de que é amado. Muitas pessoas vivem com medo, porque carregam uma consciência de erro e culpa, em vez de uma de amor. Não devemos viver focados em nossos erros e falhas, pois isso pode nos levar à depressão, paralisando-nos e enchendo nossos corações de medo. Todos os dias, devemos nos lembrar de que somos filhos amados de Deus.

Muitas vezes, cometemos o erro de relacionar o amor de Deus às circunstâncias e experiências que vivemos. O amor de Deus não é medido pelo que possuímos ou deixamos de possuir, nem pelos problemas que enfrentamos ou evitamos. Alguns dizem: "Recebi uma bênção, Deus me ama" ou "Estou passando por uma dificuldade, Deus não me ama". Esse pensamento é semelhante ao jogo da "florzinha do bem me quer, mal me quer": ser abençoado significa que Deus ama, enfrentar problemas significa que Deus não ama. Pensar dessa forma facilita a derrota pelo Inimigo. Devemos pensar biblicamente sobre o amor de Deus.

O sofrimento faz parte deste mundo caído. Jesus nunca prometeu ausência de aflições devido ao seu amor; ele disse que teríamos aflições no mundo, mas que tivéssemos ânimo, pois ele venceu o mundo. Nos momentos de tribulação, é crucial ter certeza de que somos amados, mesmo que essa seja a hora em que mais duvidamos. Passamos por lutas e problemas de todos os tipos, porque vivemos em um mundo com demônios, carne e confusão, mas isso não muda o amor de Deus, que é provado pela morte de Cristo na cruz, não pela ausência de problemas.

Portanto, diariamente, em fé, confesse o amor de Deus por você, independentemente do que estiver passando, vendo ou sentindo. Não basta saber que Deus te ama, é essencial confessar isso. Acorde de manhã, levante as mãos e diga: "Aleluia! Há alguém que me ama, e esse alguém é meu Pai. E porque ele me ama, está cuidando de mim". Isso é mais poderoso do que você imagina.

ANOTAÇÕES

DEVOCIONAL
102/365

LEIA HOJE
Salmos 37-38
Provérbios 19
João 19

VIVA COM A CONSCIÊNCIA DE QUE É UM FILHO AMADO

13 ABR

Com a visão do Espírito, ouviu-se uma voz:
"Este é o meu Filho, escolhido e marcado pelo meu amor,
a alegria da minha vida".

— MATEUS 3.17 (AM)

A primeira palavra que Deus dirigiu a Jesus, quando o Céu se abriu no momento de seu batismo, foi que ele era um filho amado, em quem tinha todo o seu prazer. O Pai disse isso, porque essa é a verdade mais importante que precisamos lembrar diariamente. Logo depois, Jesus encontra Satanás e é levado ao deserto para ser tentado. A primeira coisa que Satanás faz é questionar o que Jesus acabara de ouvir: "Se você é Filho de Deus, transforme estas pedras em pães" (Mateus 4.3). Em outras palavras, ele estava dizendo: "Prove quem você realmente é".

O Diabo sempre tentará questionar sua identidade, assim como fez com Jesus, para minar sua fé. Jesus respondeu: "Nem só de pão viverá o homem, mas de toda palavra que procede da boca de Deus" (Mateus 4.4). Por que disse isso? Porque Deus não falou apenas: "Você é meu Filho". Ele falou: "Você é meu Filho amado". Satanás omitiu a palavra "amado", porque sabe que, quem tem a certeza de ser amado, vence.

Quem se sente amado sempre será vencedor. Deus é amor e, quando habitamos permanentemente nesse amor, seremos capazes de enfrentar e vencer qualquer situação em nossa vida. O problema é que, durante o dia, focamos nos problemas, em nossos erros e incapacidades, e esquecemos que somos amados. Quando estiver passando por uma grande luta, no meio do dia, e se sentir angustiado, pare tudo e diga: "Estou no meio da luta, mas sou amado, e porque Deus me ama, ele vai me tirar daqui". Ao fazer isso, a paz tomará conta do seu coração, a fé será fortalecida, as cadeias cairão e, de alguma maneira, você verá a mão do Senhor se mover a seu favor.

Permaneça no amor de Deus o dia todo, consciente de que você é muito amado. Viver uma vida de amor é viver com a consciência constante de que é amado por Deus em tudo o que faz. Você verá como isso tem o poder de arrancar todos os medos.

Hoje, a ansiedade controla a vida de muitas pessoas. Mas a Bíblia diz que, quando permanecemos no amor o dia todo, e não nos afastamos dele, ele começa a nos controlar. Eu profetizo que você não será mais controlado pelo medo, mas pelo amor, porque você está meditando e habitando nessa santa consciência de que Deus o ama.

LEIA HOJE
Salmos 39-40
Provérbios 20
João 20

ANOTAÇÕES

VIVA CONFIANTE NO AMOR

14 ABR

O amor é paciente, é benigno; [...] não se alegra com a injustiça, mas regozija-se com a verdade; tudo sofre, tudo crê, tudo espera, tudo suporta. O amor jamais acaba [...].

— 1 CORÍNTIOS 13.4-8

O texto que acabamos de ler revela a essência do amor verdadeiro. Esse *é o* amor que nunca desiste, que sempre se coloca no lugar do outro e que é genuíno em suas intenções e ações. Em uma sociedade onde frequentemente vemos egoísmo, orgulho e falta de empatia, essa passagem nos desafia a viver de forma contrária ao padrão do mundo, demonstrando um amor que é sacrificial e altruísta.

O amor descrito por Paulo em 1Coríntios não busca seus próprios interesses, mas sim o bem-estar dos outros. Isso significa que, para amar verdadeiramente, precisamos nos preocupar mais com os outros do que conosco. Esse tipo de amor não é invejoso; ele não cobiça o que pertence ao próximo, mas se alegra com as bênçãos e sucessos dos outros. O amor não é esnobe nem arrogante; ele é humilde e respeitoso, reconhecendo a dignidade e o valor de cada pessoa.

Além disso, não impõe sua vontade sobre as pessoas e não age com a mentalidade de "eu primeiro", mas considera as necessidades e sentimentos dos outros antes de tomar decisões ou agir. O amor também não se irrita facilmente; ele é paciente e compassivo, mesmo em situações de conflito ou desacordo. O amor verdadeiro não mantém um registro das falhas alheias. Em vez de guardar rancor, oferece perdão e busca a reconciliação. Esse amor não se alegra com a injustiça, mas encontra prazer na verdade e na integridade. Ele é resiliente, capaz de suportar qualquer coisa, porque sua confiança está firmemente ancorada em Deus. Esse amor sempre procura o melhor nas pessoas e nas situações, e nunca olha para trás com arrependimento ou ressentimento, mas prossegue com esperança e perseverança até o fim.

Ao contrário dos dons espirituais que um dia cessarão, o amor *é um fruto e* nunca morre. Ele é eterno e imutável. As palavras inspiradas podem ser esquecidas, as línguas podem cessar e o entendimento pode alcançar seu limite, mas o amor permanece para sempre.

Portanto, somos convidados a viver de acordo com esse amor incondicional e eterno, que é o reflexo do próprio caráter de Deus, permitindo que ele guie nossas ações e atitudes, e assim, refletir a beleza e a graça de Deus ao nosso redor.

ANOTAÇÕES

DEVOCIONAL
104/365

LEIA HOJE
Salmos 41-42
Provérbios 21
João 21

ELE SEMPRE AMOU VOCÊ

15 ABR

Quando, porém, se manifestou a benignidade de Deus, nosso Salvador, e o seu amor para com todos, [...] ele nos salvou mediante o lavar regenerador e renovador do Espírito Santo.

— TITO 3.3-5

A transformação que a graça e a misericórdia de Deus operam em nossa vida é a maior prova de amor que podemos receber. Paulo descreve o estado de nossa natureza humana antes de sermos alcançados pela graça divina: éramos néscios, desobedientes e escravos de paixões e prazeres. Vivíamos em um ciclo de malícia, inveja e ódio. Esse retrato do passado evidencia a nossa necessidade de salvação e a incapacidade de alcançar a justiça por nossos próprios méritos.

O apóstolo fala da manifestação da benignidade e do amor de Deus. Não foram nossas obras que nos salvaram, mas a misericórdia. A salvação é apresentada como um ato de renovação e regeneração operado pelo Espírito Santo. O lavar regenerador simboliza a purificação e o renascimento espiritual que recebemos ao aceitar o Evangelho.

Refletir sobre esses versículos nos leva a reconhecer a grandeza da graça de Deus e nos encoraja a viver em gratidão e humildade. É um convite a abandonar as antigas práticas e abraçar uma nova vida, guiada pelo Espírito Santo, marcada pela benignidade, justiça e pelo amor que vêm de Deus.

Deus quer que amemos a vida e vivamos dias felizes, e eu estou aqui para afirmar, sem sombra de dúvidas, que o amor de Deus por você pode proporcionar tudo isso. O seu amor é eterno e incondicional. Aceite-o!

LEIA HOJE
Salmos 43-44
Provérbios 1

ANOTAÇÕES

VOCÊ ESTÁ LIVRE DA OBRIGAÇÃO DE AMAR A DEUS

Amarás, pois, o Senhor, teu Deus, de todo o teu coração, de toda a tua alma, de todo o teu entendimento e de toda a tua força.

— MARCOS 12.30

16 ABR

O maior mandamento da lei é: "amarás o Senhor teu Deus com toda a sua força, todo o seu entendimento e toda a sua alma". Ninguém é capaz de amar a Deus com toda a força, todo entendimento e toda a alma. Então, porque não éramos capazes, ele trouxe, em Cristo, o maior mandamento da graça: ele nos amou primeiro. Ele fez por nós o que não podíamos fazer por ele.

Ao ler esse versículo, é comum sentir o peso da responsabilidade e a magnitude do que significa amar a Deus com tudo o que somos. Parece um mandamento impossível de cumprir plenamente, dado que somos seres humanos imperfeitos. No entanto, há uma beleza e uma liberdade escondidas nesse mandamento.

Deus não deseja que o amemos por obrigação, mas sim que o façamos de forma genuína, com um coração sincero. Quando entendemos que o amor de Deus por nós é incondicional e que ele nos amou primeiro, somos libertos da ideia de que precisamos merecê-lo. Nosso amor por Deus deve ser uma resposta natural ao que recebemos dele, não uma obrigação pesada.

Amar a Deus de todo o coração, alma, entendimento é uma transformação que ocorre em nós à medida que nos aproximamos dele. Quando meditamos na sua Palavra, buscamos a sua presença e nos deixamos ser guiados pelo Espírito Santo, nosso amor por Deus cresce naturalmente. Esse amor transforma nosso coração, nossa mente e ações, refletindo a glória de Deus em tudo o que fazemos.

Ao compreendermos o imenso sacrifício de Jesus na cruz, que nos resgatou do pecado e da morte, amá-lo torna-se uma expressão de gratidão. Seremos um testemunho vivo desse amor, e a obediência aos seus mandamentos flui naturalmente como fruto dessa gratidão.

ANOTAÇÕES

LEIA HOJE
Salmos 45-46
Provérbios 2

O QUARTO HOMEM ESTÁ COM VOCÊ

17 ABR

Tornou ele e disse: Eu, porém, vejo quatro homens soltos, que andam passeando dentro do fogo, sem nenhum dano; e o aspecto do quarto é semelhante a um filho dos deuses.

— DANIEL 3.25

Sua vida não é definida apenas pelo momento presente, mas pelo que a Bíblia afirma a seu respeito! Daniel foi lançado na fornalha com seus amigos, que eram homens de Deus. É possível que alguém tenha questionado: "Onde está o seu Deus, Daniel, que não impediu que você e seus amigos fossem lançados na fornalha?". Da mesma forma, alguém pode estar se perguntando por que você está enfrentando uma crise, mesmo acreditando em Deus. Talvez esteja se perguntando se realmente é uma pessoa abençoada.

Há algo precioso nesta história da fornalha em chamas. Quando o rei Nabucodonosor olhou para dentro, viu que os homens que ali foram lançados estavam vivos, andando entre as chamas. O mais surpreendente é que, embora ele tivesse enviado três homens, havia um a mais com eles. A descrição daqueles que os viram saindo da fornalha foi: "O fogo não teve poder algum sobre os corpos desses homens; nem os cabelos de suas cabeças foram chamuscados, nem seus mantos se alteraram, nem cheiro de fogo passou sobre eles" (cf. Daniel 3.27).

A conclusão que podemos tirar dessa extraordinária história é que Deus, muitas vezes, não impedirá que sejamos lançados na fornalha, mas sempre que passarmos por ela o "Quarto Homem", que é Cristo, estará conosco! Ele estava lá e não permitiu que o fogo os queimasse. Às vezes, você também passará por dificuldades, mas Jesus estará ao seu lado. Haverá um Quarto Homem na sua fornalha, no meio das suas lutas, no seu momento difícil.

O Senhor está com você em meio às lutas e no dia difícil, para protegê-lo da destruição e para tirá-lo de qualquer situação. Portanto, não julgue sua vida e a vida dos outros pelo momento que estão vivendo. Ainda que você esteja enfrentando grandes provações, não significa que não é abençoado; ao contrário, justamente porque é abençoado, o Senhor o ajudará, e seu nome será glorificado em sua vida.

LEIA HOJE
Salmos 47-48
Provérbios 3

ANOTAÇÕES

O SENHOR PODE RESTITUÍ-LO EM DOBRO

Mudou o SENHOR a sorte de Jó, quando este orava pelos seus amigos; e o SENHOR deu-lhe o dobro de tudo o que antes possuíra.

—JÓ 42.10

18 ABR

A Bíblia descreve Jó como um homem justo, porém ele enfrentou um grande revés. Deus o via com bons olhos, pois ele vivia em obediência. No entanto, de repente, Jó perdeu tudo: seus filhos e bens. Nesse momento, os amigos de Jó apareceram para sugerir que havia algo errado em sua vida, julgando-o pelo terrível momento que estava vivendo.

Deus estava trabalhando na vida de Jó, lidando com a sua justiça própria, mas não por causa de algum pecado ou erro. A Bíblia relata que, depois, Deus o restituiu tudo em dobro. Na nova aliança, o tratamento de Deus não é mais como foi com Jó, mas sempre haverá os "amigos de Jó" para questionar o seu momento, dizendo: "Se Deus está te abençoando, por que você não está prosperando? Por que seu negócio não avança? Deve haver uma brecha, algo errado na sua vida". Essas pessoas, muitas vezes usadas pelo Inimigo, tentam fazer você duvidar da fé, focando em seus problemas e desafiando-o a sucumbir. Não dê ouvidos a elas; perdoe-as.

O Diabo também começará a questioná-lo sobre sua vida espiritual. Você pode começar a aceitar acusações, procurar culpados para justificar o que está acontecendo e, eventualmente, perder a fé, caindo em uma grande raiz de amargura. No entanto, Deus estava com Jó e mudou sua sorte. Quando você estiver passando por dias difíceis, lembre-se de que ele estará com você também e mudará sua sorte, restituindo tudo em dobro

Se esse é o seu caso, faça o que Jó fez: ore pelos seus "amigos", perdoe-os, pois eles não sabem o que estão falando. Mantenha-se firme naquilo que a Palavra de Deus diz a seu respeito, apesar do seu momento difícil. Abrace essa verdade sobre você e mantenha-se posicionado nesse lugar. As pessoas podem estar dizendo o contrário, e os fatos podem parecer diferentes, mas lembre-se: Deus não trabalha com fatos, ele trabalha com a verdade, e a verdade é: Você é abençoado! Em breve, sua sorte será mudada e o Senhor restituirá em dobro tudo o que foi perdido.

ANOTAÇÕES

LEIA HOJE
Salmos 49-50
Provérbios 4

CONTENTAR-SE HOJE PARA TER PLENITUDE AMANHÃ

19 ABR

[...] homens cuja mente é pervertida e privados da verdade, supondo que a piedade é fonte de lucro. De fato, grande fonte de lucro é a piedade com o contentamento.

— 1 TIMÓTEO 5.5-6

Muitos ensinam que se você está prosperando financeiramente, é abençoado. Caso não esteja, então está sob o juízo de Deus. Eles julgam a pessoa pelo momento que estão passando, porque acham que a bênção de Deus é definida pela quantidade de dinheiro que tem no bolso. Paulo nos ensina que esse tipo de pensamento não tem fundamento na palavra de Deus.

Em Timóteo 5:6,diz que quando você tem a piedade com o contentamento, ela se torna lucro para a sua vida. Mas se você busca o lucro, o dinheiro em primeiro lugar, achando que isso é ser abençoado, está enganado e será atormentado com muitas dores e angústias.

Os que querem ficar ricos e buscam isso em primeiro lugar, caem em ciladas, atormentam-se com muitas dores e se tornam pessoas ansiosas. Isso não é a bênção de Deus. É verdade que o desejo do Senhor é tirá-lo da pobreza, suprir sua vida, abençoar você financeiramente, mas ele deseja fazer isso sem que sua vida e família sejam destruídas. A Bíblia nos orienta a buscar o Reino de Deus e a sua justiça em primeiro lugar, e todas as outras coisas nos serão acrescentadas (cf. Mateus 6.33).

O Senhor está dizendo: "Aprenda a estar contente com o que você tem". Talvez você ainda não viva na casa dos seus sonhos, mas deve estar grato por ter um lugar para morar. Você pode até pensar: "Gostaria de viver em uma casa de condomínio, e quando isso acontecer, estarei satisfeito. Mas, por agora, estou feliz por estar neste apartamento".

É possível que você só encontre satisfação quando atingir todos os seus sonhos, mas, desde já, você pode aprender a ser feliz com o que o Senhor lhe concedeu até agora. Essa gratidão será uma chave espiritual que o ajudará a realizar seus sonhos. Regozije-se, pois o Senhor tem preparado grandes coisas para você.

DEVOCIONAL
109/365

LEIA HOJE
Salmos 51-52
Provérbios 5

ANOTAÇÕES

A PÁSCOA QUE FAZ TODA A DIFERENÇA

20 ABR

Quando vossos filhos vos perguntarem: Que rito é este? Respondereis: É o sacrifício da Páscoa ao SENHOR, que passou por cima das casas dos filhos de Israel no Egito, quando feriu os egípcios e livrou as nossas casas. [...]

— ÊXODO 12.26-27

Neste dia tão especial, não seja distraído por coelhos e ovos de chocolate, mas receba a verdadeira revelação que pode mudar a sua vida. Esse rito que Deus está falando ao seu povo para contar aos seus filhos é o da Páscoa. A palavra "páscoa", no original hebraico, vem da raiz *pacach* e significa "passar por cima". Isso é muito interessante, poderoso e significante para todos nós. A Páscoa é o livramento de Deus, por meio do seu sangue, que faz com que a morte, ao ver o sangue de Cristo, "passe por cima" e não nos atinja.

A Páscoa foi o grande livramento de Deus, dado ao seu povo, quando estavam sendo libertos de faraó, após 400 anos de escravidão no Egito. Era o momento da última praga, a morte dos primogênitos. O anjo da morte passaria e ceifaria suas vidas, no entanto, Deus instrui o seu povo a matar um cordeiro sem defeito, passar o sangue dele pelo lado de fora da porta e comê-lo assado, dentro de casa. Dessa maneira, quando o anjo visse o sangue, a morte não entraria em suas casas.

Essa é uma história poderosa e que tem tudo a ver conosco, pois Jesus é no nosso Cordeiro Pascal, que foi morto em nosso lugar, e o seu sangue foi passando em nossas vidas, pelo "lado de fora". A morte é o último e pior de todos os nossos inimigos, o grande pavor na vida de todo homem, mas a Páscoa é a boa notícia de que estamos livres.

Cristo é o cordeiro que foi "assado" pela ira de Deus na cruz, o qual devemos "comer" hoje, dentro de casa, com a nossa família. Fazemos isso, lendo a Palavra, meditando nela diariamente, afinal Jesus é o Verbo, a Palavra. Podemos até crer que o sangue está passado pelo lado de fora da nossa vida, mas se não comermos do Cordeiro Pascal todos os dias, ainda continuaremos com medo da morte, porque não teremos fé de que realmente estamos protegidos. É a lembrança diária do perdão dos nossos pecados que nos sustenta contra a ameaça do espírito da morte.

ANOTAÇÕES

LEIA HOJE
Salmos 53-54
Provérbios 6

ATUALIZE O "SOFTWARE" DA SUA MENTE E SEJA ABENÇOADO

21 ABR

[...] vos despojeis do velho homem, que se corrompe segundo as concupiscências do engano, e vos renoveis no espírito do vosso entendimento, e vos revistais do novo homem, criado segundo Deus, em justiça e retidão procedentes da verdade.

— EFÉSIOS 4.22-24

Outro dia, tive de trocar meu celular, pois o antigo estava irremediavelmente danificado. Durante a instalação do novo, surgiu uma mensagem: "Atualizar *software*. Deseja fazer isso agora ou deixar para depois? Quer que eu lembre daqui a 24 horas?". Costumo adiar essas atualizações, pois elas levam tempo e me impedem de usar o aparelho. No entanto, essa situação nos lembra de algo importante: nós somos como um celular novo. Recebemos um coração novo e somos uma nova criação, mas nossas crenças antigas ainda precisam ser atualizadas, ou melhor, substituídas por novas crenças baseadas na Palavra de Deus.

Aquilo em que acreditamos define quem somos e como vivemos. Embora sejamos novos em Cristo, precisamos ser "atualizados" com as verdades do Evangelho todos os dias. Muitas vezes, clicamos no botão "lembre-me depois", adiando a necessária "atualização celestial" e, com isso, perdendo o melhor de Deus. Não estou aqui para condená-lo, mas para encorajá-lo a orar e pedir ao Espírito Santo que o ajude, que conceda graça e disciplina para meditar na Palavra diariamente, exercitar a piedade e enriquecer sua alma. Assim, essa riqueza alcançará todas as áreas da sua vida.

Efésios 4.22-24 nos ensina que devemos nos despir do velho homem, que se corrompe com desejos enganosos, e nos revestir do novo homem, criado para ser semelhante a Deus em justiça e santidade. Isso significa que, embora tenhamos recebido um coração novo em Cristo, devemos renovar constantemente nossa mente para viver de acordo com a nova identidade que recebemos. Assim como a atualização de um *software* traz melhorias, a renovação da mente nos transforma para refletir a verdadeira justiça e santidade.

DEVOCIONAL
111/365

LEIA HOJE
Salmos 55-56
Provérbios 7

ANOTAÇÕES

A GRANDE TROCA QUE ABENÇOA

22 ABR

Aquele que não conheceu o pecado, ele o fez pecado por nós, para que nele fôssemos feitos justiça de Deus.

— 2CORÍNTIOS 5.21

A pessoa a qual a Bíblia se refere como "aquele que não conheceu o pecado" é Cristo, que assumiu o nosso fardo. Aquele que estava livre do pecado e de todas as suas consequências — enfermidade, miséria e morte — trocou de lugar conosco, assumindo completamente o nosso fardo e nos concedendo o seu lugar de vida e glória, saúde, prosperidade e plenitude. É uma troca verdadeiramente extraordinária.

Cristo poderia simplesmente ter pagado nossos pecados e nos deixado livres da dívida, mas ainda assim, seríamos miseráveis, com apenas o perdão e mais nada. No entanto, a Bíblia revela que ele foi muito além. Ele carregou todas as nossas dívidas, maldições e pecados na cruz e, ainda, concedeu-nos toda a sua riqueza e justiça. Trocou de lugar conosco para que pudéssemos abrir os nossos olhos e reconhecer essa poderosa verdade.

Sob a antiga aliança, a proteção e a bênção de Deus eram condicionais; era necessário cumprir certos requisitos para desfrutá-las. Se você fosse obediente, não pecasse e cumprisse todas as obrigações, poderia recebê-las. No entanto, ninguém conseguia realmente cumprir essas exigências. Hoje, após a Cruz, somos chamados para viver com a consciência dessa troca de amor. Cristo tornou-se pecado para que fôssemos feitos justiça diante de Deus. Em outras palavras, ele tornou-se maldição em nosso lugar para que pudéssemos ser considerados inocentes diante de Deus e receber todas as suas dádivas.

Essa verdade libera uma grande fé em nosso coração, porque, quando você está aprovado diante de Deus, o Céu se abre para você. E isso é uma notícia maravilhosa, porque agora, quando Deus olha para você, não vê mais o pecador, mas vê Cristo e fica satisfeito. Celebre hoje essa grande troca, agradeça a Deus e receba a vitória em sua vida agora mesmo.

ANOTAÇÕES

DEVOCIONAL
112/365

LEIA HOJE
Salmos 57-58
Provérbios 8

VIVA SEM MEDO, A MORTE ESTÁ VENCIDA

23 ABR

Em verdade, em verdade vos digo: quem ouve a minha palavra e crê naquele que me enviou tem a vida eterna, não entra em juízo, mas passou da morte para a vida.

— JOÃO 5.24

Na oração que Jesus nos ensinou, há um trecho muito significativo: "seja feita a tua vontade, assim na terra como é no céu". Eu pergunto a você: qual é a vontade de Deus no Céu, que queremos ver refletida na Terra? No Céu há depressão? Há corações partidos, doenças ou morte? Não! O Céu é um lugar onde a vontade de Deus é realizada em sua plenitude. Isso significa que Deus considera a morte, a miséria e o pecado como inimigos do seu plano. Já que nada disso existe no Céu, não é a vontade de Deus. Seu plano para nós é que vivamos em paz, e em plena saúde física e mental.

Você pode estar se perguntando por que há tantas coisas ruins no mundo. Essas situações existem por causa do pecado e não têm relação com Deus. Jesus veio para curar os corações, e por onde ele passou, fez isso. Muitas vezes, antes de o corpo adoecer, o coração fica doente, e isso gera estresse e medo, afetando o corpo. O medo é paralisante e prejudicial. Por isso, Jesus veio para curar nossos corações.

Quando alguém que não crê em Jesus morre, essa pessoa enfrenta um tribunal que julga seus pecados e a condena. No entanto, quando um crente morre, ele não encontra esse tribunal; ele volta para casa e encontra o Pai, pois já está perdoado. Deus não derramará mais sua ira sobre aqueles que creram na morte de Cristo na cruz. O sangue de Jesus foi derramado por você e, agora, pode se aproximar de Deus sem medo, com segurança. Para nós, a morte já ficou para trás, pois estamos em Cristo, que venceu a morte. Satanás não pode mais matar os que creem em Jesus, devido ao sangue de Cristo sobre eles. Viva sem medo, pois para aqueles que creem nele, a morte está derrotada.

DEVOCIONAL
113/365

LEIA HOJE
Salmos 59-60
Provérbios 9

ANOTAÇÕES

VOCÊ PASSOU DA MORTE PARA A VIDA

24 ABR

Não te assustarás do terror noturno, nem da seta que voa de dia, nem da peste que se propaga nas trevas, nem da mortandade que assola ao meio-dia.

— SALMOS 91.5-6

Esses salmos nos lembram da proteção constante que temos, independentemente das circunstâncias, E de como *é precioso deitar-se e* se levantar, sabendo que o Deus todo-poderoso nos guarda e nos protege o tempo inteiro. E esse Deus de paz é conosco (cf. Romanos 15.33). E através dessa paz que vencemos todas as batalhas. E ela é o maior testemunho de que você confia no sangue de Jesus derramado na cruz por você.

> Ele não permitirá que os teus pés vacilem; não dormitará aquele que te guarda. É certo que não dormita, nem dorme o guarda de Israel. (Salmos 121.3-4)

Quando essa verdade se estabelece em seu coração, você experimenta uma paz profunda, sabendo que já conquistou todas as vitórias. Então, quando vier os maus momentos, declare essas verdades bíblicas sobre sua vida e terás serenidade em suas decisões.

> Por sua morte, destruísse aquele que tem o poder da morte, a saber, o diabo, e livrasse todos que, pelo pavor da morte, estavam sujeitos à escravidão por toda a vida. (Hebreus 2.14b-15)

O texto nos diz que, quando Jesus morreu, destruiu aquele que podia matar e, com isso, libertou todos que estavam debaixo do pânico, estresse, ansiedade, medo da morte. Isso aconteceu, porque, se o salário do pecado é a morte e Cristo morreu pelos nossos pecados, logo, não existem mais pecados sobre os que creem. Dessa forma, a morte não pode ser imposta a nós, porque ela é um espírito que foi destruído por Cristo. Quão poderosa é essa verdade! Creia e caminhe nela em paz.

ANOTAÇÕES

LEIA HOJE
Salmos 61-62
Provérbios 10

VIVA DO LADO DE CÁ DA CRUZ

25 ABR

O ladrão vem apenas para roubar, matar e destruir. Eu vim para que eles tenham uma vida verdadeira e eterna, uma vida melhor e mais rica que qualquer outra com que tenham sonhado.

— JOÃO 10.10 (AM)

A mensagem da Cruz é profundamente poderosa e nela somos alimentados, fortalecidos e sustentados em nossa jornada diária. Muitas pessoas têm uma ideia superficial do que realmente aconteceu na Cruz e, às vezes, até sentem pena de Jesus. No entanto, a Bíblia nos ajuda a compreender a profundidade do impacto que ela tem para as nossas vidas. A Cruz divide a história em antes e depois, funcionando como um divisor de águas; é crucial que você tenha clareza de que está vivendo do lado de cá dela, após a morte de Cristo, pois isso transforma tudo.

Deus se fez homem justamente para esse momento, para morrer na cruz, e essa morte muda a vida de todos que creem. No entanto, muitas vezes não temos uma compreensão clara do que a Cruz operou e transformou em nossa vida. Na cruz, Jesus venceu Satanás, que veio para matar e destruir os planos de Deus para a humanidade. E, além disso, Jesus nos salvou para uma vida abundante, que vale a pena ser vivida.

Embora muitos teólogos digam que o texto de João 10 se refere aos falsos profetas, ele também se aplica ao Diabo. É importante notar que, embora o Inimigo roube e mate, o principal título que a Bíblia lhe dá é "acusador". Portanto, precisamos ter o cuidado de evitar cair em suas acusações e perdermos a fé.

Existe um contraste claro entre o que o Diabo vem fazer e as promessas de Deus. Roubar, matar e destruir representam o caos, uma vida sem esperança nem expectativas, como um projeto frustrado. Em contraste, a promessa de Deus é vida em abundância. João 10 revela o coração de Deus, mostrando que seu propósito é completamente diferente do propósito do Acusador e dos falsos profetas que buscam destruir vidas.

O Senhor deseja oferecer a você uma vida verdadeira, que vale a pena ser vivida. E se essa é a vontade dele, não aceite viver nenhuma outra. Levante-se hoje e creia na vitória de Cristo a seu favor e viva a vida abundante que ele planejou para você.

DEVOCIONAL
115/365

LEIA HOJE
Salmos 63-64
Provérbios 11

ANOTAÇÕES

DEUS TEM UMA VIDA ABUNDANTE PARA VOCÊ

26 ABR

A bênção do Senhor enriquece, e, com ela,
ele não traz desgosto.
— PROVÉRBIOS 10.22

Você está vivendo a vida abundante que Deus propõe? Embora a maioria das pessoas não esteja mergulhada no caos, muitos ainda não estão desfrutando da verdadeira proposta de Deus, que é uma vida abundante. Não se contente com a mediocridade: um casamento mediano, finanças desequilibradas, ou uma vida espiritual e emocional que não sejam plenas. O padrão que Deus oferece é de plenitude em todas as áreas de nossa vida.

Existem pessoas que têm camas caras, mas não têm sono para dormir. Outras têm dinheiro para as festas, mas não têm alegria verdadeira para celebrar. Já outras estão casadas, mas vivem conflitos extremos em seus relacionamentos. Algumas têm empresas e ganham muito dinheiro, mas estão ansiosas. O que Deus oferece vai na contramão de todas essas circunstâncias. Ele quer dar a cama e o sono, as festas e a alegria para celebrar, o casamento e a paz no lar, a empresa, a profissão e a saúde para trabalhar.

Você deve orar, buscar sabedoria em Deus, pois ele não quer que você viva ansioso pelas coisas deste mundo, mas que desfrute de dias felizes, com suprimento e abundância.

ANOTAÇÕES

LEIA HOJE
Salmos 65-66
Provérbios 12

VIVA SEM MEDO; JESUS MORREU POR VOCÊ NA CRUZ

27 ABR

Afinal, o que Cristo definitivamente fez: sofreu por causa dos pecados dos outros, o Justo pelos injustos. Ele enfrentou tudo isso – foi morto e ressuscitou – para nos conduzir a Deus.

— 1 PEDRO 3.18 (AM)

Muitas pessoas vivem a vida cristã como se a cruz não fizesse diferença, permanecendo presas às regras e condições da antiga aliança. Por isso, não possuem a fé, o entendimento e a revelação do que a cruz realmente fez em suas vidas. A primeira coisa que você precisa entender é que, na cruz, Jesus recebeu toda a ira de Deus por causa dos nossos pecados. Por causa do pecado, a maldição e a ira de Deus estavam sobre a humanidade, mas na cruz, Cristo tomou nosso lugar. Todos os pecados da humanidade – passados, presentes e futuros – caíram sobre ele, e ali ele esgotou toda a ira de Deus. Isso nos dá a paz de saber que nosso Pai não derramará mais maldição sobre nós, pois uma dívida não pode ser cobrada duas vezes.

Se Deus punisse novamente aqueles que estão em Cristo, isso seria um ato de injustiça. Por isso, temos a segurança de que não seremos mais punidos, uma vez que Cristo já foi punido em nosso lugar. Deus é fiel e justo para honrar isso. Você deve se levantar todas as manhãs em paz, mesmo sabendo que pecou e errou, sem esperar que Deus o castigue a qualquer momento. Isso não significa que você tem autorização para pecar deliberadamente, pois quem nasceu de novo não quer viver na prática do pecado, pois nele está a semente divina.

Quando Jesus morreu na cruz há quase 2000 anos, todos os seus pecados ainda eram futuros; o pagamento foi feito de uma vez por todas. Alegre-se, pois você está totalmente perdoado, e Deus não está irado com você. Ele te deu uma garantia de perdão para todos os pecados que cometeu ou que ainda possa cometer, para que você tenha paz no coração. Essa é a verdade da cruz! Jesus quer que você tenha a plena certeza no seu coração de que ele não veio para condená-lo, amaldiçoá-lo ou destruí-lo. Ele veio para salvá-lo, como diz em João 3.17: "Porquanto Deus enviou o seu Filho ao mundo, não para que julgasse o mundo, mas para que o mundo fosse salvo por ele".

Onde houver um relacionamento quebrado com Deus, será consertado através da cruz. Onde houver maus hábitos, eles serão eliminados. Onde havia incapacidades e derrotas, agora haverá vitória, pois Jesus já venceu na cruz por nós. Ele te ama, e porque o amor dele está derramado em seu coração, e ele venceu a morte, o pecado, a maldição e a ira, você pode viver uma vida abundante. O que aconteceu na cruz foi uma grande troca: Ele tomou o seu lugar de derrota e escravidão, sofreu a ira de Deus e a maldição da lei. Você não deve mais aceitar nenhuma doença, miséria ou morte. A cruz te separou de tudo isso. Creia hoje e entre nesta realidade.

DEVOCIONAL
117/365

LEIA HOJE
Salmos 67-68
Provérbios 13

ANOTAÇÕES

O QUE VOCÊ DESCANSOU ONTEM ESTÁ RESOLVIDO HOJE

28 ABR

Prestem atenção apenas no que Deus está fazendo agora e não se preocupem quanto ao que pode ou não acontecer amanhã. Quando depararem com uma situação difícil, Deus estará lá para ajudá-los.

— MATEUS 6.34 (AM)

O verdadeiro suprimento acontece na vida daqueles que aprenderam a descansar. A ansiedade paralisa o cuidado, porque rouba a fé, mas o justo viverá pela fé. O seu problema de hoje é a sua preocupação de ontem, mas o que você creu ontem, está suprido hoje. Veja que existe uma conexão entre o suprimento e a ansiedade, elas estão ligadas uma com a outra, e isso é uma chave espiritual para vencermos na vida; quem vence ansiedade vence a escassez.

Se você não tem conseguido descansar, quero ajudar você nesta caminhada. Descansar é a maior demonstração de alguém que creu, que entregou o seu problema para Deus. No momento em que entrega o problema, você descansa, e nessa hora a fé é liberada e traz a existência aquilo que precisa.

Descansar no Senhor não é simples, mas é extremamente importante. Muitas vezes o tempo é avassalador na nossa alma, porque não vemos a manifestação do que necessitamos. Precisamos entender que o descanso é espiritual, não o alcançamos na nossa própria força; você precisa orar e buscar até alcançar esse lugar em Deus. Quando estiver difícil e você não conseguir sozinho, peça ajuda ao Espírito Santo, ele o conduzirá, guiará e o ajudará como seu intercessor e consolador.

> O Senhor é o meu pastor; nada me faltará. Ele me faz repousar em pastos verdejantes. Leva-me para junto das águas de descanso. (Salmos 23.1-2)

Não é você que descansa a si mesmo, mas o seu Pastor que o faz descansar, pois ele refrigera a sua alma e o leva junto às águas de descanso. Quem cuida de você não dorme!

ANOTAÇÕES

DEVOCIONAL
118/365

LEIA HOJE
Salmos 69-70
Provérbios 14

NÃO FIQUE ANSIOSO; O PAI ESTÁ CUIDANDO DE TUDO

29 ABR

Por isso, vos digo: não andeis ansiosos pela vossa vida,
quanto ao que haveis de comer ou beber;
nem pelo vosso corpo, quanto ao que haveis de vestir. [...]

— MATEUS 6.25-26

Nessa passagem, o Senhor está tratando a raiz dos maiores problemas da nossa época: a ansiedade e a inquietação. A maior pandemia atual é a ansiedade, que está assolando muitas pessoas e servindo como matéria-prima para diversas doenças psicossomáticas e físicas.

Todos esses problemas são frutos da separação entre o homem e seu Pai. Uma criança sem pai vive ansiosa, sentindo-se desprotegida e insegura. Nossa ligação com nosso Pai Celestial é muito séria e profunda, cheia de implicações mais do que podemos imaginar. Por isso, você precisa voltar a esse ponto, pois essa conexão é a chave para a solução de toda ansiedade. Só ele pode realmente cuidar de nós, e lembrar constantemente de que essa verdade significa também trazer a memória o seu suprimento, proteção e direção para cada um de nós. Quando nos lembramos do cuidado de Deus em fé, nosso coração se acalma e a ansiedade perde a sua força.

O dinheiro é um grande fator de ansiedade no mundo. Quando se busca o dinheiro como prioridade para suprir necessidades imediatas, isso gera ansiedade. Mas nós, que cremos, não precisamos agir como o mundo, que tenta resolver seus problemas na própria força, sem depender de Deus. O mundo não está debaixo da aliança, e não tem um Pai como nós temos.

Tenha certeza de que Deus se importa com suas preocupações legítimas e com seus sonhos. O Pai sabe do que você precisa e deseja suprir todas as suas necessidades. Ele nos instruiu a encontrar a paz no descanso, crendo que ele está atento a cada detalhe da nossa vida e, como nosso Pai, está cuidando de tudo.

LEIA HOJE
Salmos 71-72
Provérbios 15

ANOTAÇÕES

A PROFUNDIDADE DO AMOR DE DEUS

30 ABR

> Pela terceira vez Jesus lhe perguntou: Simão, filho de João, tu me amas? [...] E respondeu-lhe: Senhor, tu sabes todas as coisas, tu sabes que eu te amo. Jesus lhe disse: Apascenta as minhas ovelhas.
>
> —JOÃO 21.15-17

Neste diálogo profundo entre Jesus e Pedro, encontramos uma revelação poderosa sobre os diferentes tipos de amor e a restauração espiritual. Jesus pergunta a Pedro se ele o ama, usando o termo "ágape", que representa o amor divino, sacrificial e incondicional. Esse é o amor que Deus manifesta por nós e que deseja que reflitamos. Ele estava perguntando: "Pedro, tu me amas com ágape?".

E o discípulo, consciente de sua própria falha e fraqueza, responde com o termo *phileo*, que significa um amor humano. Ele diz: "Sim, Senhor, tu sabes que eu te amo com *phileo*". Pedro reconhece seu amor por Jesus, mas sabia que não era o amor perfeito e incondicional que Jesus estava perguntando. A repetição das perguntas de Jesus e as respostas de Pedro revelam uma profunda reconciliação. O Mestre não só reafirma seu amor por ele, mas também o restaura à sua posição e missão. Ao final do diálogo, Jesus comissiona Pedro para pastorear suas ovelhas, confiando a ele a responsabilidade de cuidar do rebanho de Deus.

O que Pedro não podia alcançar por si mesmo — o amor ágape, o amor perfeito e divino – foi concedido a ele por Jesus. Assim, Pedro é equipado não apenas para amá-lo de volta, mas também para amar e cuidar dos outros com o amor que Jesus lhe oferece. Quando assumimos essa mesma posição, também acessamos o mesmo amor.

Peça a Deus que inunde seu coração com o amor divino. Entenda que, assim como Pedro, você pode encontrar restauração e força no amor de Deus, que é incondicional e perfeito. Não desanime com suas fraquezas; em vez disso, abra-se para receber e compartilhar o amor ágape de Deus. Ao buscar essa transformação, você estará divinamente equipado para cumprir a missão de cuidar e amar os outros como Cristo nos amou.

ANOTAÇÕES

DEVOCIONAL
120/365

LEIA HOJE
Salmos 73-74
Provérbios 16

MAIO

O SENHOR TEM PRAZER EM LHE DAR O SEU REINO

01 MAI

Não temais, ó pequenino rebanho;
porque vosso Pai se agradou em dar-vos o seu reino.

— LUCAS 12.32

O Reino de Deus é definido pela justiça, paz e alegria no Espírito Santo. Esses fundamentos estão edificados um sobre o outro, portanto, é impossível provar um e abandonar os demais. Todos os dias, lembre-se de que você é justo em Cristo Jesus e declare isso com fé. Desse modo, a paz e a alegria o acompanharão. Rejeite diariamente toda acusação do Diabo, e continue escalando os fundamentos em direção ao Reino. Esse é o segredo para obter todo suprimento necessário.

Recebemos a justiça e a abundância da graça para reinarmos em vida por causa do que Cristo fez. Porque Jesus é justo, você também é. O fato de sermos descendentes de Adão e recebermos por herança a semente do pecado, a natureza caída, tornou-nos pecadores. Porém, a justiça de Cristo também segue o mesmo princípio: não é por mérito nosso que somos aceitos por Deus como inocentes, pois, ao crermos em Jesus, nascemos de novo e recebemos a divina semente.

Por conta disso, passamos a ter uma nova vida, agora livre do pecado e da escravidão, chamada de vida dos justos. Não porque somos perfeitos, mas porque cremos, nascemos de novo e agora estamos em Cristo. Assim, o que ele fez é imputado a nós. Portanto, você está habilitado para ser abençoado mesmo sem merecer, baseado no mérito exclusivo de Jesus.

Se você permanecer crendo que é justo, receberá de Deus a paz verdadeira, sobrenatural e definitiva, comprada pelo sangue de Jesus. A alegria do Espírito Santo é possível de ser desfrutada apesar de nós e dos problemas que enfrentamos. Então, não saia da posição de justo em Cristo, permaneça sob essa paz e desfrute da alegria celestial constantemente.

DEVOCIONAL
121/365

LEIA HOJE
Salmos 75-76
Provérbios 17

ANOTAÇÕES

AME A VIDA, VIVA DIAS FELIZES

Pois quem quer amar a vida e ver dias felizes refreie a língua do mal e evite que os seus lábios falem dolosamente.

— 1 PEDRO 3.10

02 MAI

Você quer viver dias felizes? Para isso, a Bíblia diz que devemos refrear nossa língua do mal. Isso significa parar de se maldizer, reclamar, amaldiçoar, cobrar e condenar a si mesmo e os outros.

Tenha o hábito de declarar que o sangue de Jesus está sobre você e que, por isso, é alguém perdoado. Não há mais culpa, acusação ou condenação. Somos justificados em Cristo Jesus, somos filhos amados, e nosso Pai tem prazer em nós.

O Espírito nos enche de gozo e paz pela esperança de termos Jesus ao nosso lado todos os dias. Coisas boas vão acontecer! Você pode proclamar isso a cada manhã e encher o seu coração. Apesar das lutas, o Senhor está com você! Levante sua voz, erga sua cabeça, enxugue suas lágrimas. A noite pode ter sido difícil, mas a alegria vem pela manhã. Há socorro em meio às lutas, basta colocar os óculos da graça e ver Cristo em tudo.

Jesus veio para trazer vida e vida em abundância (cf. João 10.10), mas isso só acontece quando começamos a concordar com Deus sobre o que ele diz a nosso respeito. Por isso, decida hoje afirmar poderosamente as verdades divinas: não fale de culpa, derrota, doença ou fraqueza; declare perdão, vitória, cura e força. Você é ungido, capaz, perdoado, amado, próspero, bendito, curado, inteligente, e se permanecer no centro da vontade do Pai, tudo o que fizer será bem-sucedido. Abra a sua boca agora mesmo, comece a concordar com Deus e veja os milagres acontecerem.

ANOTAÇÕES

DEVOCIONAL
122/365

LEIA HOJE
Salmos 77-78
Provérbios 18

ELE OBEDECEU; VOCÊ PODE RECEBER PLENAMENTE

03 MAI

Se vocês viverem de acordo com meus decretos [...], enviarei as chuvas na época certa. O solo dará suas colheitas; e as árvores, seus frutos.

— LEVÍTICO 26.3-4 (AM)

Nessa passagem, Deus faz promessas tremendas ao povo de Israel, e todas elas também se aplicam a nós hoje. O Senhor diz que enviará chuva na época certa, ou seja, o favor do Céu será derramado sobre seu povo. Além disso, ele nos fará frutíferos e acabará com toda a esterilidade em nossa vida.

No verso 5, lemos: "Vocês farão a debulha dos grãos até a colheita da uva". A uva está relacionada ao vinho, que remete à alegria de amar a vida. Você estará repleto de alegria, é o que o Senhor está afirmando. Terá muito mais do que o suficiente para comer e transbordará sobre os outros; viverá em segurança, o Diabo não tocará em sua vida nem em sua família. O texto continua: você repousará sem temor, *não haverá* angústia em relação ao futuro, perigo ou guerra; existirá paz ao seu redor.

O texto ainda diz que perseguiremos nossos inimigos e os derrotaremos (cf. Levíticos 26.7-8). Deus lhe concederá uma força multiplicada: cinco irmãos derrotarão cem, e quando se juntarem cem, derrotarão dez mil. Além disso, o Senhor nos promete atenção total (cf. v. 9). Deus está dizendo: "Por 24 horas, olharei para você e guardarei minha aliança".

Fiz questão de enumerar muitas promessas divinas poderosas, mas há uma condição para alcançá-las: *é* preciso viver de acordo com os decretos divinos. E ninguém pode realmente fazer isso sem a ajuda de Cristo. Apenas capacitados pela graça permaneceremos em obediência, pois dependemos totalmente de Jesus e da atuação do Espírito Santo em nós. Por isso, persevere em sua busca pelo Senhor, aproxime-se de Deus e se deixe ser transformado pelo poder sobrenatural do seu Espírito. Hoje, temos acesso a todas essas promessas pela fé em Cristo! Aleluia!

LEIA HOJE
Salmos 79-80
Provérbios 19

ANOTAÇÕES

OS ANJOS NOS GUARDAM

04 MAI

> Porque aos seus anjos dará ordens a teu respeito, para que te guardem em todos os teus caminhos. Eles te sustentarão nas suas mãos, para não tropeçares nalguma pedra.
>
> — SALMOS 91.11-12

O salmo 91 é maravilhoso. No versículo 11, ele assegura que os anjos nos guardarão em todos os nossos caminhos. Às vezes, no entanto, a grandiosidade dessa bênção passa despercebida diante de nós. Entenda, não seremos guardados em apenas alguns caminhos, mas em todos eles. Você crê que "eles te sustentarão nas suas mãos, para não tropeçares em alguma pedra"? Isso é poderoso!

A ordem é dada no Céu e é imediatamente obedecida pelos anjos na Terra, pois eles não chegam atrasados. Lembro-me do testemunho de um irmão que sofreu um acidente terrível na estrada à noite. Ele não conseguia se mover e estava jogado no meio da rodovia. Então, clamou a Deus: "Senhor, salva-me, pois não morri no acidente, mas certamente morrerei atropelado se eu permanecer aqui". Naquele momento, surgiu um homem negro que o pegou pelos braços, tirou-o da estrada e disse: "O socorro já está a caminho". E sumiu. Acredito que aquele era um anjo enviado pelo Senhor.

Perceba como somos abençoados: quando escolhemos fazer de Deus a nossa morada, o salmo 91 garante que ele dá ordem aos seus anjos para que cuidem de nós e nos envolvam com a sua proteção divina. Essa promessa é para os que habitam no Senhor e o consideram em todos os seus caminhos. Por isso, sempre que saio de casa, oro e consagro a ele o meu dia, clamo para que esteja presente no caminho dos meus filhos, para que guarde minha esposa, auxilie-me no meu trabalho e em tudo que me proponho a fazer. Creio que Deus está na minha vida para me ajudar em minha rotina, compromissos, relacionamentos e interações ao longo do dia. Hoje, convido você a fazer o mesmo, com a convicção de que está cercado de anjos que o guardam.

ANOTAÇÕES

LEIA HOJE
Salmos 81-82
Provérbios 20

O SANGUE DE JESUS TEM PODER

05 MAI

Naquele dia, separarei a terra de Gósen, em que habita o meu povo, para que nela não haja enxames de moscas, e saibas que eu sou o SENHOR no meio desta terra.

— ÊXODO 8.22

Um dos nomes de Satanás é Belzebu, o "deus das moscas" (cf. Mateus 10.25-26), e esse termo tipifica os demônios que vêm para nos atormentar. No entanto, lemos, no livro de Êxodo, a ocasião em que Deus protege seu povo de um enxame de moscas — a quarta praga que atingiu o Egito — e os refugia em Gósen, uma terra que não seria atingida.

Ao analisarmos as histórias do Antigo Testamento, devemos nos lembrar de que tudo ali aponta para Cristo. Jesus pode ser associado, portanto, à terra de Gósen, pois ele é a nossa cidade de refúgio. Nele, estamos escondidos e guardados de todas as pragas. O Egito, por sua vez, pode representar o mundo amaldiçoado, por não estar debaixo da Aliança que distingue e livra do mal o povo de Deus. Embora estejamos no mundo — assim como os israelitas estavam entre os egípcios —, não nos sujeitamos a ele; afinal, estamos em Cristo. Somente nele há verdadeira segurança e proteção.

Gósen, significa "aproximação". Isso nos mostra que nossa proteção não existe apenas porque estamos em Cristo, mas porque estamos próximos dele. Se você nasceu de novo, Jesus está em você e você está nele (cf. João 14.20). No entanto, precisamos crer nessa verdade todos os dias e viver essa intimidade na prática. Não permita que acusações e culpa o afastem de Deus. O sangue de Cristo nos aproxima e nos mantém no lugar seguro, porque foi por ele que nossos pecados foram perdoados.

Se você creu em Jesus e nasceu de novo, na próxima vez que o perigo chegar, clame com revelação: "O sangue de Jesus tem poder!". Isso colocará a sua fé em ação. O sangue nos aproximou de Deus, e nele estamos protegidos das "moscas".

LEIA HOJE
Salmos 83-84
Provérbios 21

ANOTAÇÕES

A ALIANÇA MAIS PODEROSA DO UNIVERSO

> Mas a nova aliança que estou fazendo com Israel não será escrita no papel, [...] vou gravá-la no coração deles. Vou ser o Deus deles. [...] Eles vão me conhecer por terem [...] sua ficha de pecados apagada e limpa para sempre.
>
> — HEBREUS 8.10-12 (AM)

06 MAI

Crer na Nova Aliança é o que nos mantém seguros, com a consciência de que Deus está conosco o tempo todo em cada dificuldade. A seguir, vamos conhecer cada uma das cláusulas dessa aliança.

A primeira cláusula diz que a vontade de Deus será escrita em nosso coração; isso significa que, ao alimentarmos um relacionamento de intimidade com o Pai e buscarmos conhecê-lo profundamente por meio das disciplinas espirituais e da leitura de sua Palavra, carregaremos os valores e princípios divinos dentro de nós. Por isso, com o auxílio do Espírito Santo, saberemos quais caminhos tomar a fim de glorificar o nome de Cristo e andar de acordo com a vontade do Senhor.

A segunda cláusula afirma que o Senhor é o seu Deus. Ou seja, ele sempre estará ao seu lado e pelejará em seu favor. E sendo ele o único Deus todo-poderoso, você já sabe que todos os seus problemas estão resolvidos. A terceira cláusula diz que conheceremos ao Senhor. À medida que nos aproximamos dele diariamente, aprendemos a discernir a sua voz, aquilo que ele abomina e o que o agrada. Quem ouve e segue a voz do Senhor certamente será um vencedor. Aleluia!

A última cláusula é a mais importante e sustenta todas as outra: Deus jamais se lembrará dos seus pecados. Se você não crer que é perdoado, não terá fé suficiente para cumprir com a vontade divina, não compreenderá que ele é o seu Deus e terá dificuldades em nutrir um relacionamento com ele. Você que creu está participando da aliança mais poderosa do Universo, e ninguém pode removê-lo dela, porque foi conquistada por Cristo e é mantida pelo Pai.

ANOTAÇÕES

DEVOCIONAL
126/365

LEIA HOJE
Salmos 85-86
Provérbios 22

VOCÊ É VERDADEIRAMENTE LIVRE

07 MAI

E conhecereis a verdade, e a verdade vos libertará.
Se, pois, o Filho vos libertar, verdadeiramente sereis livres.
— JOÃO 8.32,36

Como é viver a verdadeira liberdade? Por exemplo: posso participar do Carnaval? Muitas pessoas me fazem perguntas como essas, do tipo "certo ou errado", "pode ou não pode"; mas o fato é que o Carnaval é apenas um retrato da escravidão completa em que a humanidade vive, usado por muitos como uma tentativa de preencher um grande vazio. Algumas pessoas também atolam suas vidas em coisas como trabalho, álcool ou bens materiais, a fim de se sentirem completas.

Ao contrário do que a maioria das pessoas pensa a respeito dos cristãos, nós é que somos realmente o povo livre. Quem é do mundo não tem liberdade, pois não pode escolher entre participar ou não do pecado, sempre obrigado a tentar preencher o vazio de sua vida com prazeres passageiros; caso contrário, a angústia só aumenta. Por outro lado, nós, cristãos, não precisamos disso. Podemos escolher o melhor, porque temos o Espírito Santo em nós, que já nos preenche.

A Bíblia diz que nos tornamos servos daquele que nos domina (cf. 2Pedro 2.19) e que o mundo jaz no maligno (cf. 1João 5.19). Então, quando você se entrega ao mundo, o maligno domina sua vida. No entanto, quando vem para Cristo, está livre.

Definitivamente, a vida cristã não é um conjunto de regras sobre o que é pecado ou não; antes, é viver a vida em uma pessoa, Cristo, que nos salva deste mundo caído de dores e sofrimento e nos dá uma nova vida. Uma vez que já estamos satisfeitos, preenchidos de Cristo, não buscamos mais as coisas desta Terra, e sim as do Céu. Se essa não é a sua realidade e sua satisfação ainda é viver no pecado, procure experimentar o Senhor agora mesmo e descubra que há uma vida muito superior esperando por você.

LEIA HOJE
Salmos 87-88
Provérbios 23

ANOTAÇÕES

A REAL LIBERDADE EM CRISTO

08 MAI

Para a liberdade foi que Cristo nos libertou. Permanecei, pois, firmes e não vos submetais, de novo, a jugo de escravidão.

— GÁLATAS 5.1

Somente em Cristo podemos ser completamente libertos de toda a escravidão da carne, do pecado, do Diabo e deste mundo. Todo ser humano precisa ser liberto, porque todos nascem escravos; sem Deus somos apenas criaturas, escravos de nós mesmos, da opinião alheia, do ego e do medo. O espírito do escravo é o mesmo do órfão, porque ambos não têm pai, vivem inseguros, sem proteção, direção ou herança. Dessa forma, com toda essa desvantagem, permanecem temerosos e angustiados.

É desse espírito de órfão que o Senhor quer nos libertar. Contudo, ainda existem muitos que creram, mas estão vivendo nessa prisão. Isso acontece porque a Lei, que requer um relacionamento baseado em merecimento e troca, escraviza. No entanto, a Bíblia diz em Romanos 10.4 que "o fim da lei é Cristo para justiça de todo aquele que crê". Isso significa que Cristo é o fim de uma antiga aliança — a Lei — que nos impedia de viver a liberdade nele. Quando, porém, nos achegamos a Jesus, toda condição imposta para nos aproximarmos de Deus acaba completamente.

Em 1Corintios 6.12, lemos: "Todas as coisas me são lícitas, mas nem todas me convêm [...]". Essa declaração é assustadora para muitos crentes, mas, de fato, você é livre para fazer escolhas. Isso não significa que, em nossa liberdade, devamos escolher rolar na lama; afinal, agora somo ovelhas e certamente não desejamos viver como porcos. Se você tem o Espírito de Cristo, vai desejar as coisas de Cristo e fará escolhas condizentes com a sua nova vida.

Jesus quebra as cadeias do pecado e nos liberta das obrigações a serem cumpridas para sermos abençoados, pois ele cumpriu a Lei em nosso lugar. Agora, você pode fazer escolhas nele. Quando a tentação bater à porta, não se amedronte, apenas peça graça ao Senhor para vencê-la, pois ele é a nossa vitória.

ANOTAÇÕES

LEIA HOJE
Salmos 89-90
Provérbios 24

VIVA PELA NOVA LEI DA VIDA

09 MAI

Porque a lei do Espírito da vida, em Cristo Jesus, te livrou da lei do pecado e da morte.

— ROMANOS 8.2

Você não precisa mais viver fazendo análises para saber se algo procede de Deus ou não. Agora, você tem uma nova lei dentro de si: a lei do Espírito e da vida em Cristo Jesus. Ela o livrou do pecado e da morte e trará ao seu coração a percepção de cada decisão a tomar. O Espírito sinalizará o que é bom, segundo a vontade de Deus, e lhe guiará ao melhor em cada área de sua vida.

Quando nos inclinamos para a carne, cogitamos as coisas da carne e nos emaranhamos com tudo o que é caído. O resultado disso, segundo a Bíblia, é a morte (cf. Romanos 8.6), que não se refere apenas à morte física; é um espírito que empobrece, adoece e oprime, por isso devemos viver longe de tudo que tem relação com ele.

No entanto, quem vive no Espírito, meditando nas coisas espirituais e celestiais, encontra vida e paz. Essa é a vontade de Deus para você. Hoje, decida se encher do Espírito Santo por meio da oração, do louvor e da meditação na Palavra. Não pense em coisas ruins, derrota e morte; concentre-se nas coisas boas de Deus e desfrute uma vida abundante.

DEVOCIONAL
129/365

LEIA HOJE
Salmos 91-92
Provérbios 25

ANOTAÇÕES

DA MALDIÇÃO DA LEI À BÊNÇÃO DA FÉ

10 MAI

De modo que os da fé são abençoados com o crente Abraão. Todos quantos, pois, são das obras da lei estão debaixo de maldição [...].

— GÁLATAS 3.9-10

Este trecho de Gálatas oferece uma visão clara sobre a diferença fundamental entre viver pela Lei e viver pela fé. A Bíblia não deixa espaço para dúvidas: viver segundo as obras da Lei coloca a pessoa sob maldição, enquanto viver pela fé traz bênçãos e justificação diante de Deus.

A Lei demanda perfeição, um cumprimento integral e ininterrupto de todos os seus preceitos. Aquele que não observa todas as suas ordens está sob maldição, pois *é incapaz de* justificar-se diante de Deus por meio delas. A Lei não pode proporcionar justiça; ela apenas revela a nossa incapacidade de alcançá-la por nossos próprios esforços.

Por outro lado, a fé é o meio pelo qual somos justificados. A justificação é um dom, não uma conquista. O justo vive pela fé, que é baseada na obra perfeita de Jesus Cristo na cruz, e não em nossas próprias obras.

Os que vivem pela fé são abençoados com a mesma bênção que Deus concedeu a Abraão. Isso significa que, ao crer na obra de Cristo e na promessa divina, você se alinha com a promessa de bênçãos e justiça. A fé é a chave para receber todas as boas dádivas que o Senhor tem para nós, e não é baseada em nossas ações, mas no que Jesus fez.

Escolha viver pela fé em vez de tentar agradar a Deus por meio das obras da Lei. Dependa da obra da Cruz e creia que a justificação e a bênção o alcançam pela fé em Jesus Cristo. Permita que a certeza de sua justificação por fé transforme a maneira como você vive, e experimente a graça e a bênção de Deus em sua vida.

ANOTAÇÕES

DEVOCIONAL
130/365

LEIA HOJE
Salmos 93-94
Provérbios 26

OS CÉUS ESTÃO FALANDO COM VOCÊ

11 MAI

Os céus proclamam a glória de Deus, e o firmamento anuncia as obras das suas mãos. Um dia discursa a outro dia, e uma noite revela conhecimento a outra noite.

— SALMOS 19.1-2

Ninguém teria inteligência para escrever algo tão poderoso quanto o que foi dito nessa passagem: Deus está sempre falando conosco por meio de sua criação, derramando glória e enchendo a Terra com seu poder. Quando paramos para meditar e orar, realmente percebemos a grandeza de Deus. Olhe para o céu, contemple a natureza e veja a mão divina em todas as coisas.

"Um dia discursa a outro dia". O que eles estariam dizendo? Uma nova manhã traz sempre a sensação de que uma novidade nos foi dada. Ao amanhecer, Deus concede graça, favor e consolo ao seu coração, permitindo que você comece outra vez. Todos os dias, o Senhor cura a nossa alma, mente e emoções, que antes estavam comprometidas pelo pecado. Ele substitui a sensação de abandono e pobreza por uma profunda consciência de cuidado e provisão. Oferece a nós a verdadeira segurança, modifica crenças, sara feridas e remove toda a amargura.

Se você está lidando com a depressão e a ansiedade, busque pela presença de Deus. Vivemos em uma época de grande ansiedade, em que trabalho, casamento, filhos, e até mesmo o serviço ao Senhor podem nos deixar aflitos. Não há nenhum problema em procurar ajuda profissional ou ser medicado, mas é certo que a Palavra pode restaurar sua alma. Contemple a grandiosidade e soberania do Senhor, continue ouvindo o que os Céus estão proclamando a seu respeito e encontre serenidade no cuidado do Pai.

DEVOCIONAL
131/365

LEIA HOJE
Salmos 95-96
Provérbios 27

ANOTAÇÕES

PONHA SUA CONFIANÇA NO LUGAR CERTO

12 MAI

Uns confiam em carros, outros, em cavalos; nós, porém,
nos gloriaremos em o nome do SENHOR, nosso Deus.
Eles se encurvam e caem; nós, porém,
nos levantamos e nos mantemos de pé.

— SALMOS 20.7-8

Confiar no Senhor significa confiar em sua promessa. Não deposite sua confiança em homens, cartões de crédito ou em bancos, pois são coisas naturais, incertas e passageiras. A Bíblia diz que os que têm sua confiança nas coisas desta vida, em algum momento, encurvam-se e caem. Porém, nós nos levantaremos e nos manteremos de pé porque confiamos em Deus. Note que não somos imunes à queda, mas certamente não nos manteremos no chão, por causa da nossa confiança.

O rei salmista clama e pede vitória, dizendo: "Ó SENHOR, dá vitória ao rei; responde-nos, quando clamarmos" (Salmos 20.9). Hoje, se você creu no Senhor, a Bíblia diz que você é rei e sacerdote (cf. 1Pedro 2.9), estando na posição de clamar e ser ouvido por Deus. Para isso, glorie-se no nome dele, e não no seu. Confie em Deus, espere nele, e, quando você clamar, ele o ouvirá.

ANOTAÇÕES

LEIA HOJE
Salmos 97-98
Provérbios 28

TUDO FOI PAGO LÁ NA CRUZ

13 MAI

E a vós outros, que estáveis mortos pelas vossas transgressões e pela incircuncisão da vossa carne, vos deu vida juntamente com ele, perdoando todos os nossos delitos; tendo cancelado o escrito de dívida [...].

— COLOSSENSES 2.13-14

Esse texto poderoso diz primeiramente que estávamos mortos em nossos delitos e pecados. O que é morte? A morte tem muitas faces: doença, tristeza, divórcio, miséria, escassez. O texto prossegue afirmando que fomos perdoados e, portanto, nossa dívida foi cancelada. Certamente você já recebeu uma cobrança e sabe o quanto isso é angustiante. Ao quebrarmos as ordenanças divinas, contraímos uma dívida espiritual que não podíamos quitar, então Jesus assumiu nosso lugar, removendo inteiramente nossa dívida. Portanto, os pecados do seu passado, presente e futuro estão pagos!

Muitas pessoas vivem com uma sensação de dívida, pois estão debaixo de acusação e, consequentemente, não possuem fé para avançar. Se você nasceu de novo, lembre-se, todos os dias, que Jesus removeu sua dívida. Abandone o jugo da culpa e viva com consciência de perdão, pois a tudo foi pago.

Confie na provisão, porque você está debaixo do benefício conquistado por Jesus na cruz, por amor, sem merecimento algum e apesar de nossos erros. Toda maldição da miséria, da enfermidade e de todo tipo de morte foi cravada na Cruz. Hoje, apenas creia e viva essa vida abundante do lado de cá da Cruz.

LEIA HOJE

Salmos 99-100
Provérbios 29

ANOTAÇÕES

O SENHOR NÃO ESTÁ CONDENANDO VOCÊ

14 MAI

Respondeu ela: Ninguém, Senhor!
Então, lhe disse Jesus: Nem eu tampouco te condeno;
vai e não peques mais.

—JOÃO 8.11

Você se lembra da história da mulher adúltera? Os fariseus apanharam a mulher em flagrante adultério e disseram que a Lei de Moisés ordenava o apedrejamento. Enquanto eles falavam, Jesus escrevia algo na areia. O que ele escrevia? Antes de respondermos a essa importante pergunta, é interessante observar que o lugar dessa cena em Jerusalém era de pedra, talvez um paralelepípedo, mas por conta do vento, estava cheio de areia.

Talvez Jesus estivesse simulando ou se lembrando de quando ele mesmo escreveu a Lei de Moisés em tábuas de pedra. Ou ainda, é possível que Jesus estivesse ali admirado porque os fariseus queriam lembrá-lo da Lei que ele mesmo escreveu. Os religiosos usaram a Lei para acusar aquela mulher, e é isso o que o Diabo faz conosco. Ele sempre usa as exigências da religião para acusar nossas limitações. Isso produz todo tipo de culpa e rouba-nos a fé completamente. Porém, a mulher adúltera recebeu o presente da absolvição, e a ordem de ir e não mais pecar. Ela encontrou a graça que não condena, mas perdoa. Estava transformada e agora viveria uma nova vida.

Fomos aceitos porque ele cumpriu a Lei e recebeu toda a culpa que era nossa. Deus é bom, mas também é justo! E a justiça de Deus nos absolve, porque Cristo já foi punido em nosso lugar. Havia um mandado de prisão contra nós, mas Jesus cravou esse mandado na cruz. Tudo foi pago de uma vez por todas. Esta é a boa notícia de hoje: você está livre da sua dívida e, por isso, pode crer nas promessas de Deus.

ANOTAÇÕES

LEIA HOJE
Salmos 101-102
Provérbios 30

PENSE COISAS BOAS DE DEUS

15 MAI

Vocês serão estabelecidos com firmeza, fundamentados na justiça, longe de qualquer problema. Portanto, nada a temer, estarão longe do terror, que nem chegará perto. Se alguém atacar vocês, nem por um momento pensem que fui eu quem os enviei.

— ISAÍAS 54.14 (AM)

Existem verdades que nos firmam na Palavra, de modo que não somos levados por qualquer vento de doutrina. Atualmente, estamos expostos a diversas vozes, por isso devemos ter clareza das revelações do Evangelho; elas são verdades cujas raízes profundas sustentam nosso coração nos dias tempestuosos e garantem a fé necessária para atravessar o vale. Para isso, é importante recebermos um alimento sólido.

Você está fundamentado na justiça de Cristo, e é importante ter consciência disso. Muitas vezes, entendemos a verdade da revelação na mente, mas não a recebemos em nosso espírito e coração. Diante disso, ore por revelação para que essa verdade se torne parte de você, ela é a renovação da mente pela verdade que já conhecemos e da qual participamos. A Palavra entra em nosso coração, cria raízes e muda a nossa existência, trazendo vida e proteção. Quando estamos firmados, o Inimigo não pode abalar nossa fé nem nos derrubar do lugar de vitória.

O texto de hoje é uma promessa maravilhosa! Ele afirma que aqueles que estão estabelecidos na justiça não serão oprimidos. Você não terá medo nem sofrerá espanto, pois nenhum terror ou problema o alcançará. A Bíblia diz que o Diabo ruge como um leão, procurando a quem devorar (cf. 1Pedro 5.8). E quem corre perigo? Aqueles cuja fé não está estabelecida na justiça de Cristo, que confiam em seus próprios méritos para serem aprovados diante de Deus, por isso são vencidos.

No entanto, as Escrituras nos garantem que, quando alguém nos ataca, se estamos firmados na justiça, não devemos pensar que o ataque veio da parte de Deus. Ele não está irado conosco, pois a justiça de Cristo aplacou a ira dele. Deus olha para você com favor e não tem a intenção de atingir você. Creia e seja abençoado por meio dessa verdade.

DEVOCIONAL
135/365

LEIA HOJE
Salmos 103-104
Provérbios 31

ANOTAÇÕES

DEUS ESTÁ DO SEU LADO E NÃO CONTRA VOCÊ

16 MAI

Todos nós andávamos desgarrados como ovelhas; cada um se desviava pelo caminho, mas o SENHOR fez cair sobre ele a iniquidade de nós todos.

— ISAÍAS 53.6

Como afirma o profeta Isaías, a ira de Deus, que estava sobre nós, foi derramada sobre Jesus. Portanto, podemos ter paz no coração, agora reconciliados, e isso é muito poderoso. Muitos irmãos enfrentam situações adversas durante as quais se questionam: "Se Deus me ama, por que estou passando por isso? O que fiz de errado?". Quando insistimos nesse pensamento, é comum perdermos a fé. No meio da luta, não devemos pensar que é Deus quem está trazendo o sofrimento, e muito menos questionar o amor dele.

Então, por que passamos por tantos sofrimentos, se Deus nos ama? Uma coisa não muda a outra. Amo os meus filhos, mas nem sempre posso impedir que eles sofram. Por mais que Jesus esteja conosco o tempo todo, não somos marionetes. Temos vida própria aqui na Terra e estamos sujeitos aos diferentes fatores deste lugar que não é a nossa casa. Nossa pátria é o Céu. Estamos apenas de passagem neste mundo que jaz no maligno, cujo príncipe é o Diabo.

Saiba, portanto, que os ataques direcionados a você não vieram de Deus. O Senhor está conosco, e não contra nós. Então, quando estiver sob ataque, repreenda o Diabo, em vez de culpar a Deus. É muito importante que, no dia mau, você não fique se perguntando onde está o erro, porque ele está em todo lugar neste mundo caído e, às vezes, nas escolhas ruins que fazemos. Entretanto, Deus nos perdoa, ensina-nos a seguir pelo caminho correto e está do nosso lado em meio às batalhas que enfrentamos. Por isso, no meio da luta, diga: "Porque ele me ama e está do meu lado, estou em paz, certamente ele está trabalhando para me entregar a vitória". Declare isso em fé, tenha paz e veja o poder de Deus agir em seu favor.

ANOTAÇÕES

LEIA HOJE
Salmos 105-106

NÃO DÊ OUVIDOS ÀS ACUSAÇÕES

17 MAI

Eu crio o ferreiro que aquece a fornalha e faz uma arma destinada a matar. Também crio o destruidor, mas a arma capaz de ferir vocês ainda não foi forjada.

— ISAÍAS 54.16 (AM)

O Diabo trabalha incessantemente para convencê-lo de que Deus é mau e está agindo contra você, sugerindo que todo o seu sofrimento é um castigo por causa de seus erros. Esse engano rouba a sua fé e o impede de vencer a verdadeira luta. Tenha uma fé que acredite na bondade de Deus. Ele ama você e provou seu amor na cruz, entregando seu único Filho para morrer em nosso lugar. Creia nisso e confie que Deus não está por trás das dificuldades que você enfrenta.

Que afirmação poderosa lemos em Isaías 54.16! Nenhuma arma forjada *é* capaz de atingir você. Sim, existem armas que buscam atingi-lo; no entanto, por causa da justiça de Cristo, você está tão protegido que, se crer, nenhuma arma criada pelo Diabo poderá tocá-lo.

No verso 17, a passagem continua: "Qualquer acusador que levá-los ao tribunal será desqualificado por mentir". Impressionante! Toda acusação contra você será tida como mentira. Por quê? Por causa da justiça de Cristo. Ele pagou nossos pecados e cumpriu a Lei, agora fomos colocados nele. Deus olha para nós e não vê ninguém senão Cristo. Portanto, nenhuma acusação pode prevalecer contra nós nem atingir a nossa fé.

No tribunal, o acusador acusa para quê? Para condenar. Ele tenta convencer o juiz de que você é culpado e merecedor da pena. A Bíblia, no entanto, afirma que, se alguém acusar você diante de Deus, essa acusação será considerada mentira, porque você foi coberto pelo sangue de Cristo e todos os seus pecados estão pagos. Ninguém pode lançar maldição sobre você, então tenha paz em seu coração.

LEIA HOJE
Salmos 107-108

ANOTAÇÕES

FOI POR AMOR

Serás estabelecida em justiça, longe da opressão, porque já não temerás, e também do espanto, porque não chegará a ti.

— ISAÍAS 54.14

18 MAI

Uma vez que não há nenhuma acusação contra nós, não podemos ser condenados por maldição alguma, pois estamos cobertos com a justiça de Cristo e fundamentados nessa base segura. Quando uma pessoa tem passagem na polícia, ela carrega um estigma diante da sociedade. Da mesma forma, por causa do pecado de Adão, também fomos marcados diante de Deus. No entanto, agora você está em Cristo e já não carrega o estigma do pecado. Não há, portanto, condenação nem sentença. Essa é uma notícia maravilhosa!

Isaías 54 afirma que seremos estabelecidos em justiça, longe da opressão, porque já não temeremos. A opressão não se aproximará de você nem lhe causará espanto. Quando você está fundamentado na revelação da justiça de Cristo, a promessa de que Deus afastará a opressão e a maldição se cumpre por causa da fé firmada. Você precisa crer, confessar e lembrar que, ao receber Jesus, você recebe o dom da justiça. Romanos 5.17 diz que os que recebem a abundância da graça e o dom da justiça, que é o que Cristo fez em nosso lugar na cruz — o pagamento pelos pecados e o cumprimento da Lei —, reinarão em vida.

Cristo morreu e pagou pelo seu pecado. Agora você está perdoado. Ele cumpriu o que o Céu exigiu para abençoar você e lhe deu esse benefício. Isso é o que chamamos de justiça de Cristo, a obra dele em nosso favor. Porque você crê nele, tudo que diz respeito a ele, agora diz respeito a você no mundo espiritual. O Diabo não pode tocar em Cristo; por isso, também não pode tocar em nós. Cristo fez a obra, pagou pelos seus pecados e cumpriu as condições; em troca, você recebe o perdão, a proteção, e as bênçãos que estão nele. Você diz: "Pastor, mas isso não é justo". Claro que não é! Por isso que se chama favor imerecido. Tudo isso foi por amor.

ANOTAÇÕES

DEVOCIONAL
138/365

LEIA HOJE
Salmos 109-110

VOCÊ É FILHO, VIVA COM SEGURANÇA

19 MAI

Ora, se somos filhos, somos também herdeiros, herdeiros de Deus e coerdeiros com Cristo [...].

— ROMANOS 8.17

Pergunto a você: seus filhos fizeram algo para merecer receber de você a herança? Não. Eles apenas nasceram na família. Você não recebe porque merece, e sim porque creu, tornando-se parte da família de Cristo. Portanto, quando sua fé estiver fundamentada na revelação de que você é filho, e isso não for apenas uma compreensão intelectual da Palavra, você estará protegido de verdade por causa da fé em ação. Lembre-se todos os dias de que Cristo ama e abençoa você apesar dos seus erros, somente porque você é um filho amado e perdoado por meio do sangue dele. Todos os dias, ao acordar, erga sua mão e diga: "Eu estou perdoado e Jesus é quem me justifica. Não há condenação para mim. Sou um filho amado, por isso viverei livremente. Aleluia!".

Quero lhe ensinar algo importante: todo pensamento que produz incredulidade, tristeza, angústia ou medo pode ser a voz do Diabo falando com você. Às vezes, ele fala na primeira pessoa do singular, tentando nos enganar. O que temos de fazer? Levantar as mãos e dizer em fé: "Nenhuma condenação há para mim. Cristo é quem me justifica. Saia daqui em nome de Jesus!". Você verá que aquela sensação horrível irá sair.

Quando você errar e alguém se levantar para o ofender, apontando o seu erro, não diga nada. Simplesmente se afaste, perdoe a pessoa e deixe-a ir embora. Em seguida, levante a sua mão e diga: "Senhor, reconheço que errei e me arrependo. Obrigado pela sua graça que me ajuda a não pecar mais. Obrigado porque é Cristo quem me justifica. Rejeito a culpa e a condenação. Sou abençoado por causa da obra de Cristo na cruz e por causa da justiça que ele me concede agora mesmo. Amém". Essa oração é extremamente poderosa, pois vence demônios e circunstâncias adversas, estabelecendo você em uma fé vencedora.

LEIA HOJE
Salmos 111-112

ANOTAÇÕES

LAVE AS MÃOS NA INOCÊNCIA

20 MAI

Lavo as mãos na inocência e, assim, andarei, Senhor, ao redor do teu altar.

— SALMOS 26.6

A inocência é o que remove a condenação. Nesse contexto, "inocência" não tem qualquer conotação infantil, antes se refere a alguém que foi absolvido em um tribunal. Depois de analisar provas, o juiz pode declarar o réu culpado ou inocente; é dessa inocência que o texto está tratando. Nesse salmo poderoso, Davi usa a expressão poética: "Eu lavo as mãos na inocência". Ele está afirmando que, diante de Deus, é inocente e, portanto, pode se achegar ao Senhor. Se você se sente culpado, significa que não tem fé suficiente ou adequada para se aproximar de Deus, então precisa lavar suas mãos na inocência.

E como fazer isso? Pelo sangue de Jesus! Davi compreendeu algo muito poderoso: a diferença entre ser perdoado e ser inocentado. São duas realidades distintas, mas ambas foram realizadas pela obra da Cruz. Você pode ser perdoado mediante pagamento de fiança, mas sua transgressão permanece. O ladrão que foi perdoado, continua ladrão. Nesse caso, ainda que perdoado, o pecado perdura.

A Cruz de Cristo não libera apenas o perdão, ela nos inocenta! Nossa culpa e pecado recaem sobre Cristo, de modo que ele carrega sobre si a condenação que era nossa. Agora, quando Deus olha para Jesus na cruz, vê o pecador; mas quando olha para você, vê o Justo. Assim, no Calvário, Deus pune Cristo e inocenta você!

Jesus trocou de lugar conosco para que fôssemos aceitos diante de Deus. Se você crer nessa verdade, terá fé para se aproximar do altar, que é Cristo, e receber todas as bênçãos do sacrifício dele em seu favor.

ANOTAÇÕES

LEIA HOJE
Salmos 113-114

ANDE EM VOLTA DO ALTAR E SEJA ABENÇOADO

21 MAI

Ó Senhor Deus, lavo as mãos para mostrar que estou inocente. Ando em volta do teu altar junto com os que te adoram.

— SALMOS 26.6 (NTLH)

O altar tinha quatro lados: norte, sul, leste e oeste. O cordeiro era sacrificado no lado norte. Na Bíblia, o mal frequentemente vem do Norte. Porém, como conta o capítulo 12 do livro de Êxodo, quando o anjo da morte se deparava com o sangue derramado do cordeiro nos batentes das portas, não podia mais agir. Do mesmo modo, quando o mal vem contra você pelo lado norte, ele não pode atingi-lo, pois você está protegido pelo Cordeiro que foi morto, Cristo.

No lado leste, estavam as cinzas do cordeiro morto, o estágio final ao qual o animal era reduzido depois de ser sacrificado. Além disso, para entrar no templo, era obrigatório passar por essas cinzas. Da mesma forma, Cristo é o cordeiro que foi sacrificado por nós, e sua obra está consumada. Se não crermos nisso, não podemos entrar na habitação de Deus e ser salvos.

Do lado sul do altar, fluía um rio de água viva que simboliza o Espírito Santo. Você primeiro deve crer na obra consumada e, só assim, receberá a plenitude do Espírito. Veja que a bênção de um lado depende de você ter passado pelo outro. Ao crer na morte e na ressurreição do Cordeiro, será cheio do Espírito Santo e saciado por um rio de águas vivas que jorrará através de você para abençoar outras pessoas.

No lado oeste, ficava o tabernáculo, que era a habitação de Deus, onde sua glória se manifestava. Isso aponta para a Igreja. Quando você é perdoado, crê na obra consumada e recebe a plenitude do Espírito, pode acessar as dependências do tabernáculo. Nesse estágio, você congrega, vive em comunhão e é amado entre os irmãos. Toda essa revelação está ligada ao ato de andar em volta do altar, como descrito por Davi no salmo 26. Aplique-a em sua vida pela fé e experimente as bênçãos abundantes que Deus tem para você.

DEVOCIONAL
141/365

LEIA HOJE
Salmos 115-116

ANOTAÇÕES

FIQUE CALMO COMO UM BEBÊ

Quando cercado, fico calmo feito um bebê. Mesmo quando todo mal vier sobre mim, mantenho-me tranquilo.

— SALMOS 27.3 (AM)

22 MAI

Você é aceito em Cristo e inocente diante de Deus por isso, consequentemente, pode viver livre de ansiedades e angústias. A calma de um bebê está na segurança do amor e dos braços de seus pais, que o livram das ameaças e o fazem perceber seu amor.

No salmo 131, também vemos que, como uma criança desmamada, assim deve ser a nossa. A criança que acabou de mamar fica tão plena que, literalmente, descansa sem nenhuma preocupação nos braços da mãe. Agora mesmo, Deus quer que você entregue tudo a ele. Descanse, sabendo que, diante dele, você está suprido e pode se manter tranquilo, mesmo quando o mal se levantar contra você.

Na continuação do Salmo 27, o salmista clama ao Senhor com o coração desejoso em habitar para sempre em sua casa e contemplar sua beleza. Hoje, esse pedido não precisa mais ser feito por nós que cremos, pois nos tornamos, em Cristo, casa de Deus. Por isso, podemos contemplá-lo todos os dias e em todo tempo, a fim de sermos transformados à semelhança daquele que contemplamos, tornando-nos tal qual ele é, à medida que meditamos na sua beleza, graça, favor e amor. O salmista nos garante que, no Senhor, está o único lugar calmo e seguro neste mundo turbulento; ele é a fuga perfeita para bem longe da agitação.

O verso 6 deste salmo também é muito poderoso, pois diz: "O Eterno me põe muito acima de todos os que tentam me derrubar [...]" (AM). Quando você sabe que é perdoado e inocentado em Cristo, passa a ter a certeza de que está completamente seguro. Por isso, ninguém poderá derrubá-lo. Então, uma alegria indizível tomará conta de seu coração, e você cantará alegremente e comporá canções de louvor a Deus. Viva hoje como esse bebê nos braços do Pai.

ANOTAÇÕES

LEIA HOJE
Salmos 117-118

VIVA PELA VERDADE DE DEUS

23 MAI

E conhecereis a verdade,
e a verdade vos libertará.
—JOÃO 8.32

Esse versículo é muito conhecido, porém, geralmente, é mal compreendido. Muitos aplicam essa passagem fora do seu real contexto. É comum pensar que toda mensagem da Bíblia tem o poder de trazer libertação, mas não é bem assim. Toda a Bíblia é verdadeira e é a Palavra de Deus. No entanto, somente o Evangelho é a "verdade atual" que liberta. Ele representa a graça imerecida de Deus, encontrada em quase todo o Novo Testamento. As ordenanças do judaísmo, por exemplo, não são para nós hoje. Elas apontavam para o sacrifício de Cristo, mas, hoje, não podem mudar você! Somente o Evangelho é a verdade que liberta!

Hoje, muitas pessoas estão debaixo do jugo de ansiedade, medo, culpa, angústias, e isso afeta o trabalho, o casamento e todas as áreas da vida. No entanto, quando ouvimos o Evangelho da graça, recebemos perdão, cura e libertação. A Lei, por sua vez, direciona o seu foco sempre para si mesmo, evidenciando a consciência do pecado e a necessidade do mérito para receber alguma bênção.

Quando você se limita apenas a meditar na Lei, em meio à luta, dificuldade ou doença, a primeira pergunta sempre será: "Meu Deus, o que eu fiz de errado?". No entanto, perguntas como essa denunciam o tipo de vida cristã que você leva. Em qual aspecto da verdade da Palavra de Deus você está meditando? Quero ajudá-lo a sair dessa situação e olhar para o Evangelho da graça de Jesus. Pare de se cobrar e de olhar para suas falhas. Saia de um relacionamento religioso com Deus, baseado em merecimento e comportamento. Viva uma relação de Pai e filho com ele, e desfrute os melhores dias de sua vida.

DEVOCIONAL
143/365

LEIA HOJE
Salmos 119.1-32

ANOTAÇÕES

SEJA TRANSFORMADO PELA MUDANÇA DAS SUAS CRENÇAS

Pois não me envergonho do evangelho, porque é o poder de Deus para a salvação de todo aquele que crê [...].

— ROMANOS 1.16

24 MAI

Não transforme o devocional, que é o seu momento com Deus, em um dever religioso. Como pastor, também enfrento desafios ao orar e ler a Bíblia. Pense na seguinte analogia: se, por algum motivo, você não conseguir almoçar ou jantar e estiver muito cansado ao ponto de dormir, em vez de se sentir culpado por não ter seguido sua dieta à risca, você acordará no dia seguinte com fome. A primeira coisa que desejará, ao acordar, será comer. Da mesma forma, não encare a Palavra de Deus e o devocional como uma obrigação. A Bíblia não é um livro de condenação, mas um alimento para seu espírito. Lê-la não é uma imposição, mas uma bênção disponível.

Quando meu filho era mais novo, ele me perguntou se era obrigado a orar. Então eu lhe disse: "Imagine que vamos passar um dia juntos, eu e você. Nesse dia, tudo que você pedir, papai vai lhe dar. Se você quiser passar o dia calado, tudo bem, vou entender, pois meu amor por você não vai mudar. Se, por outro lado, quiser falar com o papai e pedir alguma coisa, eu lhe darei. Então, você vai querer conversar muito ou pouco comigo?". Ele respondeu, animado, que falaria muito comigo. Assim é a oração. Se você não orar, Deus não deixará de amá-lo. No entanto, se você orar muito, também receberá muito de Deus.

Desfrute da oração como um momento precioso na presença do Pai. Qualquer coisa que você faça na igreja, deve ser feito no Espírito da graça, e não por cobrança. A partir de agora, reconheça que Deus o ama, perdoa para sempre e está feliz com você.

ANOTAÇÕES

DEVOCIONAL
144/365

LEIA HOJE
Salmos 119.33-64

A GRAÇA VEIO POR MEIO DE CRISTO

25 MAI

Porque a lei foi dada por intermédio de Moisés;
a graça e a verdade vieram por meio de Jesus Cristo.
—JOÃO 1.17

Em português, quando lemos que a graça e a verdade *vieram*, o verbo "vir" está no plural, porque se refere a duas coisas. Mas, no original grego, esse verbo está no singular: "A graça e a verdade *veio* por meio de Jesus Cristo". Portanto, no grego, graça e verdade são uma coisa só: Cristo!

Muitos dizem que devemos ensinar tanto a graça quanto a verdade, como se a primeira fosse o aspecto bondoso da Palavra, e a segunda, o rigoroso. Na mente deles, a verdade está associada à punição, ao juízo de Deus. Quando alguém diz que "vai falar umas verdades" para alguém, geralmente está se referindo a palavras duras. Por causa desse conceito distorcido, pensamos que Deus é como nós.

Porém, as verdades divinas não são aquele conteúdo duro e áspero que falamos para as pessoas quando perdemos a paciência! Meu pastor contou um testemunho em que, certa vez, no trânsito, uma pessoa bateu no carro dele. Ele ficou irado e se preparou para dizer "umas verdades" para ela. No entanto, antes mesmo de sair do carro, o Espírito Santo lhe perguntou: "Quais verdades você vai falar para essa pessoa? Você irá ofendê-la, dizendo que não sabe dirigir, que deveria estar em casa, ou que precisa tirar uma nova carteira de habilitação? Ou vai dizer a ela que está tudo bem porque estou aqui e dei o livramento necessário?".

Pare de falar as verdades da carne e passe a falar a verdade do Evangelho. A verdade não se refere a palavras duras, mas a palavras de graça e amor. Graça e verdade são como leite e mel. A palavra "verdade" no original grego significa literalmente "realidade". Portanto, venha viver a realidade do Reino de Deus, que é a graça em nossas vidas.

LEIA HOJE
Salmos 119.65-96

ANOTAÇÕES

O AMOR PAGOU O PREÇO PELA JUSTIÇA SATISFEITA

26 MAI

Encontraram-se a graça e a verdade,
a justiça e a paz se beijaram.
— SALMOS 85.10

Que versículo fascinante! Veja, você não deve tentar equilibrar a graça de Jesus, sua dádiva imerecida, com a Lei de Moisés. A sua liberdade está em crer no amor de Jesus e no favor divino. Sei que muitos, ao lerem o que temos ministrado aqui, talvez estejam pensando que tudo isso é fácil demais para ser verdade. Estão pensando: "Então, posso fazer o que eu quiser, e Deus fará de conta que não viu nada?". Por isso, vou lhe contar uma história que o ajudará a entender com clareza o amor de Deus por você.

Em um país onde a lei permitia a pena de morte para certos crimes, havia um juiz correto e respeitado. Esse homem tinha apenas um filho, a quem amava profundamente. Um dia, o filho, rebelou-se contra o pai, saiu de casa e nunca mais deu notícias. O pai, o juiz da cidade, procurou-o por vinte anos sem sucesso.

Tempos depois, o juiz julgava o caso de um criminoso que havia cometido um crime punível de sentença de morte. A grande questão é que, quando conduziram o criminoso à presença do juiz, ele descobriu que aquele era seu filho amado, por quem procurava durante vinte anos. Ele se encontrava, então, em um grande dilema: como juiz, deveria condenar o réu à pena de morte, mas, como pai, desejava livrar o filho da condenação. Então, diante das provas e das pessoas, o juiz anuncia a sentença: "Este criminoso é o meu filho a quem amo e procuro há vinte anos. Como juiz, eu o condeno à morte pelo crime cometido, mas como pai, decido morrer no lugar dele, para que possa ser livre. Podem me levar".

Ficou surpreendido? Isso é o que significa a graça e a verdade se encontrarem, a paz e a justiça se beijarem. Por amor, alguém cumpriu a justiça em nosso lugar. O amor pagou o preço, e a justiça foi satisfeita.

ANOTAÇÕES

LEIA HOJE
Salmos 119.97-128

OUÇA A VOZ DO PASTOR

27 MAI

Aquele, porém, que entra pela porta, esse é o pastor das ovelhas. Para este o porteiro abre, as ovelhas ouvem a sua voz, ele chama pelo nome as suas próprias ovelhas e as conduz para fora.

— JOÃO 10.2-3

O segredo da vida cristã é ouvir a voz do verdadeiro Pastor, pois ele nos conduz para uma vida abundante. Os mercenários são os falsos líderes e pastores que buscam apenas benefícios próprios, e essa definição também se aplica ao Diabo, nosso adversário. Com o espírito do engano e a aparência de piedade, ele vem para roubar, matar e destruir. Por isso, esteja atento a tudo o que você ouve!

No salmo 23, o pastor é aquele que conduz para uma vida abundante e pastos verdejantes, com águas de descanso e refrigério da alma. É ele quem prepara uma mesa na presença dos adversários e unge a cabeça com óleo. Todas as bênçãos que a ovelha desfruta veem por meio da direção do Pastor. Um fazendeiro que cuida de patos e gansos se posiciona atrás dos animais para empurrá-los adiante, mas o pastor de ovelhas vai à frente. Ele lidera, guiando-as pelo caminho adequado.

Salmos 23 também menciona o vale da sombra da morte, um lugar para onde a ovelha costuma ir por conta própria, ainda que o Pastor esteja sempre guiando para toda sorte de bênçãos: "Ainda que *eu* ande pelo vale da sombra e da morte [...]" (v. 4, grifo do autor). No entanto, mesmo que você, por teimosia, tome caminhos errados, entenda que o pastor não desiste de você.

Ouvir o Senhor é essencial para uma vida cristã vitoriosa. Deus traz luz ao guiá-lo. Quanto mais cheio do Espírito Santo você estiver, mais claro será o seu discernimento.

DEVOCIONAL
147/365

LEIA HOJE
Salmos 119.129-160

ANOTAÇÕES

PRESTE ATENÇÃO NO ÁRBITRO QUE HABITA EM VOCÊ

Seja a paz de Cristo o árbitro em vosso coração, à qual, também, fostes chamados em um só corpo; e sede agradecidos.

— COLOSSENSES 3.15

28 MAI

A Bíblia diz que a paz é o árbitro do nosso coração. Por esse motivo, não compre, não viaje, não se case nem tome decisões importantes na sua vida sem a paz divina.

No Antigo Testamento, Deus guiava o povo com uma nuvem durante o dia e uma coluna de fogo à noite. No calor do dia, uma nuvem trazia sombra e refrigério; à noite, uma coluna de fogo aquecia e proporcionava proteção. Assim como Deus guiava o povo de Israel, o Pastor está constantemente guiando você em todas as suas necessidades.

O árbitro do jogo não está ali para definir o resultado, mas para garantir que a partida aconteça legalmente e que os atletas se sintam à vontade para jogar. Da mesma forma, o Espírito Santo não está em nós para nos controlar ou tirar nosso livre arbítrio; ele não nos foi dado para ficar "apitando" dentro de nós a cada erro. O que o apóstolo está dizendo é que, diante de uma decisão errada ou prejudicial, o Espírito Santo avisará você por meio da sua paz. Assim, você poderá decidir livremente o que fazer. Isso traz segurança e liberta você da constante necessidade de parar para decidir se deve ou não fazer algo. Caminhe confiante em Deus, tome suas decisões, e, se algo estiver errado, a paz do Espírito Santo, como um árbitro amoroso, alertará você.

ANOTAÇÕES

DEVOCIONAL
148/365

LEIA HOJE
Salmos 119.161-176

ELE O FARTARÁ ATÉ EM LUGARES ÁRIDOS

29 MAI

O SENHOR te guiará continuamente, fartará a tua alma até em lugares áridos e fortificará os teus ossos; serás como um jardim regado e como um manancial cujas águas jamais faltam.

— ISAÍAS 58.11

O Antigo Testamento é uma sombra das realidades da Nova Aliança. Se aplicamos a chave da revelação, que é Cristo, receberemos uma revelação para os dias de hoje. Quando olhamos para a história da promessa de Deus ao tirar o seu povo do Egito, passando pelo deserto, cruzando o Mar Vermelho e entrando em Canaã, a terra prometida, vemos que esse é o percurso de todo aquele que nasceu de novo. Percorremos esse mesmo caminho na vida de fé com Cristo. Éramos ímpios, escravizados pelo Diabo, mas o Senhor enviou Cristo, nosso libertador, que nos batiza e nos liberta de Satanás.

Depois da conversão, passamos pelo deserto, que é um lugar de desintoxicação, onde somos confrontados com os aspectos negativos de nossa vida. Geralmente, esse é um período de sequidão, solidão e falta de direção, no qual não conseguimos prosperar nem frutificar. No deserto, vivemos experiências únicas com Deus e nossa fé é fortalecida. É um tempo marcado pela presença divina na forma de nuvem e de fogo; pelo maná, que é a comida celestial; e pela orientação do Espírito Santo, que nos guiará em direção à terra da promessa. A Terra Prometida é o lugar da doçura da vida com Cristo, onde você sentirá prazer no seu espírito, e toda amargura, ódio e ressentimento serão removidos. Ali, você encontrará descanso, suprimento, saúde e uma vida espiritual abundante. Nessa terra, desfrutará as promessas, e suas orações serão respondidas.

Não sei em que momento da caminhada você está — se acabou de sair do Egito, ou se está atravessando o deserto e sendo tratado por Deus —, mas continue caminhando. Aquele que o tirou do Egito não vai deixá-lo morrer no deserto. Ouça a doce voz de Jesus diariamente e seja guiado em direção a Canaã, onde há vida abundante no Espírito.

LEIA HOJE
Salmos 120-121

ANOTAÇÕES

O PRINCÍPIO DO REPRESENTANTE

30 MAI

Toma o bordão, ajunta o povo, tu e Arão, teu irmão, e, diante dele, falai à rocha, e dará a sua água; assim lhe tirareis água da rocha e dareis a beber à congregação e aos seus animais.

— NÚMEROS 20.8

O cajado de Moisés representava a Lei. No entanto, quando Deus quis tirar água da rocha para saciar o povo, instruiu Moisés a usar a vara de Arão, que havia florescido no tabernáculo. Essa vara, muito mais delicada, simbolizava a graça. Isso demonstra que, apesar da sua aparência frágil, a graça é poderosa. Além disso, ordenou que chamassem o sacerdote Arão, uma pessoa escolhida por Deus para representar toda a nação diante dele. Se estivesse bem, o povo também estaria; se ele estivesse errado, toda a nação sofreria.

Arão tipifica Cristo, nosso representante perfeito e eterno diante de Deus. A Bíblia afirma que, assim como ele é, nós somos. Tudo o que Jesus conquistou e tudo o que ele representa também nos representa. Se Deus diz que Jesus é seu filho amado em quem tem prazer, está afirmando o mesmo a nosso respeito hoje, pois Cristo é nosso representante eterno e nos faz eternamente justos aos olhos do Pai. Todas as bênçãos decorrentes dessa justiça eterna são nossas para sempre. Elas fluem como um rio constante na nossa vida por causa de Jesus.

ANOTAÇÕES

LEIA HOJE
Salmos 122-123

CRISTO VENCEU A MORTE

31 MAI

Pensai nas coisas lá do alto,
não nas que são aqui da terra.
— COLOSSENSES 3.2

Aonde Jesus chega, a morte não pode ficar. A Bíblia diz que aqueles que estão em Cristo passaram da morte para a vida. Ela não pode mais tocá-lo, pois você já a superou; ela ficou para trás e não há motivo para temer. A morte é espiritual, mas nós, que nascemos de novo no Espírito, temos a vida eterna com Cristo.

Satanás usa o pecado como meio para nos matar, pois o salário do pecado é a morte. No entanto, a Bíblia ensina que, ao derramar seu sangue, Jesus pagou, de uma vez por todas, o preço pelos nossos pecados. Isso significa que não há mais pecado sobre a nossa vida, pois o sangue de Cristo está sobre nós. Portanto, quando o Diabo tenta nos matar, ele não tem mais fundamento legal para tal, porque, em Cristo, nossa dívida está quitada para sempre.

É como se existisse uma cachoeira constante do sangue de Jesus sobre você, de modo que todos os seus pecados estão pagos. Se você crer nisso, o espírito da morte não terá poder algum sobre sua vida. Quando chegar sua hora de partir, não será o fim, mas o começo da sua verdadeira vida nos braços do Pai, em uma jornada maravilhosa para a glória eterna. Nossa vida aqui é apenas um tempo de preparação antes de voltarmos para casa, o Céu. Não somos daqui, nosso lugar é o Céu. Então, como está escrito em Colossenses, foque nas coisas do alto, não nos seus problemas daqui. A Eternidade com o Pai nos aguarda, por isso não precisamos temer a morte!

LEIA HOJE
Salmos 124-125

ANOTAÇÕES

JUNHO

TENHA EXPECTATIVA PELA GLÓRIA

01 JUN

Porque para mim tenho por certo que os sofrimentos do tempo presente não podem ser comparados com a glória a ser revelada em nós.

— ROMANOS 8.18

Se você está sofrendo, não coloque seu coração nas coisas dessa vida, direcione suas expectativas para o Céu e para glória de Deus. Jesus já havia dito que neste mundo teríamos aflições. Isso ocorre não por falta de amor ou cuidado do Pai, mas porque estamos em um mundo caído. Apesar disso, temos a vida eterna, que não está limitada a esse mundo.

O dia da vinda do Senhor está mais próximo do que imaginamos, e, quando ela acontecer, todas as aflições e sofrimentos vão passar. Sobre isso, a Bíblia nos anima ao lembrar que "os sofrimentos do tempo presente não podem ser comparados com a glória a ser revelada em nós". Diante da glória, toda a angústia torna-se o mais absoluto nada.

O Senhor claramente tem falado: "Eu venho sem demora! Mantenha sua lâmpada acesa e seja cheio do Espírito. Preserve na fé, porque em breve retornarei para buscar minha noiva, a Igreja, de que tenho ciúmes. Prepare-se para as bodas do Cordeiro!".

Portanto, alegre o seu coração, em breve, a dor sofrida aqui passará, e nós viveremos para sempre com ele, na glória inimaginável do Céu. *Maranata*! Ora vem, Senhor Jesus!

LEIA HOJE
Salmos 126-127

ANOTAÇÕES

DEUS AMA LEVÁ-LO AO DESCANSO

02 JUN

Se o Eterno não construir a casa, a obra dos construtores não passará de frágeis cabanas. Se o Eterno não guardar a cidade, o vigia noturno não servirá para nada.

— SALMOS 127.1 (AM)

Deus sempre tem um caminho soberano e excelente para nós. Ele deseja que encontremos descanso e alívio, em vez de cansaço e desespero. Entenda que o tempo divino é perfeito, de modo que tudo em sua vida tem a hora, o lugar e as pessoas certas. Se algo ainda não aconteceu, é porque não é o momento.

Submeta todas as suas preocupações a Deus, pois o assunto que não tratamos com ele geralmente equivale ao ponto onde caímos. Por outro lado, tudo quanto você deixar no controle de Deus já estará resolvido. O salmo 127 nos ensina que a vida vitoriosa não é simplesmente uma questão de trabalho duro. Se o Senhor não estiver no comando de sua vida, o que construir não passará de uma obra frágil.

Porque tememos os perigos ao nosso redor, muitas vezes, erguemos fortalezas com o intuito de nos protegermos da maldade humana. No entanto, sabemos que, se o Pai não for a nossa verdadeira proteção, nada do que fizermos poderá de fato nos guardar do mal.

Ainda que você trabalhe incessantemente, do amanhecer ao anoitecer, tudo isso é em vão. Saiba, porém, que quando entendemos que somos amados pelo Senhor e entregamos tudo a ele, descansamos, e o milagre acontece. Deus tem prazer em cuidar de todas as coisas de nossas vidas para que possamos descansar, livres da ansiedade e da preocupação.

Você é amado. Creia nessa verdade e pare de viver de modo desenfreado. Trabalhe, mas não ansiosamente. Não torne o seu ofício a razão da sua vida. Descanse.

ANOTAÇÕES

LEIA HOJE
Salmos 128-129

FAÇA PARTE DO QUE DEUS ESTÁ REALIZANDO

03 JUN

Pedro insistiu: "O senhor não vai lavar meus pés - nunca!". Jesus disse: "Se eu não lavar, você não poderá ser parte do que estou fazendo".

—JOÃO 13.8 (AM)

Ao lavar os pés de seus discípulos, Cristo ensinou a importância do serviço e simbolizou a limpeza das impurezas do mundo que nos condenam e roubam nossa fé. Devemos lavar constantemente essas impurezas nas águas purificadoras da Palavra. Deixe Jesus lavar seus pés diariamente para que você possa caminhar com ele.

Inicialmente, Pedro resistiu à atitude do Mestre, mas Jesus explicou que, sem a lavagem, Pedro não poderia desfrutar das promessas de Deus. Quando Pedro entendeu, pediu que Jesus lavasse seu corpo inteiro, mas Cristo disse: "Quem já se banhou não necessita de lavar senão os pés" (João 13.10). Quem já se banhou no sangue de Jesus está limpo, mas precisa lavar os pés das contaminações diárias pela Palavra. Fomos lavados, perdoados e salvos pelo sangue, mas para participar ativamente da obra de Cristo, devemos ser limpos pela Palavra diariamente.

A caminhada vitoriosa com Deus é garantida pela lavagem diária dos pés pela Palavra. Ouvir, ler, confessar, meditar e orar prepara nossos pés para um caminho seguro e cheio de fé. O Eterno faz algo poderoso quando você separa tempo diário para a Palavra. Seu coração se alinha ao de Deus, e você passa a viver uma vida abundante. Não é uma obrigação, é uma oportunidade da graça. Decida hoje separar alguns minutos para a Palavra e o devocional. Fale com o Altíssimo e prepare-se para testemunhar mudanças extraordinárias.

LEIA HOJE
Salmos 130-131

ANOTAÇÕES

O SEGREDO DO SUCESSO

04 JUN

Não cesses de falar deste Livro da Lei; antes, medita nele dia e noite, para que tenhas cuidado de fazer segundo tudo quanto nele está escrito; então, farás prosperar o teu caminho e serás bem-sucedido.

— JOSUÉ 1.8

Para alcançar a plenitude da vida com Cristo, é essencial manter o coração aquecido pelo Espírito Santo, meditando na Palavra. Este foi o conselho do Senhor a Josué: que ele meditasse nela dia e noite para ser bem-sucedido. Em vez de sermos distraídos pelo mundo, devemos nos dedicar à Palavra, que gera fé, revelação e uma vida próspera. Neste devocional, há um plano especial de leitura da Bíblia, focado em Salmos, Provérbios e no Novo Testamento, essenciais para você.

Segundo Josué, devemos "falar deste livro", que na Nova Aliança é o Evangelho, a palavra da graça que nos lembra do perdão e da justificação em Cristo. Romanos 10.8-9 diz: "A palavra está perto de ti, na tua boca e no teu coração; isto é, a palavra da fé que pregamos. Se confessares Jesus como Senhor e, em teu coração, creres que o Altíssimo o ressuscitou, serás salvo". No grego, "salvo" é *sozo*, que significa salvar, manter são, resgatar do perigo, curar, preservar e livrar das penalidades do julgamento.

É fundamental aprender a orar a Palavra do Criador em voz alta, como um ato de fé. Declare salmos e ore até que seu coração se aqueça com as verdades do alto. Josué 1.8 enfatiza a necessidade de meditar no Evangelho diariamente e colocar tudo em prática. Faça isso com a graça do Eterno e a ajuda do Espírito Santo. Ore antes de tudo e, como diz o versículo, "farás prosperar o teu caminho e serás bem-sucedido".

ANOTAÇÕES

LEIA HOJE
Salmos 132-133

NÃO DEIXE O MILAGRE DE HOJE PARA AMANHÃ

05 JUN

E disse Moisés a Faraó: Digna-te dizer-me quando é que hei de rogar por ti, e pelos teus servos, e por teu povo, para tirar as rãs de ti, e das tuas casas, e fiquem somente no rio? E ele disse: Amanhã.
— ÊXODO 8.9

Faraó estava sob ataque divino, e Moisés pergunta quando ele gostaria de se ver livre daquela situação; cheio de arrogância, Faraó responde: "Amanhã". Quantas pessoas estão deixando para amanhã o milagre de hoje? É muita dureza de coração pedir para receber o milagre amanhã, quando, na verdade, você precisa dele agora.

Não seja como o Faraó, não deixe para crer amanhã. Deus quer fazer o milagre ainda hoje. O Senhor estava disposto a livrar mesmo um homem vil como Faraó; imagine o que ele não fará por você, que é um filho amado.

Creia que o milagre é um favor imerecido. Não se trata de algo para acontecer no futuro nem depende do quanto você ora e jejua. Milagres acontecem quando, não havendo esperança para o ser humano, Deus chega e muda as circunstâncias, tornando o impossível completamente possível. A única condição para receber o milagre é ter fé.

Deus não faz milagre só porque você precisa de um, mas porque você crê. Portanto, crer é essencial. Lembre-se de que o fundamento da sua fé é o amor divino. Portanto, relacione-se com o Deus que ama você, independentemente do cenário em que se encontra, e não adie os milagres do Senhor em sua vida.

LEIA HOJE
Salmos 134-135

ANOTAÇÕES

ELE VEIO PARA QUEM NÃO MERECE

06 JUN

Ó Deus, graças te dou porque não sou como os demais homens, roubadores, injustos e adúlteros, nem ainda como este publicano; jejuo duas vezes por semana e dou o dízimo de tudo quanto ganho.

— LUCAS 18.11-12

Entre os pecadores, os únicos que não receberam milagres de Jesus foram os fariseus. Não é o pecado que impede o Altíssimo de abençoar, mas a falta de fé. Aqueles homens se achavam justos e merecedores aos olhos do Senhor, julgando-se melhores que os demais. Pessoas assim creem que podem merecer algo do Criador por causa de sua retidão, mas estão enganadas.

Para merecer algo do Eterno, era necessário cumprir a Lei do Antigo Testamento, resumida em dez mandamentos, e, mesmo assim, não foram integralmente cumpridos. Quem confia que pode merecer algo do Todo-Poderoso não age pela fé, por isso não recebe nada dele. Cristo foi o único que cumpriu todas as exigências da Lei. Ele é o único merecedor, por justiça celestial, de todas as promessas divinas. Somente em Cristo podemos receber de graça o que lhe custou tudo.

Muitos não são fariseus por orgulho, mas perdem a fé por focarem nos próprios erros em vez de olharem para Cristo. Falta-lhes fé para crer que são perdoados e que tudo é pela graça.

Em Cristo, não existe pecado, doença, maldição, morte ou condenação. Estamos nele, logo, nada disso pode nos atingir. Não por nós mesmos, mas por meio de Jesus, temos toda sorte de bênçãos. Saiba que o tempo dos milagres não acabou. Jesus está vivo e opera milagres ainda hoje. Creia nessa verdade poderosa e renove sua fé. O nome dele é Eu Sou; ele é o que você precisa. Não seja como os fariseus, olhe para Cristo e receba de graça o milagre que você necessita.

ANOTAÇÕES

LEIA HOJE
Salmos 136-137

A ORAÇÃO PERFEITA DE JESUS POR VOCÊ

07 JUN

Quem ousaria implicar com os escolhidos de Deus,
arrumando briga com ele?
Quem ousaria ao menos apontar um dedo?
— ROMANOS 8.33 (AM)

Quem se levanta contra nós se levanta contra Jesus, que jamais perdeu uma batalha. O Senhor tem caminhos incompreensíveis, mas é grande o suficiente para nos defender. Lembre-se e creia diariamente que o mais forte está ao seu lado para sempre, nos momentos difíceis e de vitória. Essa certeza muda tudo.

Você é escolhido; nada pode separá-lo do amor do Altíssimo. Nenhuma ameaça pode intimidá-lo, pois ele o ama. Quando entende como o Criador o escolheu, percebe que nada pode separá-lo dele. Nenhum pecado pode afastá-lo definitivamente do Pai. Jesus veio para os pecadores e concedeu-lhes milagres. O Senhor o amou quando você era inimigo; agora que é filho, Ele o ama ainda mais.

Nossa parte é crer. O evangelho é celestial; Cristo veio para os pecadores. Não tente merecer o amor do Todo-Poderoso, pois ele já escolheu você. É um fato: apesar de você, o Pai está ao seu lado e nada pode mudar isso. Essa é a obra da cruz.

O versículo de hoje lembra que o Altíssimo é por nós, e nada pode nos separar dele. Cristo está à direita do Criador, intercedendo por nós. Ele nos conhece melhor do que nós mesmos e conhece o Eterno como ninguém. Cristo fala nossas necessidades ao coração do Pai, baseado no que fez por nós na cruz. Resumindo, Jesus está orando a oração perfeita por você, e o Criador irá respondê-la.

LEIA HOJE
Salmos 138-139

ANOTAÇÕES

VOCÊ PODE SE TORNAR UM FILHO DE DEUS

08 JUN

Mas, a todos quantos o receberam, deu-lhes o poder de serem feitos filhos de Deus, a saber, aos que creem no seu nome.

— JOÃO 1.12

Somente os filhos de Deus podem, de fato, ser livres do medo. O medo é paralisante, pois impede as pessoas de receberem do Senhor uma vida abundante. Jesus disse claramente que ele veio para que tivéssemos vida e vida em abundância (cf. João 10.10); então, não podemos aceitar menos do que isso.

No entanto, precisamos entender uma verdade fundamental e corrigir uma ideia errada com a qual nos deparamos frequentemente: a de que "todo mundo é filho de Deus". Essa afirmação é falsa. Isso explica o motivo de tanta tragédia no mundo e o motivo de tantas pessoas não receberem as promessas que são somente para os filhos. Não se ofenda, é a Palavra de Deus que diz isso.

Jesus nos concede o novo nascimento quando cremos com o coração e confessamos com a boca que ele é o Salvador e Senhor (cf. Romanos 10.9).

Todos os homens nascem pecadores, e por isso são apenas criaturas. A Bíblia afirma que podemos nos tornar filhos de Deus e explica que isso ocorre quando reconhecemos que somos pecadores perdidos e separados do Senhor, acreditamos que Jesus é nosso salvador e confessamos com a boca a oração de entrega. Ao nos tornarmos filhos, todos os nossos pecados são perdoados, o Diabo perde o direito sobre nós, e somos feitos herdeiros das bênçãos divinas.

Para a nova criatura, as coisas velhas ficaram para trás e tudo se fez novo. Esqueça o seu passado, pare de olhar para as suas limitações e, a partir de agora, olhe apenas para Jesus.

ANOTAÇÕES

LEIA HOJE
Salmos 140-141

UMA VIDA DOMINADA PELO AMOR

09 JUN

Que a vida de vocês seja dominada pelo amor, assim como Cristo nos amou e deu a sua vida por nós, como uma oferta de perfume agradável e como um sacrifício que agrada a Deus!

— EFÉSIOS 5.1-2 (NTLH)

Jesus veio para que tivéssemos vida abundante, dominada pelo amor — cheia de saúde, paz, descanso, alegria, prosperidade, direção e propósito. Se você não tem vivido essa abundância, não se culpe nem se condene, apenas peça ao Senhor. No entanto, não é possível experimentar uma vida abundante dominado pelo medo. Somente o verdadeiro amor, que é Jesus, pode lançar fora todo o medo.

O Pai nos amou e enviou seu Filho para morrer em nosso lugar e pagar pelo pecado que danificou nosso relacionamento com ele. Quando o pecado entrou no mundo, trouxe a morte, bloqueando a vida verdadeira para o homem, afastado do Criador. Mas Javé enviou seu Filho para restaurar a vida abundante, trazendo saúde, paz, alegria, prosperidade e descanso.

Agora, o Altíssimo está em você e você nele; e porque ele é amor, você está livre de medo. Quando você é amado, não questiona as dificuldades, mas lembra-se do amor do Senhor e confia que ele o conduzirá para fora do vale. Alegre-se!

Para desfrutarmos uma vida feliz e abundante, livres de culpa e condenação, precisamos ser aperfeiçoados no amor dia após dia. O amor do Todo-Poderoso é incondicional, não depende das nossas ações. Pouco depois de Jesus ser batizado no Jordão, uma voz dos céus declarou: "Este é meu Filho amado, em quem me comprazo" (Mateus 3.17). Do mesmo modo, agora que nos tornamos nova criatura, podemos ouvir o Eterno dizendo que somos seus filhos amados.

LEIA HOJE
Salmos 142-143

ANOTAÇÕES

LEVANTE AS MÃOS E PEGUE

Absolutamente tudo, do pedido menor ao maior,
que vocês incluírem na oração, será atendido,
se vocês de fato confiarem em Deus.

— MATEUS 21.22 (AM)

10 JUN

Em 1Reis 18, durante uma seca, o Senhor revelou a Elias que choveria. O profeta não esperou passivamente; começou a orar. Quando o Altíssimo faz uma promessa, é essencial orar para que sua vontade se cumpra. Não entenda as promessas divinas pela lógica natural, pois elas estão além do nosso entendimento. A solução é viver pela fé.

A graça é diferente das leis da Antiga Aliança. Na Lei, havia ordenanças a cumprir; na graça, Jesus cumpriu tudo por nós. A Lei impõe obrigações, enquanto a graça oferece provisão. O Criador nos convida a receber o que precisamos, como se dissesse: "Se você está com sede, beba; se está com fome, coma". Tudo está disponível; na graça, já é nosso, basta tomar posse pela fé.

Os israelitas no Egito viviam como escravos e comiam do chão (cf. Números 11.5), simbolizando uma vida sem esperança. A promessa era a terra prometida, onde os frutos estavam nas árvores (cf. Levítico 19.23-25), simbolizando abundância. Na Nova Aliança, a Canaã celestial é a promessa, onde não é preciso se abaixar para obter suprimento. Olhe para o alto e pegue pela fé.

Descansar confiando no Todo-Poderoso é um ato de fé. Orar é uma oportunidade de estar com um Pai amoroso, não uma obrigação. A oração nos dá acesso ao trono de Deus para receber Suas dádivas. Não é necessário ser eloquente; apenas fale com sinceridade. Peça ao Espírito Santo ajuda.

ANOTAÇÕES

LEIA HOJE
Salmos 144-145

SEJA CHEIO DE ESPERANÇA

11 JUN

Só eu conheço os planos que tenho para vocês:
prosperidade e não desgraça e um futuro cheio de esperança.
Sou eu, o SENHOR, quem está falando.

— JEREMIAS 29.11 (NTLH)

Temos a esperança de que Deus tem pensamentos bons a nosso respeito. O mundo, porém, não tem esperança e está condenado, pois não confia em Deus nem crê na obra redentora de Cristo. Aquele que tem esperança em Cristo não será frustrado, porque ele é fiel e poderoso para cumprir tudo aquilo que prometeu.

Ainda que você não saiba como Deus vai fazer para cumprir suas promessas, tenha esperança. Não se preocupe com os detalhes, a responsabilidade é toda dele. Você pode estar pensando: "Como vou pagar essa conta?"; "Como vou comprar o meu carro?"; "Como vou sair dessa situação?". Em vez de se preocupar, apenas diga: "Não sei como vai ser, mas sei que o Senhor é poderoso para fazer infinitamente mais do que sou capaz de pedir, pensar ou imaginar, conforme o seu poder que opera em mim, eu creio na sua provisão e a recebo mesmo sem merecer".

O Senhor é bom. Creia que ele vai liberar coisas boas sobre sua vida. Nesse momento, ele está planejando uma maneira de surpreender você com sua bondade, porque ele é poderoso para fazer muito além do que imaginamos. Você precisa apenas crer e dizer amém para Deus. Espere coisas boas dele a cada manhã, porque isso mostra que você confia nele e o vê com bons olhos. Como está escrito no versículo de hoje, ele deseja que você seja cheio de esperança, crendo com grande expectativa que coisas boas vão acontecer. Apenas creia e receba.

LEIA HOJE
Salmos 146-147

ANOTAÇÕES

O AMOR DE DEUS É MAIOR QUE O PECADO DO HOMEM

12 JUN

Sobreveio a lei para que avultasse a ofensa;
mas onde abundou o pecado,
superabundou a graça.

— ROMANOS 5.20

O arrependimento (*metanoia*) envolve a experimentação de uma mudança significativa na mente. Isso tem tudo a ver com o pecado, mas também está relacionado com a ideia equivocada que temos de Deus por causa das lentes do pecado. O que quero dizer é que o pecado não nos deixa ver Deus como ele realmente é, e é nesse ponto que o arrependimento entra. Ao experimentarmos a *metanoia*, ele se revela para nós de modo que podemos reconhecê-lo como um Pai perfeito e presente, que nos ama e tem prazer em nós.

Deus conhece todos os seus defeitos, pecados e fraquezas. E porque conhece você plenamente, ele decidiu amá-lo completamente. Falo isso com base na Bíblia, que diz que Deus nos amou quando ainda éramos inimigos dele. Muito mais ele nos ama agora que fomos reconciliados pelo seu sangue. O problema é que ainda temos uma visão distorcida dele, pois acreditamos que, se errarmos, ele nos abandonará.

O pecado imprimiu uma imagem deturpada de Deus no coração do homem. O homem peca e sempre se esconde de Deus, está sempre focado em si e no que faz de errado. Não fique longe, aconteça o que acontecer, corra para Deus; seus pecados e erros nunca serão maiores do que o amor de Deus por você, pois "onde abundou o pecado, superabundou a graça" (cf. Romanos 5.20).

ANOTAÇÕES

LEIA HOJE
Salmos 148-149

DEUS NÃO SE AFASTA DE NÓS

13 JUN

Quem nos separará do amor de Cristo?
Será tribulação, ou angústia, ou perseguição,
ou fome, ou nudez, ou perigo, ou espada?

— ROMANOS 8.35

Por causa do sangue de Jesus derramado em nosso favor, o Altíssimo não se afasta dos que creram, mesmo sendo pecadores. Ele não está irado. Isso não significa que o Senhor concorda com o pecado, mas que isso não muda seu amor por nós. Pense assim: se você criar seu filho sob a lei, com cobranças duras, é provável que ele se rebele e vá embora. Se agir com graça e misericórdia, constrangendo-o com amor e perdão diante do pecado, seu filho não se afastará.

Não devemos concordar com o pecado, mas ter um coração amoroso e perdoador. Um filho pode se revoltar, mas é mais fácil que se revolte contra um pai legalista do que um pai perdoador e amoroso. Algumas pessoas criticam o Evangelho da graça, dizendo que isso leva os crentes ao pecado, mas isso não é verdade. Um filho da graça é menos propenso a se revoltar e pecar do que um filho da lei. Proibições afastam as pessoas, mas o amor e o perdão as aproximam. A graça é o que realmente nos aproxima do Criador, libertando-nos do pecado.

É fundamental ter a certeza de que o Eterno nunca nos abandona. Isso garante que tudo coopera para o nosso bem, enquanto a dúvida pode nos derrotar. Em momentos difíceis, devemos ter plena convicção de que o Pai está conosco e nos ama incondicionalmente, fortalecendo nossa fé para vencer cada batalha com Cristo. Na tribulação, o Senhor está sempre presente para socorrer você.

LEIA HOJE
Salmos 150

ANOTAÇÕES

VENÇA A ACUSAÇÃO

Agora, veio a salvação, o poder, o reino do nosso Deus e a autoridade do seu Cristo, pois foi expulso o acusador de nossos irmãos, o mesmo que os acusa de dia e de noite, diante do nosso Deus.

— APOCALIPSE 12.10

14 JUN

A parábola do filho pródigo (cf. Lucas 15.11-32) enfatiza muito mais o amor do Pai do que o erro do filho. O filho pródigo, ao voltar para a casa de seu pai, estava preocupado em falar do seu próprio pecado e se sentia indigno. Essa é a sensação que invade o coração de todos aqueles que se afastam da presença do Pai. Todos já erramos e nos sentimos culpados e, por conta disso, temos a tendência de nos escondermos de Deus.

O Inimigo sabe que, na presença do Pai, você é vencedor; porém, afastado do Pai, vai viver em derrota. Por isso, ele tenta nos afastar, produzindo culpa. Em Apocalipse, a Bíblia diz que o Diabo nos acusa de dia e de noite. Portanto, precisamos aprender a lidar com a acusação, já que essa é a estratégia principal do Inimigo contra nós. Quando sentimos que não oramos e não lemos a Bíblia o suficiente, ou quando magoamos alguém, por exemplo, podemos sofrer esses tipos de acusações. O Diabo não é chamado de "assassino" ou "ladrão"; o principal nome do Diabo é "acusador".

Quando estamos debaixo de acusação, perdemos a fé, porque nos consideramos desqualificados para orar e sermos respondidos. Por esse motivo, precisamos compreender que todo pensamento que produz incredulidade, abatimento, medo e angústia, pode ser a voz da acusação. Para evitá-los, você deve receber o perdão pelo sangue de Jesus, pois é ele quem o justifica. Faça isso com fé, vença a acusação diariamente e reine em vida.

ANOTAÇÕES

LEIA HOJE
Provérbios 1
Mateus 1

ELE NOS AMOU COM AMOR PERFEITO

15 JUN

Aproximemo-nos, com sincero coração, em plena certeza de fé, tendo o coração purificado de má consciência e lavado o corpo com água pura.

— HEBREUS 10.22

Sabe por que existe uma ordem para nos aproximarmos de Deus? Porque estávamos distantes dele. E como devemos nos aproximar? Não de qualquer maneira, mas com "sincero coração, em fé e com o coração purificado da má consciência". A má consciência, repleta de culpa e manchada pela condenação, é um ídolo capaz de desviar nossa atenção das coisas de Deus. Ela consome nossa energia e emoções, faz com que vivamos em função dela e nos torna inconstantes, por isso precisamos depender da graça divina.

Mesmo tendo negado Jesus três vezes, Pedro foi restaurado pela graça quando Jesus, também três vezes, pergunta se ele o ama. Analisando o texto no original grego, observamos que duas palavras diferentes são usadas para referir-se ao amor. Uma delas é *agapao*, referindo-se ao amor de Deus, e a outra é *phileo,* que é o amor humano, o que sentimos por um amigo, por exemplo. Ao usar essas palavras, Jesus estava curando o passado de seu discípulo, mostrando que, embora Pedro não pudesse amá-lo com o amor perfeito que havia prometido, Jesus ainda o amava com perfeição.

O amor *á*gape de Deus não considera nossos erros nem consulta nosso passado para definir nosso presente; por isso somos constrangidos por ele. Esse amor restabelece e aumenta a fé, pois revela que não é necessário tentar agradar a Deus com esforço próprio. Nesse amor, simplesmente vivemos com Deus a relação amorosa de Pai e filho, e somos abençoados.

DEVOCIONAL
166/365

LEIA HOJE
Provérbios 2
Mateus 2

ANOTAÇÕES

NUNCA CORRA DE DEUS

16 JUN

Por meio da cortina, isto é, por meio do seu próprio corpo, ele nos abriu um caminho novo e vivo.

— HEBREUS 10.19-20 (NTLH)

Não existe labirinto do qual Deus não possa tirar você. Não existe lugar tão tortuoso do qual ele não possa resgatá-lo. Se sua vida está complicada e em confusão, ele endireitará seus caminhos. Portanto, aconteça o que acontecer, nunca corra de Deus. O Senhor está preocupado com a distância que nos separa dele, por isso ele ordena que nos aproximemos pelo caminho novo e vivo. Depois que Adão pecou, o Senhor mata um cordeiro para cobrir a nudez do homem (cf. Gênesis 3.21). Do mesmo modo, Jesus é o Cordeiro de Deus que foi morto para cobrir os pecados do mundo.

Você não precisa mais viver como um fugitivo de Deus, pois o Cordeiro já foi sacrificado, e a dívida do pecado, que nos separava de Deus e nos condenava à morte, foi completamente paga. Agora, portanto, podemos viver em paz com Deus, pois tudo está resolvido. Deus não fica relembrando os seus erros do passado. De fato, ele declara na última cláusula da Nova Aliança, que "dos seus pecados passados não me lembrarei mais" (cf. Hebreus 8.12).

A dívida foi paga, de modo que não pode ser cobrada novamente. Não se preocupe nem viva ansioso ou temeroso na expectativa de ser punido por algo do seu passado. Tudo está pago de uma vez por todas, pois Jesus morreu por nós. Viva com a consciência do perdão total e eterno, viva em paz.

ANOTAÇÕES

LEIA HOJE
Provérbios 3
Mateus 3

ELE AMA VOCÊ INFINITAMENTE

17 JUN

[...] Em todo o Universo não há nada
que possa nos separar do amor de Deus,
que é nosso por meio de Cristo Jesus, o nosso Senhor.

— ROMANOS 8.39 (NTLH)

Nós estamos plenamente perdoados pelo sangue de Jesus, e nada pode nos separar do amor de Deus. Por causa do sangue de Cristo podemos nos aproximar dele em segurança.

Essa é uma verdade que você deve carregar para sempre: não há nada de bom que faça Deus amar mais você, nem algo de errado que o faça amar menos. Por causa de Cristo, você é amado. Seu amor pelos seus filhos não muda só porque eles erram. Independentemente do comportamento deles, ele sempre os ama. Deus pode até disciplinar você, mas o amor dele não mudará jamais.

Martinho Lutero, o grande reformador, conta que, certa vez, o Diabo apareceu para ele em sonho e enumerou cada um dos seus pecados. No entanto, Lutero disse ao Diabo que a lista estava incompleta, pois havia muitos pecados que não foram listados. Então, o Diabo voltou com uma lista ainda maior, dizendo que agora não estava faltando nenhum. Lutero, em seguida, respondeu: "Só está faltando uma informação abaixo de todos os pecados!". E o Diabo perguntou: "Qual informação?". Lutero disse: "Você esqueceu de escrever embaixo dessa lista: 'pago, lavado e redimido pelo sangue de Jesus!'".

Se minha dívida está paga, e tudo que recebo não é porque mereço, mas porque sou filho, então posso me aproximar do Pai com confiança. Se você crer nessa verdade, terá uma revolução na sua vida! Porque o evangelho não é sobre os seus erros, mas sobre Cristo e sua vitória na cruz.

LEIA HOJE
Provérbios 4
Mateus 4

ANOTAÇÕES

VIVA PELA ÁRVORE CORRETA

Perguntou-lhe Deus: Quem te fez saber que estavas nu? Comeste da árvore de que te ordenei que não comesses?

— GÊNESIS 3.11

18 JUN

A segunda pergunta que o Altíssimo fez a Adão após a queda foi: "Quem te enganou?". Ele queria saber quem fez Adão pensar diferente do que foi dito. Nossos pensamentos moldam nossa vida; se estão em desacordo com os do Senhor, vivemos fora de Sua vontade. O Pai se preocupa com o engano que desviou Adão, não apenas com o erro em si.

Hoje, muitos tentam melhorar a si mesmos, mas esse esforço é inútil se não enfrentarmos a raiz do problema: nossas crenças. Não basta mudar comportamentos; é preciso transformar suas causas. Satanás engana sobre o Criador, seu amor e perdão, atacando nossa identidade de filhos amados para roubar nossa confiança e impedir nossa paz.

Para mudar seu comportamento, ajuste suas crenças. Alinhe seus pensamentos com os do Eterno e tudo se ajustará. O Senhor é bom, mesmo ao dizer "não". Ele entregou Seu Filho por amor a nós; certamente, nos dará tudo o que precisamos com Cristo (cf. Romanos 8.32). Esse argumento bíblico sustenta nossa fé e nos livra do engano.

A terceira pergunta que o Todo-Poderoso fez a Adão foi: "Você comeu da árvore que eu ordenei que não comesse?". A árvore do conhecimento do bem e do mal simboliza o orgulho em querer ser Deus. Não nascemos para esse papel; quando tentamos, somos esmagados pelo ego. Só existe um Deus; não tente viver sem ele. Esqueça de si mesmo e viva totalmente dependente do Pai. Isso garante a vitória.

ANOTAÇÕES

DEVOCIONAL
169/365

LEIA HOJE
Provérbios 5
Mateus 5

A VIDA PELA FÉ

19 JUN

Todavia, o meu justo viverá pela fé.

— HEBREUS 10.38

Sua vida depende desta verdade: o justo viverá pela fé. Se retrocedermos, o Senhor não se agradará de nós. Aqueles que creram em Jesus nasceram de novo e agora são a justiça do Altíssimo em Cristo. Pela graça, recebemos a obra completa e aprovada. A reconciliação foi feita diante do Criador; fomos regenerados, justificados, perdoados, separados e consagrados. Esta compreensão é poderosa e nos dá uma fé sólida.

Em outras palavras, você foi perdoado de todos os pecados e posto em Cristo. Assim, aos olhos do Eterno, agora você é inocente. Além disso, ele o separou para si mesmo e fez de você um filho, tornando-o um herdeiro. Quando entendemos isso, temos fé de que podemos orar e ser atendidos. Reconhecemos que o Pai definiu a maneira como devemos viver: pela fé — na promessa e no evangelho de Cristo. A fé é o meio pelo qual o Criador age; sem ela, o Senhor não pode operar, pois é a fé que o honra.

Ter fé é confiar que o Todo-Poderoso é verdadeiro e fiel, e que somos amados e perdoados por ele. A fé afirma a veracidade e fidelidade do Eterno, enquanto a incredulidade o desmente. Quando cremos, declaramos que confiamos na aliança, na promessa e em Jesus, que morreu na cruz por nós. Declare sua fé no Senhor, viva por ela e não pelas circunstâncias. A fé não ignora os fatos, mas escolhe a verdade. Mantenha-se firme na fé e na promessa do evangelho, pois o Senhor é fiel para cumprir o que prometeu.

DEVOCIONAL
170/365

LEIA HOJE
Provérbios 6
Mateus 6

ANOTAÇÕES

SUA FÉ PRECISA SER ALIMENTADA

Ora, a fé é a certeza de coisas que se esperam,
a convicção de fatos que se não veem.
— HEBREUS 11.1

20 JUN

A fé é um tesouro valioso que deve ser cuidado e alimentado pelo evangelho. Ela é a chave para uma vida plena. A prova de nossa crença está na paz e no descanso, possíveis somente quando fixamos nossos olhos em Cristo. Se olharmos para nós mesmos, caímos na armadilha da acusação e da incredulidade.

Quando acreditamos que o Altíssimo não só pode atender às nossas necessidades, mas deseja fazê-lo, experimentamos o milagre. Temos essa certeza porque, apesar de não merecermos, somos filhos amados e Cristo cumpriu todas as condições necessárias por nós. Podemos confiar que o desejo do Pai será realizado.

O favor imerecido, ou seja, a graça, é essencial em nossa vida diária. Sem a presença do Senhor, não há fé, descanso, paz nem graça. Perder o descanso é perder o favor divino, o que pode paralisar a vida cristã. A paz e o descanso são provas da fé para quem sabe que o Criador está com eles. Na cruz, Jesus trouxe a presença divina de volta a nós.

A graça é tudo de que precisamos; é a marca divina em nossa vida e a resposta para todas as nossas necessidades. O favor alcança aqueles que descansam no Senhor e é fruto da fé na promessa de sua presença constante. A grande luta diária é viver em paz e fé. Quando você perde a fé, o Evangelho diz que você falha (cf. Hebreus 10.38). No entanto, se você crê que o Eterno está sempre com você, guardará a fé e não falhará.

ANOTAÇÕES

LEIA HOJE
Provérbios 7
Mateus 7

ENTRE NO DESCANSO DE DEUS

21 JUN

Nós, porém, que cremos, entramos no descanso, conforme Deus tem dito: Assim, jurei na minha ira: Não entrarão no meu descanso.

— HEBREUS 4.3

Descanse das suas obras crendo nas promessas de Deus; e, ainda que isso pareça estranho, o descanso requer um pouco de esforço. Precisamos nos esforçar para crer e, pela fé, desfrutar da paz de Deus. Na prática, o esforço que fazemos até alcançar o descanso é a oração. Você ora uma vez e derrama sua alma até sentir que a entregou a Deus; dali a pouco, a ansiedade volta; então, você ora outra vez, entrega-se a Deus e ora até sentir que descansou, e assim vai até o fim.

Esse exercício de orar e orar outra vez, até que a entrega seja definitiva, é o que chamo de esforço. E então, quando você descansar, você terá crido; e, ao crer, o Céu se moverá. Isso é fundamental. Ore até crer; até descansar. Confesse a Palavra de Deus para solidificar a fé em seu coração.

O evangelho da paz significa que a ira de Deus foi satisfeita pela cruz. Portanto, ele está em paz com você. Você está lavado pelo sangue de Jesus e, por isso, foi totalmente perdoado. Deus não consultará o seu passado para definir o seu presente e garantir o seu futuro, pois Jesus já conquistou na cruz uma vida abundante para você. Decida viver em paz, rejeitando a culpa, a vergonha e o medo por meio do amor incondicional do Pai por você.

LEIA HOJE
Provérbios 8
Mateus 8

ANOTAÇÕES

OLHE SOMENTE PARA O SENHOR

Abriram-se, então, os olhos de ambos;
e, percebendo que estavam nus,
coseram folhas de figueira e fizeram cintas para si.
— GÊNESIS 3.7

22 JUN

A fé não é conquistada em um campo de batalha. Para alcançá-la, basta ouvir a verdade do evangelho e olhar para Jesus na cruz. Crendo no Senhor e em sua obra, a fé brota em nosso coração, e recebemos o favor imerecido. Circunstâncias adversas influenciam a fé e promovem o medo.

Ao pecarem, Adão e Eva perceberam seus erros e foram tomados pelo medo e pela incredulidade, pois é isso que acontece quando olhamos para nós mesmos. No entanto, ao fixarmos nossos olhos no Criador, Ele nos concede fé e ousadia. Nossos olhos devem estar voltados para o que Cristo fez por nós na cruz, não para nossos próprios erros.

A fé verdadeira é despertada pela mensagem de Cristo, não por nossos esforços. Ao ouvir e aceitar sua Palavra, nossa visão muda: olhamos além de nossas fraquezas e circunstâncias, fixando os olhos no sacrifício de Jesus. Com essa perspectiva, encontramos a fé e a ousadia para viver conforme a vontade do Altíssimo.

No dia a dia, escolha olhar para Cristo. Ao contemplá-lo, você se torna mais parecido com ele. Assim como Pedro andou sobre as águas enquanto focava em Jesus, ao fixarmos nossos olhos no Senhor, somos capacitados a viver pela fé, superando medos e desafios com confiança no Eterno (Mateus 14.22-33).

ANOTAÇÕES

DEVOCIONAL
173/365

LEIA HOJE
Provérbios 9
Mateus 9

A VITÓRIA SOBRE O PECADO

23 JUN

Visto que atendeste a voz de tua mulher e comeste da árvore que eu te ordenara não comesses, maldita é a terra por tua causa; em fadigas obterás dela o sustento durante os dias de tua vida.

— GÊNESIS 3.17-19

Ao comer do fruto do conhecimento do bem e do mal, Adão experimentou a condenação e a vergonha. Como consequência de sua desobediência, Deus declarou que o homem comeria do suor de seu rosto, trazendo o estresse e a preocupação como parte de sua experiência diária.

Adão era um homem que tinha tudo, vivia em um jardim frutífero, cheio de suprimentos. No entanto, pelo pecado, ele foi expulso do Éden, e a certeza da abundância foi substituída pela incerteza e pela maldição da terra. Agora, ele enfrentaria a dificuldade e o labor para obter seu sustento. Passou a viver com uma consciência de escassez, e não mais de suprimento; de dor, e não mais de paz e alegria; de abandono, e não mais de pertencimento; de ansiedade, e não mais de descanso.

Entender essa sequência é crucial para reconhecer a raiz de todos os nossos problemas. O pecado trouxe a maldição e a luta, mas a graça de Deus nos resgata disso. A graça nos dá a vitória sobre o pecado e nos restaura à plenitude de Deus, removendo o fardo do estresse e da preocupação que a maldição trouxe. Através de Cristo, recebemos a capacidade de viver em liberdade e em paz, não mais escravizados pelas consequências do pecado. Hoje, alegre-se e descanse nessa certeza!

DEVOCIONAL
174/365

LEIA HOJE
Provérbios 10
Mateus 10

ANOTAÇÕES

EMBRACE O ESCUDO DA FÉ

24 JUN

Revesti-vos de toda a armadura de Deus,
para poderdes ficar firmes contra as ciladas do diabo;
embraçando sempre o escudo da fé, com o qual podereis apagar
todos os dardos inflamados do Maligno.

— EFÉSIOS 6.11,16

Precisamos de sempre nos preparar para o dia que se inicia, por isso, quando acordamos, vestimos a roupa apropriada para a atividade que vamos fazer. Da mesma forma, existe uma "roupa espiritual" que devemos vestir diariamente. Assim como não saímos de casa sem nos vestirmos fisicamente, não podemos viver o dia sem a vestimenta espiritual.

A fim de alcançarmos a vitória e vivermos seguros e confiantes, necessitamos de nos armar espiritualmente; e isso fazemos no Senhor. Existe um campo de batalha espiritual em nossa mente, e as lutas travadas ali frequentemente afetam nosso coração. Por isso, precisamos de nos revestir com a armadura de Deus, descrita no capítulo 6 da carta de Paulo aos efésios.

O apóstolo ressalta que, dentre os itens que compõe essa armadura, a fé é o escudo que guarda o nosso coração contra as mentiras do Maligno. Devemos manter a fé que Deus não está irado nem está procurando motivos para nos punir; pelo contrário, é a certeza de que fomos salvos por meio de Cristo.

Embraçando esse escudo, algo maravilhoso acontece: a paz que excede todo entendimento toma conta do nosso coração. A paz é o resultado de uma crença correta; se você tem pensamentos corretos, você tem paz, e, se está em paz, fluirá na fé que traz à existência todas as promessas de Deus para a sua vida.

ANOTAÇÕES

LEIA HOJE
Provérbios 11
Mateus 11

O QUE VOCÊ PENSA DEFINE SUA VIDA

25 JUN

[...] tudo o que é puro, tudo o que é amável, tudo o que é de boa fama, se alguma virtude há e se algum louvor existe, seja isso o que ocupe o vosso pensamento.

— FILIPENSES 4.8

Paulo oferece diretrizes importantes, que funcionam como uma peneira espiritual. Ele nos orienta a submeter tudo o que fizermos, virmos, ouvirmos ou falarmos a essa santa peneira. Isso significa que devemos avaliar se há verdade, respeito, justiça, pureza, amor, boa fama, virtude e louvor em tudo o que fazemos ou experimentamos. Se não houver, não deveríamos expor nossa mente a isso. Esse versículo nos diz para proteger a mente escolhendo cuidadosamente os pensamentos, pois ela é um grande campo de batalha espiritual.

O homem natural pode analisar as coisas terrenas, mas é incapaz de compreender as espirituais; por isso, não tem as armas corretas para batalhar espiritualmente, e o evangelho é loucura para ele.

Em contraste, quem nasceu de novo e tem a mente de Cristo recebe inteligência espiritual para lidar com as realidades espirituais e discernir os pensamentos que não estão de acordo com os princípios do alto. Dessa forma, ao nos lembrarmos de que temos a mente de Cristo, uma mente em paz, que não pensa como o mundo, vencemos as batalhas diárias contra os ataques do Inimigo no pensamento.

Devemos levar a sério escolher o que pensar. Não se trata de uma proibição ou obrigação, mas de uma escolha sábia para reprogramar a mente. Devemos apagar as antigas influências mundanas e estabelecer as verdades poderosas de Deus, que produzem uma fé robusta e uma vida vitoriosa em nós.

LEIA HOJE
Provérbios 12
Mateus 12

ANOTAÇÕES

PAZ EM MEIO À GUERRA

Pois quem conheceu a mente do Senhor, que o possa instruir? Nós, porém, temos a mente de Cristo.

— 1 CORÍNTIOS 2.16

26 JUN

O Diabo sabe que sua mente é um campo de guerra e, por isso, tenta usar seus pensamentos como instrumento de manipulação, para que você se sinta acusado e condenado por seus erros e derrotas. Por esse motivo, precisamos aprender a identificar esses pensamentos, a fim de sustentar uma fé ativa e prevalecente contra as sugestões de derrota do Inimigo.

Pensamentos de fé são aqueles alinhados à Palavra de Deus, como: "Sou amado"; "Sou justificado". Esses pensamentos animam a fé. As emoções, por sua vez, resultam dos pensamentos e atingem nossa vontade.

Portanto, escolha o que pensar. Embora você não possa impedir os ataques do Diabo à sua mente, pode evitar que ele faça um ninho de mentiras nela. Em outras palavras, ainda que surjam pensamentos maus, você pode rejeitá-los. Você tem a mente de Cristo, então estude a Palavra de Deus para derrotar os pensamentos de Satanás.

Jesus afirmou que a paz divina nos foi dada: "Mas o Consolador, o Espírito Santo, a quem o Pai enviará em meu nome, esse vos ensinará todas as coisas e vos fará lembrar de tudo o que vos tenho dito. Deixo-vos a paz, a minha paz vos dou; não vo-la dou como a dá o mundo. Não se turbe o vosso coração, nem se atemorize" (João 14.26-27).

Portanto, precisamos apenas manter os pensamentos alinhados aos de Cristo, para que essa paz sobrenatural seja preservada em nós diariamente.

ANOTAÇÕES

DEVOCIONAL
177/365

LEIA HOJE
Provérbios 13
Mateus 13

A GRAÇA É DEUS A SEU FAVOR

27 JUN

Porque todos nós temos recebido da sua plenitude e graça sobre graça.

—JOÃO 1.16

A expressão "graça sobre graça" pode ser ilustrada como uma cachoeira da bondade de Deus derramada sobre nós todo o tempo, em todas as áreas da nossa vida.

O Evangelho é Deus se achegando para nos abençoar como Pai. Não há cobranças: ou você recebe totalmente de graça ou não recebe coisa alguma. Afaste de sua mente a imagem de um Pai que exige notas perfeitas para abençoar você. Sim, ele não mudou a exigência de nota dez, mas a grande questão é que Jesus fez a prova em nosso lugar, ou seja, obedeceu à Lei e tomou sobre si os nossos pecados. Deus está satisfeito com isso.

Então, abandone a mentalidade do filho pródigo, que acredita merecer algo porque fez tudo certo e se sente injustiçado por não receber tudo o que acha que merece. Quando você aceita os pensamentos do Diabo, o pecado toma conta da sua mente. No entanto, o foco de Deus é amar você e desfrutar de sua presença filial. Ele quer se relacionar com você. Deus reencontrou você e agora não quer que você se distancie dele. Entenda isso de uma vez por todas e tenha fé para receber dele essa graça abundante.

LEIA HOJE
Provérbios 14
Mateus 14

ANOTAÇÕES

GRAÇA EM ABUNDÂNCIA

A graça do Senhor Jesus Cristo, e o amor de Deus,
e a comunhão do Espírito Santo sejam com todos vós.
— 2CORÍNTIOS 13.14

28 JUN

Tudo o que você precisa é de graça para todas as áreas da sua vida. Seja a restauração de um casamento, um milagre financeiro ou uma cura para o corpo, tudo isso pode ser coberto pela graça. Deus garante, pelo seu próprio poder, o suprimento completo para sua vida, independentemente dos seus erros e acertos, pois você é filho de Deus.

Tudo de que necessitamos está em Cristo. Nele, estão contidos todos os tesouros da sabedoria e do conhecimento. Ele é antes de todas as coisas, e, nele, tudo foi criado. Em Cristo estão a paz, a alegria, a saúde, a vitória, a prosperidade e a direção. Todas as coisas existem e subsistem em Jesus, e nele não há falta de coisa alguma. Ele é, portanto, a resposta final e definitiva para os questionamentos da nossa existência.

Enquanto a religiosidade exige que façamos algo, a graça declara que está tudo feito. Essa é a realidade de Deus para a sua vida. Talvez você não esteja vivendo essa realidade plenamente ainda, mas isso não muda o fato de que ela é verdadeira. Pense em uma criança que é herdeira de uma fortuna, mas ainda não pode desfrutar dela por ser pequena. À medida que cresce e amadurece, ela se apropria do que já lhe pertencia, e sua vida muda para melhor. Da mesma forma, não desanime por causa do seu estado momentâneo: continue crescendo na caminhada com Cristo e prepare-se para receber sua herança em Deus.

ANOTAÇÕES

LEIA HOJE
Provérbios 15
Mateus 15

OUÇA APENAS A VOZ DO CÉU

29 JUN

Filhinhos, vós sois de Deus e tendes vencido os falsos profetas, porque maior é aquele que está em vós do que aquele que está no mundo.

— 1 JOÃO 4.4

Vivemos em uma época de muitos falsos profetas. Antes de Cristo, os profetas anunciavam a ira de Deus e traziam culpa e condenação sobre o povo que havia descumprido a Lei. Hoje, não mais vivemos sob o jugo da Lei, mas muitos profetas contemporâneos ainda perpetuam esse mesmo tipo de mensagem. Eles, frequentemente, apenas apontam nossos erros, e isso destrói a nossa fé.

No entanto, a morte de Cristo inaugurou para nós uma nova aliança, a qual nos posicionou debaixo da graça, bem como anunciou o perdão dos nossos pecados e o socorro divino para quem não merece coisa alguma. Essa é a mensagem que nos enche de fé e esperança.

Quando um pregador somente condena, amaldiçoa e anuncia a ira e o juízo de Deus, ele não está pregando a mensagem completa do Evangelho. É certo que uma vida com Cristo envolve o arrependimento de pecados e uma mudança de atitudes, mas não devemos impor a nós mesmos a velha maneira de se relacionar com Deus, quando, na verdade, fomos chamados para viver uma nova aliança.

Na Nova Aliança, não amaldiçoamos nem acusamos. Em vez disso, abençoamos, perdoamos, vivemos o amor de Deus e a justiça de Cristo. Não condene quem está pregando condenação, para que você não caia no mesmo erro. Escolha ouvir a doce voz do Espírito Santo e atenha-se às Escrituras. Você é filho amado, perdoado, justificado, favorecido, e deve tomar cuidado com qualquer anúncio fora dessa verdade.

DEVOCIONAL
180/365

LEIA HOJE
Provérbios 16
Mateus 16

ANOTAÇÕES

VIVA NO ESPÍRITO DE CRISTO

Já não falarei muito convosco,
porque aí vem o príncipe do mundo;
e ele nada tem em mim.

—JOÃO 14.30

30 JUN

O espírito que está no mundo é um espírito de acusação, culpa, condenação e ódio, mas em você está o Espírito de Cristo, que é maior do que aquele que está no mundo, pois oferece perdão, amor, graça e favor.

Cuidado para não professar a doutrina de Cristo, acreditando no perdão e na graça, mas agir como o Diabo, condenando os outros com suas palavras, como faziam os fariseus. Perdoe aqueles que ofenderam você, ore por seus perseguidores e abençoe os amaldiçoadores; esse é o Espírito de Cristo em você. Quando você pratica essa verdade, o príncipe deste mundo não encontra espaço para agir em sua vida, assim como não encontrou na vida de Cristo.

Não permita que o espírito do mundo tenha qualquer influência sobre você. Quando você fala mal de alguém e o acusa por seus erros, você se associa ao espírito deste mundo. Não se pode estar com Cristo em doutrina, e com o Diabo em espírito. Você não pode pregar o perdão e, ao mesmo tempo, acusar as pessoas; pregar a justiça de Cristo, e condená-las. Esteja com Cristo em doutrina e em espírito. Suas crenças, palavras e ações devem refletir o caráter de Cristo. Ofereça às pessoas aquilo que você recebeu de Jesus: amor e perdão. Não julgue e nem condene o seu próximo. Essa decisão colocará você em um novo nível espiritual, de modo que poderá acessar o favor divino em uma medida muito mais elevada.

ANOTAÇÕES

LEIA HOJE
Provérbios 17
Mateus 17

JULHO

VIVA SEM MEDO; JESUS VENCEU A MORTE!

01 JUL

Disse-lhe Jesus: Eu sou a ressurreição e a vida. Quem crê em mim, ainda que morra, viverá; e todo o que vive e crê em mim não morrerá, eternamente. Crês isto?

—JOÃO 11.25-26

Nesse trecho, Jesus desafia Marta e a todos nós, a uma fé que vai além das circunstâncias e dos limites humanos. Ele nos convida a crer em sua identidade divina e em seu poder absoluto sobre a vida e a morte. A fé em Jesus, conforme ele revela, não é apenas uma crença intelectual ou uma adesão a doutrinas, mas uma confiança total e transformadora que muda nossa perspectiva sobre a morte e o sofrimento.

Jesus venceu a morte. Estabeleça sua fé nessa verdade absoluta para vencer o Diabo. Maior é Jesus, que está em você, do que o Diabo, que está no mundo. Para você, existe um novo e vivo caminho aberto pelo sangue de Jesus, e ele nos conduz ao trono da graça de Deus. O Diabo não tem acesso a esse caminho, pois ele não pode entrar onde há o sangue de Jesus.

A morte é o último inimigo a ser derrotado. Ao contrário do que se imagina, ela nunca é a saída para quem está em desespero. Cristo é a única saída. Corra para ele, em qualquer situação, mesmo diante do seu pior erro, pois nele sempre há salvação.

A declaração de Jesus, "Eu sou a ressurreição e a vida", é a verdade que nos consola em meio às perdas e nos encoraja a viver com propósito e esperança, sabendo que, em Cristo, a morte não é o fim, mas uma passagem para uma existência plena e eterna. Jesus nos assegura de que a fé nele transforma nossa realidade presente e futura, trazendo-nos a paz que só ele pode oferecer.

DEVOCIONAL
182/365

LEIA HOJE
Provérbios 18
Mateus 18

ANOTAÇÕES

PROTEGIDOS DO MALIGNO

Todavia, o Senhor é fiel; ele vos confirmará e guardará do Maligno.
— 2TESSALONICENSES 3.3

02 JUL

Jesus nunca disse que não passaríamos por momentos difíceis. Em vez disso, ele nos alertou que no mundo teríamos aflições, mas que poderíamos ter bom ânimo, porque ele havia vencido o mundo (cf. João 16.33). Esse mundo caído jaz no Maligno, por isso sofremos. No entanto, lembre-se de que estamos aqui de passagem, pois o mundo não é a nossa casa. Lembre-se também de que Cristo nos ama, por isso podemos ter a confiança de vitória sobre todas as lutas que enfrentamos aqui.

Toda arma e todo plano do Diabo contra você já foram destruídos pelo sangue de Jesus. Essa é uma herança dos servos do Senhor. Os ataques podem vir de diversas formas: problemas financeiros, enfermidades, conflitos familiares. Esses desafios são inevitáveis, mas a promessa de Deus é que eles não prevalecerão contra você. A sua proteção está garantida pela vitória dele na cruz.

O Diabo pode lançar mentiras, tentando convencê-lo de que você não é amado ou perdoado. Ele pode até usar pessoas para desanimá-lo ou condená-lo. No entanto, a Palavra de Deus declara que toda língua que ousar acusar você, em juízo será condenada.

Proteção é direito nosso, conforme diz Tessalonicenses, pois cremos em Jesus e nos tornamos filhos de Deus. Os filhos são herdeiros de tudo o que pertence aos pais. Todas as vitórias de Cristo contra o Diabo e contra o mundo e suas maldições, agora são nossas por direito. Receba essa proteção pela fé, mesmo sem merecer.

ANOTAÇÕES

LEIA HOJE
Provérbios 19
Mateus 19

HÁ PODER NA ADORAÇÃO

03 JUL

Porém tu, Senhor, és o meu escudo, és a minha glória
e o que exaltas a minha cabeça.
Com a minha voz clamo ao Senhor,
e ele do seu santo monte me responde.

— SALMOS 3.3-4

Davi escreveu esse salmo em um contexto particularmente difícil. Seu próprio filho Absalão havia se rebelado contra ele, tentando tomar o trono. Em vez de se entregar à angústia e se esconder, decidiu adorar ao Senhor em meio à luta. Essa atitude de adoração e confiança em Deus nos ensina como devemos lidar com nossos próprios desafios.

Quando enfrentamos tribulação, é natural sentirmos medo e desespero. No entanto, Davi nos apresenta um outro caminho possível: adorar e confiar em Deus. Ele reconheceu que o Senhor era seu escudo e sua proteção contra todos os ataques do Inimigo. Davi sabia que, independentemente da gravidade da situação, Deus estava ao seu lado, pronto para defendê-lo.

Ao dizer "tu, Senhor, és o meu escudo", Davi estava declarando sua total confiança na proteção divina. Ele sabia que, embora os inimigos fossem muitos, nenhum deles poderia prevalecer contra o poder de Deus. Essa mesma confiança está disponível para nós hoje. Também podemos escolher confiar em Deus em qualquer circunstância.

Portanto, lembre-se de que Deus é seu escudo, sua glória e aquele que exalta sua cabeça. Clame a ele em oração, confie em sua proteção e adore-o em meio à luta. Deus é fiel e responderá, trazendo vitória e restauração.

LEIA HOJE
Provérbios 20
Mateus 20

ANOTAÇÕES

ADORAÇÃO EM MEIO À LUTA

04 JUL

> Canta alegremente, ó estéril, que não deste à luz; exulta com alegre canto e exclama, tu que não tiveste dores de parto; porque mais são os filhos da mulher solitária do que os filhos da casada, diz o Senhor.
>
> — ISAÍAS 54.1

Cantar durante os dias difíceis é uma arma muito poderosa que tira o foco do problema e o coloca em Deus. Ele é quem resolve todos os nossos problemas, pois é maior do que eles. Não permita que o problema determine os seus passos, deixe o Espírito Santo conduzi-lo. Adore-o seja qual for a circunstância, pois a adoração tem poder para mudar todas elas.

A adoração exalta o Senhor e permite que ele nos governe. Quando você glorifica, Deus age em seu favor. A Bíblia diz que há uma nuvem de testemunhas a nos rodear, então escolha a adoração e abandone a murmuração. Quem reclama louva o Diabo, mas quem adora exalta ao Senhor. O mundo espiritual está observando sua atitude diante das lutas, e quando você decide adorar, o Céu se move em seu favor.

Lembre-se de que a adoração não é apenas um ato de cantar canções; é um estilo de vida. Adorar é reconhecer a soberania de Deus em todas as áreas da sua vida, mesmo quando as coisas não estão como você gostaria. Ao adorar, você permite que Deus tome o controle da situação, confiando que ele está trabalhando para o seu bem, ainda que você não veja.

A Bíblia nos encoraja a cantar alegremente, como a mulher estéril mencionada em Isaías 54.1 fez. Ela canta de alegria, apesar de sua esterilidade, porque Deus promete que ela terá mais filhos do que a mulher casada. Com isso, vemos que Deus pode transformar situações desesperadoras em grandes bênçãos.

Então, clame ao Senhor em adoração, e ele, do seu santo monte, responderá. Abandone a murmuração e escolha a adoração. Louve ao Senhor em meio às suas batalhas e veja como ele age poderosamente em seu favor.

ANOTAÇÕES

DEVOCIONAL
185/365

LEIA HOJE
Provérbios 21
Mateus 21

A GRAÇA QUE BASTA

05 JUL

E, para que não me ensoberbecesse com
a grandeza das revelações, foi-me posto um espinho na carne,
mensageiro de Satanás, para me esbofetear,
a fim de que não me exalte.

—2CORÍNTIOS 12.7-10

Às vezes, desejamos que Deus remova o problema. No entanto, ele não pode simplesmente eliminar todos os problemas, pois eles fazem parte deste mundo caído. Em vez disso, Deus concede a nós graça para vencer todas as dificuldades, e ela nos basta.

Ao admitirmos que não temos forças para lutar, adoramos. E quando adoramos, admitimos nossa fraqueza e, assim, o poder de Deus se manifesta em nós. A verdadeira adoração é reconhecer nossa total dependência de Deus. E ao reconhecê-las, recebemos o poder de Cristo sobre nós, como uma tenda que nos protege e nos fortalece.

Paulo ensina que a fraqueza é um veículo do poder de Deus. Longe de ser um obstáculo, nossas limitações e desafios são oportunidades para a manifestação da graça divina. Quando somos fracos, então é que somos fortes, pois é nesse momento que o poder de Cristo se aperfeiçoa em nós.

Essa perspectiva transforma completamente a maneira como encaramos nossos problemas e desafios. Em vez de vê-los como punições ou sinais de que Deus está distante, podemos vê-los como oportunidades para experimentar a profundidade da graça de Deus.

Portanto, reconheça que você é incapaz de lidar com tudo por conta própria e abra espaço para que Deus opere milagres em sua vida.

DEVOCIONAL
186/365

LEIA HOJE
Provérbios 22
Mateus 22

ANOTAÇÕES

O EVANGELHO É PODEROSO

06 JUL

Esse homem ouviu falar Paulo, que, fixando nele os olhos e vendo que possuía fé para ser curado, disse-lhe em alta voz: Apruma-te direito sobre os pés! Ele saltou e andava.

— ATOS 14.9-10

O paralítico de Lista estava literalmente estagnado na vida. Ele era incapaz de realizar qualquer coisa, até que recebeu um milagre extraordinário que transformou sua vida para sempre. A Bíblia diz que Paulo percebeu que havia fé naquele homem, e foi justamente a fé que possibilitou o milagre. Embora não tenha sido revelado como Paulo percebeu a fé do homem, podemos obter uma importante lição a esse respeito: a fé nunca passa despercebida. Quando o mundo espiritual percebe a nossa fé, o Céu se abre para nos abençoar.

Embora estejamos na Terra, podemos experimentar o sobrenatural por meio da fé. A Bíblia assegura que tudo é possível àquele que crê. Portanto, declare hoje mesmo que você a tem. Firme-se na verdade de que aquele que fez a promessa é fiel. Deus não é homem para mentir nem filho do homem para se arrepender. Se ele prometeu, certamente cumprirá, porque todas as suas promessas têm nele o sim e o amém. Ele é fiel e verdadeiro, poderoso para realizar muito mais do que tudo o que pedimos ou pensamos, segundo o seu poder que opera em nós. Aleluia!

O homem aleijado do versículo de hoje foi curado porque tinha fé, e ela nasceu porque o homem ouviu Paulo pregar o Evangelho. A fé vem pelo ouvir a Palavra de Cristo, o Evangelho da graça e da nova aliança. É a fé que nos posiciona no sobrenatural. Deus não age por compaixão nem por necessidade, ele opera pela fé, pois é ela que move o seu braço.

ANOTAÇÕES

LEIA HOJE
Provérbios 23
Mateus 23

A PALAVRA VIVA DE DEUS

07 JUL

Porque a palavra de Deus é viva, e eficaz, e mais cortante do que qualquer espada de dois gumes, e penetra até ao ponto de dividir alma e espírito, juntas e medulas, e é apta para discernir os pensamentos e propósitos do coração.

— HEBREUS 4.12

Hebreus destaca a extraordinária natureza da Palavra de Deus, descrevendo-a como viva, eficaz e mais afiada que qualquer espada de dois gumes. Essa poderosa metáfora revela a capacidade da Escritura de penetrar profundamente na essência do ser humano, separando alma e espírito, juntas e medulas, e discernindo os pensamentos e intenções do coração.

Mesmo que não compreenda completamente a Bíblia, alimente-se dela, pois ela nutrirá e mudará sua vida. Não precisamos saber sobre todos os nutrientes de um bife para aproveitar os benefícios que ele oferece à nossa saúde; simplesmente comemos e somos nutridos.

Quando você se expõe à Palavra de Deus, é transformado, já que ela age de dentro para fora, destruindo todas as fortalezas do mal e desfazendo todo engano. A Palavra de Deus é eficaz para discernir os propósitos do coração, tanto os naturais quanto os espirituais. Caminhe na base segura da Bíblia. O que faz toda a diferença não é o que sentimos, mas aquilo no que cremos. Respeito as experiências das pessoas, mas elas nunca podem se opor à verdade segura da Palavra de Deus. Não tenha receio de avaliar suas experiências e percepções com base na verdade de Deus. Isso o protegerá de crenças prejudiciais. Fique sempre com a verdade da Palavra e caminhe seguro na sua fé.

LEIA HOJE
Provérbios 24
Mateus 24

ANOTAÇÕES

VIVENDO NA FÉ DO REINO DE DEUS

Daí por diante, passou Jesus a pregar e a dizer: Arrependei-vos, porque está próximo o reino dos céus.

— MATEUS 4.17

08 JUL

O versículo que lemos é um marco significativo no ministério de Jesus, pois ele delimita o início de sua pregação pública. A mensagem central de Jesus é um chamado ao arrependimento, acompanhada pela afirmação de que "o reino dos céus está próximo". Este chamado é um convite para uma transformação profunda de vida, uma mudança de direção que implica abandonar os caminhos do pecado. Jesus está anunciando que o Reino de Deus não é uma realidade distante ou apenas uma promessa futura, mas algo iminente e acessível, exigindo uma resposta urgente e pessoal.

A declaração de que "o Reino dos Céus está próximo» carrega uma dupla implicação. Primeiramente, aponta para a chegada do Reino através da própria presença de Jesus, o Messias prometido, trazendo consigo a realização das promessas de Deus. Em segundo lugar, mostra-nos que a aceitação desse Reino exige uma mudança de coração e de vida, uma renovação espiritual que começa com o arrependimento. Jesus está chamando as pessoas a reconhecerem a soberania de Deus e a submeterem-se a ele, preparando-se para viver sob o domínio do seu Reino.

Compreenda que, em Jesus, você já faz parte do Reino de Deus. E esse reino transcende o natural e só pode ser acessado por meio da fé, que é a essência da vida na família de Deus. No âmbito espiritual, a fé é guiada pela promessa. Tudo de que precisamos é obtido pela fé disponível na vontade revelada de Deus.

ANOTAÇÕES

LEIA HOJE
Provérbios 25
Mateus 25

SUA VIDA É O RESULTADO DA SUA CRENÇA

09 JUL

O homem bom tira do tesouro bom coisas boas;
mas o homem mau do mau tesouro tira coisas más.

—MATEUS 12.35

O nosso coração e o nosso falar refletem o que está dentro de nós, por isso é fundamental escolher com sabedoria aquilo com que você alimenta a sua mente. Não se preocupe em mudar comportamentos, palavras e atitudes, antes de tudo mude a crença do seu coração meditando no Evangelho diariamente. Ao fazer isso, em algum momento, suas palavras e atitudes seguirão as crenças que você internalizou por meio da Palavra. A sua vida é simplesmente o resultado das suas crenças. Então, quanto mais você crê em Jesus, mais se parecerá com ele e obterá a vitória que só ele pode oferecer.

O homem bom mencionado no versículo não é aquele que realiza boas obras, mas o que está em Cristo. Esse homem tira coisas boas do bom tesouro que obteve do Evangelho da graça. O bom tesouro é tudo aquilo que acumulamos durante a nossa caminhada com o Senhor; é a nossa riqueza espiritual. Dele provém a palavra de fé para os momentos difíceis. Miserável é o homem que não tem um tesouro espiritual, pois na hora da luta não tem a que recorrer. O sábio possui um tesouro e o declara diariamente à medida que acumula mais e mais riquezas espirituais.

Uma crença equivocada produz um pensamento igualmente equivocado, que por sua vez gera emoções e comportamentos impróprios; o resultado disso é a morte. Nessa mesma perspectiva, uma crença correta produz pensamentos, emoções e comportamentos corretos, de modo que o resultado é vida e o milagre. Quer mudar sua vida? Mude sua crença. Assuma sua identidade em Cristo e viva baseado na verdade da Palavra.

DEVOCIONAL
190/365

LEIA HOJE
Provérbios 26
Mateus 26

ANOTAÇÕES

O CAMINHO DA CONFIANÇA

10 JUL

Confia no Senhor e faze o bem; habita na terra e alimenta-te da verdade. Agrada-te do Senhor, e ele satisfará os desejos do teu coração.

— SALMOS 37.3-4

Confie no Senhor, crendo em seu amor e cuidado por você. Descanse nos braços do Pai e pratique o bem. Crer nas promessas com o coração e confessá-las com a boca é o mesmo que concordar com Deus. Portanto, não murmure, declare as promessas de Deus e confesse a bondade dele.

Encontre prazer no Senhor e deleite-se em sua presença. Busque a Deus com gratidão, e ele satisfará os desejos do seu coração. Isso é a verdade da Palavra de Deus. O relacionamento perfeito com Deus não é baseado em troca ou exigências, mas é prazeroso naquele que nos ama, o nosso Pai.

Entregue completamente todas as suas circunstâncias ao Senhor. Isso significa reconhecer que você não pode resolver os seus problemas por si mesmo e confiar que Deus fará o que for necessário pela sua vida. Traga para os pés de Cristo para todas as áreas da sua vida e encontre os Céus abertos diante de você!

A justiça citada no versículo 6, nesse contexto, não se refere à vingança, mas ser considerado inocente diante de Deus, mesmo sendo um pecador. Esta metáfora sugere que, assim como a luz do Sol ao meio-dia é inconfundível e ilumina tudo ao seu redor, a justiça daqueles que confiam em Deus será claramente revelada e inegável. Não importa quão sombria ou desafiadora seja a situação, Deus assegura que a verdade e a integridade dos seus filhos serão manifestas de maneira brilhante e evidente.

ANOTAÇÕES

LEIA HOJE
Provérbios 27
Mateus 27

ABANDONANDO A IRA E ALCANÇANDO A PAZ

11 JUL

> Descansa no Senhor e espera nele, não te irrites por causa do homem que prospera em seu caminho, por causa do que leva a cabo os seus maus desígnios. Deixa a ira, abandona o furor; não te impacientes; certamente, isso acabará mal.
>
> — SALMOS 37.7-8

Davi, através desse lindo salmo, convida-nos a uma confiança serena e paciente no Senhor, especialmente diante da aparente prosperidade dos ímpios. Em vez de nos irritarmos ou nos consumirmos com a inveja e a raiva, devemos descansar e esperar nele, reconhecendo a sua justiça e controle sobre todas as coisas.

A ira e a impaciência não apenas nos afastam da paz que Deus oferece, mas também nos conduzem por caminhos que certamente acabarão mal. Ao deixarmos a ira e abandonarmos o furor, somos capacitados a viver em tranquilidade e a confiar que, no tempo certo, Deus trará justiça e retidão. É animador saber que a verdadeira prosperidade não é encontrada na maldade, mas na quietude e na esperança no Senhor, que cuida dos seus filhos com amor e fidelidade. Ao liberarmos o perdão, nosso coração se acalma e arranca essa raiz maligna da nossa alma.

Portanto, fique atento e ponha em prática o que o salmista aconselha, a fim de que você viva uma vida plena e alinhada com a vontade de Deus, sabendo que ele está no controle e que sempre trabalha para o bem daqueles que nele confiam.

LEIA HOJE
Provérbios 28
Mateus 28

ANOTAÇÕES

PROMESSAS CUMPRIDAS

12 JUL

Ele te amará, e te abençoará, e te fará multiplicar; também abençoará os teus filhos, e o fruto da tua terra, e o teu cereal, e o teu vinho, e o teu azeite, e as crias das tuas vacas e das tuas ovelhas, na terra que, sob juramento a teus pais, prometeu dar-te.

— DEUTERONÔMIO 7.13

Em Deuteronômio 7, o Senhor promete ao seu povo amor, bênção e multiplicação, uma herança que ele cumpre fielmente, cuidando de cada detalhe com zelo paternal. Ele nos assegura de que todas as promessas feitas aos nossos pais serão cumpridas, com abundância e proteção. O Senhor nos exorta a não temer diante dos desafios, pois ele mesmo está conosco, como um Deus grande e temível, lutando nossas batalhas dia após dia.

O Senhor conhece nossa fragilidade e sabe que nos conceder tudo de uma vez poderia nos prejudicar. Assim, ele nos ensina a perseverar, a acumular riquezas espirituais por meio da sua Palavra. O que nos dá em porções é suficiente, pois em suas mãos, o pouco se transforma em muito.

Tudo começa com a crença de que ele nos ama e, por isso, abençoa-nos, pois somente filhos que sabem que são amados possuem fé para receber as bênçãos do Pai. Você não apenas frutificará, mas também multiplicará, alcançando a sua descendência. As primeiras bênçãos — "cereal, vinho e azeite" — revelam uma vida abundante em provisão, simbolizada pelo cereal; uma vida cheia de verdadeira alegria, representada pelo vinho; e uma vinha ungida e capacitada sobrenaturalmente, simbolizada pelo azeite.

As promessas nas quais podemos crer hoje são o livramento das doenças e a garantia de saúde, que são as bênçãos de que precisamos para desfrutar todas as demais.

ANOTAÇÕES

LEIA HOJE
Provérbios 29

REFUGIE-SE NO SENHOR

13 JUL

Melhor é buscar refúgio no Senhor do que confiar no homem.

— SALMOS 118.8

É natural confiarmos naquilo que podemos ver e tocar, como os recursos humanos e as soluções imediatas que nos parecem tão acessíveis. No entanto, a sabedoria dos salmos nos ensina que a verdadeira segurança e proteção estão no Senhor, que é o nosso refúgio. Essa proteção não está sujeita às falhas humanas ou às limitações terrenas; é um lugar de descanso seguro, onde encontramos paz mesmo em meio às adversidades.

Ainda que o mal e as dificuldades possam surgir, a promessa divina é que eles não nos consumirão. Para aqueles que estão firmados na aliança com o Senhor, há a segurança de sua proteção e provisão. No meio da luta, não questione o amor de Deus por você nem procure falhas que possam justificar seu sofrimento, apenas busque refúgio em Deus em oração, como um filho amado que você é. Não tente entender tudo o que está acontecendo; na maioria das vezes você não compreenderá. Muitas vezes o sofrimento faz parte do crescimento.

Portanto, creia que Deus é bom com você e faz com que tudo coopere para o seu bem. É dessa maneira que você se refugiará nele e alcançará socorro em tempo oportuno.

DEVOCIONAL
194/365

LEIA HOJE
Provérbios 30

ANOTAÇÕES

PONHA SUA CONFIANÇA EM DEUS

14 JUL

Bendito o homem que confia no Senhor e cuja esperança é o Senhor. Porque ele é como a árvore plantada junto às águas, que estende as suas raízes para o ribeiro e não receia quando vem o calor, mas a sua folha fica verde; e, no ano de sequidão, não se perturba, nem deixa de dar fruto.

— JEREMIAS 17.7-8

Quando confiamos apenas na força humana e nos afastamos do Senhor, estamos como um arbusto no deserto, vulneráveis à aridez e às dificuldades da vida. Em contraste, aquele que coloca sua confiança no Senhor é comparado a uma árvore robusta, firmemente enraizada junto às águas que não secam. Essa árvore não é fruto do acaso, mas do cuidado meticuloso de Deus, que a plantou em um lugar de bênção e prosperidade.

Deus tem planos específicos e amorosos para cada um de nós. Ele nos planejou para vivermos dias de paz, alegria e abundância em sua presença. É necessário que você se veja como Deus o vê. Veja-se como essa árvore abençoada e declare isso sobre você todos os dias, pois a fé proclamada tem o poder de chamar a existência à realidade das coisas. Expressar gratidão ao Senhor por sermos como essa árvore plantada é uma poderosa forma de fortalecer nossa fé e confiança nele.

Ao buscarmos a orientação de Deus em nossas decisões, podemos confiar na unção do Espírito Santo como selo de sua vontade. Essa unção traz paz e segurança, mesmo quando enfrentamos tribulações. Permanecendo firmes na verdade do Evangelho, nossas vidas continuam a dar frutos, mesmo em tempos difíceis.

Se você ainda não confiou sua vida ao Senhor, considere isso como uma decisão crucial. Descansar na promessa de que o Senhor cuida de nós traz paz e segurança, assegurando-nos que sua proteção nos guarda de todo mal.

ANOTAÇÕES

LEIA HOJE
Provérbios 31

O GRACIOSO AMOR DIVINO

15 JUL

Então, o que acham? Deus está ao nosso lado, assumiu nossa condição e se expôs ao pior quando enviou o próprio Filho. Haveria alguma coisa que ele não faria por nós de modo espontâneo e feliz?

— ROMANOS 8.31-32 (AM)

Essas palavras da carta aos Romanos revelam o coração generoso de Deus para conosco. Ele não apenas ofereceu seu Filho como sacrifício supremo para nossa redenção, mas também prometeu nos abençoar abundantemente com todas as coisas necessárias.

Nossa posição diante de Deus não é a de empregados que merecem salário, mas a de filhos amados que recebem herança por filiação em Cristo. Isso significa que podemos nos aproximar de Deus com confiança, sabendo que ele não nos negará nada que seja para nosso bem e para a sua glória. Ele é nosso refúgio seguro, nossa fortaleza em tempos de tribulação.

Portanto, hoje é um convite para dependemos completamente de Deus. Em todos os aspectos da vida, sejam quais forem nossas necessidades físicas, emocionais ou espirituais, podemos lançar nossas preocupações sobre ele, porque cuida de nós com um amor que transcende nossa compreensão.

O argumento desse texto é muito poderoso; pense um pouco comigo. Se alguém já provou dar o máximo que tinha, por que negaria coisas menores? Jesus é o melhor e o máximo de Deus. Você nunca poderá compreender o quanto ele o ama sem antes compreender o quanto ele ama Cristo. Ao dar seu único Filho, o Pai nos deu tudo e nos amou completamente. Porque Deus nos deu tudo, não nos negará nada. Que essa verdade nos inspire a vivermos em gratidão e confiança, sabendo que o amor divino sustenta e provê em todas as circunstâncias.

LEIA HOJE

Salmos 1-2
Provérbios 1
Marcos 1

ANOTAÇÕES

SEJA ABENÇOADO PELO ETERNO

16 JUL

A bênção do Eterno torna rica a vida;
o esforço humano nada altera nem acrescenta.

— PROVÉRBIOS 10.22 (AM)

O Jardim do Éden era um lugar muito especial; um verdadeiro ambiente de delícias. Ele era cheio de coisas boas, sem dor nem tristeza, repleto da presença de Deus. O Criador queria que o homem vivesse ali para sempre e dominasse tudo no Jardim. No entanto, a Serpente enganou os primeiros habitantes do Éden, que escolheram o caminho da independência de Deus e padeceram.

Quando o homem caiu, com o pecado veio a morte. Então, todo o drama da vida humana se tornou a nossa história hoje. O plano de Deus agora é nos trazer de volta para uma vida que vale a pena ser vivida. Na verdade, ele não quer nos levar de volta à experiência do Éden, uma vez que Adão nunca comeu da Árvore da Vida, que é Cristo, e nunca teve o Espírito Santo habitando nele, como nós temos hoje. Deus quer nos levar a algo muito superior.

Jesus veio, nasceu e morreu, pisou na cabeça da Serpente e revelou a vontade dele para nós, que é nos dar vida e vida em abundância (cf. João 10.10). Lembre-se: Deus quer que você tenha uma vida feliz e cheia de bênçãos.

ANOTAÇÕES

DEVOCIONAL
197/365

LEIA HOJE
Salmos 3-4
Provérbios 2
Marcos 2

VIDA PLENA E ABUNDANTE EM DEUS

17 JUL

Confia os teus cuidados ao Senhor, e ele te susterá; jamais permitirá que o justo seja abalado.

— SALMOS 55.22

A vereda do justo é diferente do caminho do ímpio. Às vezes, o ímpio tem um carro muito bom, uma grande casa, mas em seu lar não há plenitude. A aparência de sucesso pode ser enganosa, pois o que realmente importa é a paz e a alegria que vêm de viver segundo a vontade de Deus.

Agora que você é um ser celestial, precisa viver na dimensão de um reino superior. Há uma lógica espiritual para sua vida e, se você não entender, trilhará no caminho do ímpio, buscando satisfações temporárias e vazias.

Confie os seus cuidados ao Senhor. Não inveje o sucesso aparente dos ímpios nem se irrite por causa dele. Deus tem um plano cheio de bondade para você, para lhe dar um futuro e uma esperança de dias abençoados (cf. Jeremias 29.11). Sua verdadeira prosperidade está em seguir o caminho da justiça, que é Cristo, no qual a bênção do Senhor enriquece e não traz desgosto (cf. Provérbios 10.22).

Lembre-se, Deus quer que você tenha uma vida feliz. Deus é fiel e cumprirá todas as suas promessas, mas para isso você precisa descansar no Senhor e crer que ele está cuidando de tudo; assim, o Céu se move a seu favor. Decida todos os dias viver um estilo de vida baseado no descanso em Deus.

DEVOCIONAL
198/365

LEIA HOJE
Salmos 5-6
Provérbios 3
Marcos 3

ANOTAÇÕES

A NOVA VIDA EM CRISTO

E, assim, se alguém está em Cristo, é nova criatura;
as coisas antigas já passaram; eis que se fizeram novas.
— 2CORÍNTIOS 5.17

18 JUL

Quando Jesus morreu pela humanidade, há quase 2 mil anos, você nem era nascido. Todos os pecados que Jesus perdoou, você ainda nem os tinha cometido. No entanto, eles foram levados com a sua morte. Muitos resistem a essa ideia, mas essa é a verdade da Palavra de Deus: você está perdoado para sempre e totalmente.

E o que são as "coisas antigas" mencionadas em 2Coríntios 5.17? São as maldições da lei. Quando Jesus morreu, cumpriu as Escrituras, recebendo as maldições em nosso lugar — miséria, enfermidade e morte. Esse tripé maligno são as maldições. Não aceite a doença, seja física ou emocional. Não aceite a miséria, Deus tem provisão abundante para você. A bondade e a misericórdia o seguirão todos os dias da sua vida.

Ele também venceu a morte. Depressão é morte; medo é morte; ansiedade é morte; angústia, mágoa, ódio e tudo o mais que envenena o coração são morte. Jesus venceu esse espírito maligno por você, por isso não aceite nenhuma dessas maldições em sua vida.

Talvez você veja muitas dessas maldições acontecendo na sua família de carne e sangue, mas "as coisas que se fizeram novas" também incluem uma nova família, agora espiritual. Ame e ore por seus parentes, mas saiba que agora você é uma nova pessoa em Cristo, cujos laços de maldição do passado foram todos superados em Jesus.

Portanto, viva sua nova vida com confiança, esquecendo o que ficou para trás. Olhe apenas para Cristo, desfrutando do que ele planejou para você.

ANOTAÇÕES

DEVOCIONAL
199/365

LEIA HOJE
Salmos 7-8
Provérbios 4
Marcos 4

O DESCANSO VERDADEIRO EM JESUS

19 JUL

Portanto, resta um repouso para o povo de Deus. Porque aquele que entrou no descanso de Deus, também ele mesmo descansou de suas obras, como Deus das suas.

— HEBREUS 4.9-10

No Novo Testamento, nunca se diz que um crente morreu, mas sim "dormiu", porque um verdadeiro crente não morre mais. Frequentemente, quando alguém morre, dizemos que essa pessoa "descansou". No entanto, permita-me ensinar algo hoje: a morte em si não traz descanso verdadeiro, pois ele está somente em Cristo; a paz não está na morte, está nele!

Ao nos aproximarmos de Jesus, encontramos consolo, esperança e força para enfrentar qualquer desafio. Do outro lado da morte — sem Cristo — não há, de fato, alívio, há muita angústia e perturbação.

Hebreus nos oferece uma visão profunda sobre o descanso prometido por Deus para o seu povo. Ele não é apenas um descanso físico, mas um descanso espiritual e eterno que reflete a própria conclusão da obra criativa de Deus. Assim como Deus descansou de suas obras após a Criação, os crentes são chamados a entrar em um descanso semelhante, cessando seus próprios esforços e confiando plenamente na obra redentora de Cristo.

Dessa forma, o descanso de Deus é uma promessa de paz eterna e comunhão com ele, onde todas as lutas e trabalhos terrenos encontram seu fim e seremos plenamente renovados na presença do Pai.

LEIA HOJE
Salmos 9-10
Provérbios 5
Marcos 5

ANOTAÇÕES

TUDO ESTÁ CONSUMADO

Disse-me ainda: Tudo está feito. Eu sou o Alfa e o Ômega, o Princípio e o Fim. Eu, a quem tem sede, darei de graça da fonte da água da vida.

— APOCALIPSE 21.6

20 JUL

No versículo anterior ao que lemos hoje, está escrito: "Eis que faço novas todas as coisas"; o versículo 6 garante: "Tudo está feito". Esses versículos confirmam o que foi declarado em 2Coríntios 5.17: "Tudo se fez novo". Isso foi possível na cruz do Calvário quando Jesus proclamou: "Está consumado".

No entanto, se tudo está feito, por que ainda enfrentamos tantas tribulações e necessidades? Porque a nossa fé ainda não reconheceu o que já é nosso por meio de Cristo. Não se sinta mal ou acusado por ainda não estar experimentando as promessas de Deus. Apenas vire essa chave da sua fé. Comece hoje a crer e a chamar as promessas de Deus. Não tente merecer ou entender como acontecerá, apenas saiba que, como filho amado, você é herdeiro de Deus e coerdeiro com Cristo, por isso tudo já é seu. Se permanecer nessa fé e não cair no vitimismo, na justiça própria, em algum momento essa verdade se manifestará na sua vida.

Quando seus olhos espirituais são abertos pela revelação, você se apropria das promessas de Deus e vive na certeza de que ele já realizou tudo o que é necessário para que sua vida seja plena. Em meio às dificuldades, sua fé se fortalece ao lembrar de que Cristo é o Alfa e o Ômega, o princípio e o fim de todas as coisas. Ele oferece livremente a água da vida para saciar a sede da sua alma.

ANOTAÇÕES

LEIA HOJE
Salmos 11-12
Provérbios 6
Marcos 6

VIVA PELO "ZOE" DE DEUS EM VOCÊ

21 JUL

Visto como, pelo seu divino poder, nos têm sido doadas todas as coisas que conduzem à vida e à piedade, pelo conhecimento completo daquele que nos chamou para a sua própria glória e virtude.

— 2PEDRO 1.3

A Bíblia nos garante que já recebemos, gratuitamente, tudo o que precisamos para viver de acordo com a vontade de Deus. O mais importante é lembrar que você foi chamado para a glória e virtude de Cristo, não para a derrota.

A palavra "glória", no grego, é *doxa,* e significa "uma boa opinião a respeito de alguém". Já a palavra "virtude" é *areté* e significa "uma conduta virtuosa de pensamento, sentimento e ação". Diante dos olhos de Deus, por meio de Cristo, você é bem-visto, por isso é abençoado. Você é dotado da virtude divina, e é ela que estabelece pensamentos e ações virtuosos em sua mente.

No grego, a palavra "vida" é *zoe,* e significa "a própria vida com que Deus vive". Ela vai muito além do plano eterno, pois se refere à vida soberana e poderosa de Deus. Pelo Espírito, essa vida agora habita em você.

O *zoe* de Deus em você é como os leucócitos brancos de defesa do seu sangue. Essa santa proteção ataca o pecado, a condenação, a doença, a depressão, a pobreza, a miséria e tudo o que não presta. Ela alcança cada parte da sua vida: casamento, família, emoções, mente, finanças, trabalho e relacionamentos, destruindo todo o poder do Diabo. Além disso, é como o sangue que leva nutrientes, energia, saúde, capacidade, inteligência, discernimento, direção, habilidade e tudo de que você necessita. Portanto, anime-se! Tudo o que você precisa já está em você pelo Espírito Santo, creia nessa verdade!

LEIA HOJE
Salmos 13-14
Provérbios 7
Marcos 7

ANOTAÇÕES

CONHECIMENTO E SABEDORIA ESTÃO EM VOCÊ

22 JUL

Para que o coração deles seja confortado e vinculado juntamente em amor, e eles tenham toda a riqueza da forte convicção do entendimento, para compreenderem plenamente o mistério de Deus, Cristo, em quem todos os tesouros da sabedoria e do conhecimento estão ocultos.

— COLOSSENSES 2.2-3

É fundamental nos apropriarmos da Palavra, pois ela é a própria expressão de Deus. O Diabo é o acusador, portanto todo pensamento que produz angústia, incredulidade, indiferença, apatia ou prostração é uma acusação maligna. Até mesmo sensações ruins que surgem inexplicavelmente podem ser uma forma de acusação do Diabo, que nos ataca tanto pelos erros quanto pelo bem que não foi feito.

No entanto, não é possível vencer a acusação apenas repreendendo demônios; a vitória vem quando reconhecemos que somos justos em Cristo, crendo que ele derramou seu sangue na cruz por nós. Todos os nossos pecados já foram pagos, portanto não há mais culpa nem condenação. Vença declarando a Palavra. Não tenha medo da morte e da doença, apenas creia que você é justificado por Cristo.

O Senhor deseja que seu coração seja confortado em amor e que você alcance toda a riqueza e convicção do entendimento do mistério de Deus que você carrega – Cristo. Esse é um texto profundo e muito poderoso da Palavra a nosso respeito. Esse mistério que habita em nós é Cristo, e a Bíblia diz que nele estão ocultos todos os tesouros da sabedoria e do conhecimento. Você consegue dimensionar isso?

Certamente, não podemos mensurar tamanha grandeza, mas podemos explodir em fé sabendo que toda essa riqueza habita em nós que estamos em Cristo. Todo o conhecimento e sabedoria de que precisa já está em você, na pessoa de Cristo. Apenas creia e peça que ele se manifeste em cada circunstância.

ANOTAÇÕES

DEVOCIONAL
203/365

LEIA HOJE
Salmos 15-16
Provérbios 8
Marcos 8

CRISTO É A GRANDE RIQUEZA DE DEUS EM NÓS

23 JUL

Evidentemente, grande é o mistério da piedade:
Aquele que foi manifestado na carne foi justificado em espírito,
contemplado por anjos, pregado entre os gentios,
crido no mundo, recebido na glória.

— 1 TIMÓTEO 3.16

Quando Paulo fala do mistério da piedade, ele se refere ao plano divino que foi ocultado por gerações, mas agora foi revelado em Jesus Cristo. Esse mistério é a verdade de que Deus se manifestou na carne, vivendo entre nós como homem.

Cristo foi justificado em espírito, comprovando sua santidade e pureza divina. Ele foi contemplado pelos anjos, demonstrando que até os seres celestiais reconhecem sua majestade. Foi pregado entre os gentios, espalhou a mensagem de salvação para todas as nações e foi crido no mundo, de modo que sua obra redentora foi universalmente aceita. Finalmente, foi recebido na glória e exaltado à direita de Deus Pai, reconhecendo a sua completa vitória.

A presença de Cristo em nós nos dá acesso a uma vida de vitória e superação, não sendo necessário buscarmos em outras fontes. Porque Jesus foi recebido na glória, nós também temos a promessa de participar dela. Isso nos dá esperança e segurança, faz-nos saber que a nossa jornada nesta Terra é apenas o começo de uma eternidade ao lado do nosso Salvador.

LEIA HOJE

Salmos 17-18
Provérbios 9
Marcos 9

ANOTAÇÕES

A PLENITUDE DE TODAS AS COISAS ESTÁ EM JESUS

Porque aprouve a Deus que, nele, residisse toda a plenitude e que, havendo feito a paz pelo sangue da sua cruz, por meio dele, reconciliasse consigo mesmo todas as coisas, quer sobre a terra, quer nos céus.

— COLOSSENSES 1.19-20

24 JUL

Colossenses revela a profundidade do amor e da sabedoria divina ao descrever a obra redentora de Cristo. Deus, em sua plenitude, escolheu habitar em Cristo, demonstrando que toda a essência e poder divinos residem nele. Este ato de amor e humildade culmina na cruz, onde, através do derramamento de seu sangue, Jesus estabeleceu a paz.

Esse sacrifício perfeito e completo elimina a barreira do pecado, oferecendo um caminho de restauração para toda a criação. A reconciliação de todas as coisas por meio de Cristo não se limita apenas à humanidade, mas abrange toda a criação. Essa verdade nos convida a refletir sobre a amplitude da redenção divina, que alcança cada aspecto do Universo. Através de Jesus, Deus está restaurando a harmonia original que foi corrompida pelo pecado.

A obra de Cristo é uma demonstração do poder transformador do amor de Deus, capaz de trazer unidade e paz onde antes havia divisão e conflito. Ao nos aprofundarmos no conhecimento de Cristo, reconhecemos que ele nos libertou do império das trevas e nos transportou para o seu Reino, para a remissão de nossos pecados. Todos nós somos chamados a participar dessa obra de reconciliação, vivendo em paz com Deus e com os outros.

ANOTAÇÕES

LEIA HOJE

Salmos 19-20
Provérbios 10
Marcos 10

OUÇA APENAS A VOZ DO CÉU

25 JUL

Falava ele ainda, quando uma nuvem luminosa os envolveu; e eis, vindo da nuvem, uma voz que dizia: Este é o meu Filho amado, em quem me comprazo; a ele ouvi.

— MATEUS 3.17

A única voz que você precisa ouvir é a do Senhor. A palavra da lei — o sistema religioso — pode condenar, abater e acusar, por isso ouça a voz de Cristo, o Evangelho. A fé vem pelo ouvir, mas a incredulidade também, então tenha muito cuidado com o que você ouve. A porta de entrada para o Diabo agir pode ser alguém perto de você, portanto dê ouvidos apenas àqueles que falam da graça e do amor de Deus.

Assim como Jesus, em sua caminhada cristã, você vai se deparar com muitas vozes. Muitas delas gritaram acerca de Jesus: "Crucifica-o! Crucifica-o!" (cf. Lucas 23.21b). E diante da crucificação, ele respondeu: "Pai, perdoa-lhes, porque não sabem o que fazem" (cf. 23.34b). Quando estava sendo batizado por João Batista, ele ouviu: "Este é o meu Filho amado, em quem me comprazo" (Mateus 3.17b). Essa era a voz do Céu, a única à qual ele deu ouvidos e pela qual viveu.

Nós também ouvimos essas vozes diariamente, no entanto precisamos discerni-las. Afinal, somos o resultado do que acreditamos. E como discerni-las? Pelo efeito que causam em nós. A voz da bajulação é perigosa, porque infla nosso ego e traz a sensação de que somos importantes. Já as críticas alimentam mágoas e ressentimentos, que são venenos para a nossa alma, e por isso devem ser removidas pelo perdão diário. Somente a voz de Deus produz ânimo, fé, ousadia, alegria e convicção e nunca nos abate.

Como filho amado, procure dar ouvidos apenas ao que o Céu diz a seu respeito e viva em plenitude e graça diante de Deus e dos homens, pois o Pai tem cuidado de você.

LEIA HOJE
Salmos 21-22
Provérbios 11
Marcos 11

ANOTAÇÕES

PERMANEÇA NO QUE A BÍBLIA DIZ SOBRE VOCÊ

26 JUL

Vós, porém, sois raça eleita, sacerdócio real, nação santa, povo de propriedade exclusiva de Deus, a fim de proclamardes as virtudes daquele que vos chamou das trevas para a sua maravilhosa luz.

— 1 PEDRO 2.9

Como dissemos no devocional anterior, há muitas vozes que falam a nosso respeito, portanto permanecer no que a Bíblia diz sobre nós é um grande desafio. O versículo acima nos oferece uma visão acerca da nossa identidade em Cristo. Somos descritos como "nação eleita, sacerdócio real, nação santa, povo de propriedade exclusiva de Deus".

Essas palavras não são meramente descritivas, mas carregam um peso profundo de propósito. Ser uma "raça eleita" nos lembra de que fomos escolhidos por Deus por sua graça e amor imensuráveis. Como "sacerdócio real", temos o privilégio e a responsabilidade de servir a Deus e aos outros, de forma que a santidade e o caráter de Cristo se manifestem através de nós. Como "nação santa", assumimos a missão de vivermos separados para Deus em um compromisso de agir na verdade. O texto também afirma que somos "de propriedade exclusiva de Deus", ou seja, temos uma preciosa relação com o Criador. Pertencemos a ele de maneira especial e única, o que nos confere um valor inestimável e um senso de pertencimento que transcende qualquer identidade terrena.

A razão para essa identidade é clara: "a fim de proclamardes as virtudes daquele que vos chamou das trevas para a sua maravilhosa luz". Nossa nova identidade em Cristo vem com a missão de declarar a glória e as virtudes de Deus ao mundo.

Portanto, não aceite as definições lançadas sobre sua vida, provindas do Inferno, mas ouça a voz da palavra, que você é um sacerdote, escolhido e separado para uma preciosa missão, que foi dada somente a nós: criados à sua imagem e semelhança.

ANOTAÇÕES

DEVOCIONAL
207/365

LEIA HOJE
Salmos 23-24
Provérbios 12
Marcos 12

A PLENITUDE DA PROMESSA

27 JUL

Se atentamente ouvires a voz do Senhor, teu Deus, tendo cuidado de guardar todos os seus mandamentos que hoje te ordeno, o Senhor, teu Deus, te exaltará sobre todas as nações da terra.

— DEUTERONÔMIO 28.1

Em Deuteronômio 28, encontramos mais de dez bênçãos prometidas àqueles que ouvem a voz do Senhor.

Bendito serás tu na cidade e bendito serás no campo (v. 3). A bênção não está em um lugar, mas em uma pessoa, que é Deus. Ela o acompanhará por onde for. *Bendito o fruto do teu ventre, e o fruto da tua terra, e o fruto dos teus animais, e as crias das tuas vacas e das tuas ovelhas* (v. 4). Não importa em qual ramo você atua, o fruto do seu trabalho é abençoado.

Bendito serás ao entrares e bendito, ao saíres (v. 6). Você será abençoado para começar e terminar as coisas. *O Senhor fará que sejam derrotados na tua presença os inimigos que se levantarem contra ti; por um caminho, sairão contra ti, mas, por sete caminhos, fugirão da tua presença* (v. 8). Não temos inimigos de carne e sangue, mas o Diabo levanta pessoas para resistir e nos perseguir.

O Senhor determinará que a bênção esteja nos teus celeiros e em tudo o que colocares a mão; e te abençoará na terra que te dá o Senhor, teu Deus (v. 9). Tudo o que você colocar as mãos será abençoado. O Senhor te abrirá o seu bom tesouro, o céu, para dar chuva à tua terra no seu tempo e para abençoar toda obra das tuas mãos; emprestarás a muitas gentes, porém tu não tomarás emprestado (v. 12). Os Céus estão abertos sobre sua cabeça, portanto você terá para emprestar, e não mais precisará tomar emprestado. *Você estará por cima e não por baixo, como cabeça e não por cauda* (v. 13). Por causa da bênção de Deus, você assumirá posições de liderança aonde você chegar.

Quando você crê em Cristo, sua fé é atribuída como justiça; assim, é possível crer nas promessas de Deus, porque Cristo obedeceu em seu lugar. Aleluia, ele obedeceu, você pode receber de Deus sem merecer.

DEVOCIONAL
208/365

LEIA HOJE
Salmos 25-26
Provérbios 13
Marcos 13

ANOTAÇÕES

QUE A SUA LUZ BRILHE CADA DIA MAIS

28 JUL

Mas a vereda dos justos é como a luz da aurora, que vai brilhando mais e mais até ser dia perfeito. O caminho dos perversos é como a escuridão; nem sabem eles em que tropeçam.

— PROVÉRBIOS 4.18-19

À medida que o justo caminha com Deus, sua luz brilha mais intensamente e sua vida ganha lucidez e segurança, tornando-se um farol para os que olham para ela. Isso acontece porque, conforme nos aprofundamos na revelação da nossa identidade em Cristo, recebemos mais de sua glória.

Na tipologia bíblica, Jesus é o Sol da Justiça e nós somos estrelas no Céu de Deus; temos, portanto, uma pequena luz. A Igreja é a Lua, que é o ajuntamento dos nascidos de novo; ela não tem luz própria; a luz da Lua é a luz do Sol que reflete nela. Como estrelas, temos uma pequena luz que recebemos do Espírito Santo. Quanto mais a noite é escura, mais essa luz brilha; portanto, eu e você nascemos para iluminar as trevas. Quando a Igreja se reúne, ela reflete a luz do Sol, que é Cristo, e se torna um grande farol para o mundo perdido na escuridão.

Muitas pessoas, influenciadas por uma mentalidade hollywoodiana, preocupam-se com a ideia de sermos como estrelas nesta Terra. Diante do Sol da Justiça, a luz das estrelas é ofuscada, mas, quando em meio às trevas, nossa luz faz toda diferença. A luz que carregamos deve brilhar nas trevas, mas desaparecer na presença do Sol.

A luz de quem anda no caminho da justiça brilha mais e mais até se tornar um dia perfeito, pois o caminho do justo é como a luz da aurora. Como justo, ande debaixo da luz de Cristo, no meio do seu povo, a Igreja, e veja essa luz se intensifica em sua vida.

ANOTAÇÕES

DEVOCIONAL
209/365

LEIA HOJE
Salmos 27-28
Provérbios 14
Marcos 14

O BRILHO DO JUSTO

29 JUL

Fará sobressair a tua justiça como a luz e o teu direito, como o sol ao meio-dia.

— SALMOS 37.6

A aurora é a luz visível no céu por volta das 5h30 da manhã, quando o Sol começa a nascer e brilhar, aquecendo até se tornar dia perfeito ao meio-dia. Esse é o caminho que trilhamos em Deus e que nos leva a uma vida plena nele. Em Salmos 37.6, somos lembrados de que Deus fará sobressair a nossa justiça como a luz, e o nosso direito como o meio-dia.

Cada vez que você persiste no caminho da justiça de Cristo, sem tentar merecer, não se achando bom e não guardando mágoas ou ressentimentos, você não está confiando no que pode fazer, mas no que Cristo fez. Quando se relaciona com Deus sem se basear em troca ou merecimento, está perdoado e é amado, sua vida é liberta da culpa e da condenação, e sua luz brilha mais intensamente. Deus promete que nossa justiça brilhará como a luz e isso nos dá a certeza de que, ao confiar em sua obra redentora, nossa vida será iluminada pela sua glória. As pessoas tropeçam, caem e vivem uma vida de derrota porque andam nas trevas. Muitos crentes tropeçam porque, embora tenham luz, ainda tentam negociar ou merecer as bênçãos.

Se você quer andar em segurança, exercite diariamente a consciência de que é amado, perdoado e justificado. Creia que Deus está cuidando de você como um Pai cuida do filho, em vez de depositar sua confiança em uma relação religiosa, fria e distante. Assim, sua justiça sobressairá como a luz, e você experimentará a plenitude da vida que Deus tem para você.

DEVOCIONAL
210/365

LEIA HOJE
Salmos 29-30
Provérbios 15
Marcos 15

ANOTAÇÕES

A IDENTIDADE DE FILHO

30 JUL

Os quais não nasceram do sangue, nem da vontade da carne, nem da vontade do homem, mas de Deus

—JOÃO 1.13

O Evangelho é uma carta de amor de um Pai para um filho amado. É assim que você deve ler a Palavra de Deus. Não é uma carta de repreensão e de exigências, muito menos uma lista de regras. O versículo de João 1.13 nos oferece uma compreensão da nossa nova identidade em Cristo. Essa declaração sublinha que nosso novo nascimento espiritual é inteiramente uma obra divina. É um ato soberano de Deus que nos concede uma nova vida e nos transforma em filhos. O novo nascimento é um presente da graça de Deus.

Saber que somos nascidos de Deus nos dá uma identidade inabalável, independentemente das nossas origens, situações ou falhas humanas. Não somos definidos por nossas fraquezas, erros ou pelas limitações impostas por nossa natureza carnal. Em vez disso, nossa verdadeira identidade e valor vêm do fato de que fomos escolhidos e regenerados por Deus. Ele nos chamou das trevas para a sua maravilhosa luz, e isso redefine completamente quem somos e como vivemos.

Viver como nascidos de Deus significa abraçar essa nova identidade com fé e confiança. Implica rejeitar a mentalidade de merecimento e, em vez disso, confiar plenamente na obra redentora de Cristo. Nossa vida deve refletir essa transformação, evidenciada por uma relação íntima e crescente com Deus, que não se baseia em rituais ou tradições humanas, mas na genuína comunhão com o Espírito Santo.

ANOTAÇÕES

DEVOCIONAL
211/365

LEIA HOJE
Salmos 31-32
Provérbios 16
Marcos 16

DEUS TEM PRAZER EM NÓS

31 JUL

Agrada-se o Senhor dos que o temem
e dos que esperam na sua misericórdia.

— SALMOS 147.11

Essa declaração revela o coração de Deus e sua profunda alegria quando nós, seus filhos, o tememos e esperamos por sua misericórdia. O seu prazer está enraizado em nossa atitude de reverência e confiança nele. É como um pai que sente alegria quando seu filho busca o seu conselho.

Temer ao Senhor não significa ter medo, mas respeitar, honrar e reconhecer sua soberania e santidade. Quando vivemos em temor reverente a Deus, estamos afirmando nossa dependência dele e nossa disposição de viver conforme a sua vontade. Esperar na misericórdia de Deus é outro aspecto que agrada ao Senhor, pois demonstramos confiança em sua graça e bondade, mesmo quando as circunstâncias parecem adversas. Essa confiança demonstra que nossa fé é madura, de forma que reconhecemos que a sua misericórdia é sempre suficiente para nos sustentar.

Essa é uma verdade que nos liberta da pressão de tentar ganhar o favor de Deus por meio de nossas próprias forças. Em vez disso, procuramos cultivar uma relação baseada na confiança e reverência. Que possamos continuamente temer ao Senhor e esperar por ele, sabendo que isso traz alegria ao coração do nosso Pai Celestial. Viver diariamente com essa consciência é libertador!

LEIA HOJE
Salmos 33-34
Provérbios 17

ANOTAÇÕES

AGOSTO

FILHOS AMADOS VENCEM O DIABO

01 AGO

Então, o tentador, aproximando-se, lhe disse: Se és Filho de Deus, manda que estas pedras se transformem em pães.

— MATEUS 4.3

Essa conversa aconteceu logo após o batismo de Jesus. Na ocasião, o Diabo surge para questionar a identidade de Jesus, que havia acabado de ouvir o Pai dizer que ele era seu filho amado. O Mestre estava começando seu ministério; e isso nos ensina algo fundamental: ninguém deveria iniciar coisa alguma, nenhum empreendimento, casamento ou qualquer outro desafio, sem antes viver com convicção de que é um filho amado de Deus.

Muitas pessoas enfrentam dificuldades ao longo da jornada, porque não começam com a certeza de quem são diante de Deus. Quando você tem essa convicção, pode confiar que está seguro e fortalecido em Deus, afinal os filhos amados sabem que estão protegidos, supridos, apoiados e sustentados pelo Pai; eles têm confiança e sabedoria para enfrentar os desafios da vida e as tentações do Inimigo.

Ao tentar Jesus, dizendo: "*Se és Filho de Deus,* manda que estas pedras se transformem em pães" (grifo do autor). O Diabo omitiu a palavra "amado", pois sabia muito bem que os que sabem que são amados podem vencê-lo. Não é suficiente saber que você é filho, é preciso ter consciência de que também é amado. O que faz a diferença na sua vida é entender que o Pai está com você em todos os seus projetos. Ele não o deixará nem o abandonará, pois estará com você todos os dias até o fim.

DEVOCIONAL
213/365

LEIA HOJE
Salmos 35-36
Provérbios 18

ANOTAÇÕES

UMA VEZ FILHO, ETERNAMENTE FILHO

02 AGO

Estas coisas vos escrevi, a fim de saberdes que tendes a vida eterna, a vós outros que credes em o nome do Filho de Deus.

— 1 JOÃO 5.13

Nada pode ferir mais o coração do Pai do que saber que seus filhos estão apartados da clareza de que são filhos de Deus. Com todo o amor e carinho, devo dizer que frequentemente lido com irmãos muito preocupados em perder a salvação. No entanto, quando um crente ora constantemente pedindo a Deus para não perder a salvação, ele está essencialmente dizendo: "Por favor, não deixe de ser meu Pai. Eu não mereço, mas não desista de mim!".

Imagine se meus filhos viessem constantemente até mim, implorando: "Pai, por favor, não deixe de ser meu Pai. Cometi um erro, mas não me mande embora". Isso partiria meu coração, porque demonstra uma clara falta de confiança no meu amor e na minha paternidade.

Conheço casos de irmãos que adotaram crianças, especialmente mais velhas, vindas de situações difíceis. Elas têm medo de serem devolvidas ao abrigo, implorando por amor e segurança dos seus pais adotivos. O coração de quem adota essas crianças se entristece, pois, embora agora sejam filhas, suas mentes ainda carregam a mentalidade de órfãos. Isso reflete a condição da humanidade caída.

A Bíblia, no entanto, afirma em 1João 5.13, que aqueles que creram já receberam a vida eterna, a salvação em Cristo Jesus. Portanto, estão seguros no amor de nosso Pai. Você foi gerado pelo Espírito Santo; é um filho legítimo. Fique em paz, pois ele prometeu: "Eu lhes dou a vida eterna; jamais perecerão, e ninguém as arrebatará da minha mão" (João 10.28).

ANOTAÇÕES

LEIA HOJE
Salmos 37-38
Provérbios 19

NADA PODERÁ SEPARÁ-LO DO AMOR DE DEUS

03 AGO

Porque eu estou bem certo de que nem a morte, nem a vida, nem os anjos, nem os principados, nem as coisas do presente, nem do porvir, nem os poderes, nem a altura, nem a profundidade, nem qualquer outra criatura poderá separar-nos do amor de Deus, que está em Cristo Jesus, nosso Senhor.

— ROMANOS 8.38-39

Os nossos erros não podem superar o amor que Deus tem por nós. Em seu amor, há espaço para os nossos erros de aprendizagem. Ainda que você peque, Deus não desistirá de você. Em Cristo, você está perdoado.

Jesus não morreu apenas pelos nossos pecados passados, mas por todos, até mesmo os futuros. Para seguir o caminho da justiça, precisamos viver sem medo, o qual é removido quando entendemos que somos amados. Às vezes, você lê a Bíblia e não percebe seu efeito. Isso ocorre porque é necessário inclinar verdadeiramente os ouvidos para ouvir a Palavra de Deus.

Você carrega um conjunto de crenças moldadas ao longo de sua vida – pela formação dos seus pais, pelas experiências vividas, pela educação e pelos livros que leu. Ao ler a Bíblia, permita que ela confronte suas crenças. Submeta seu entendimento à Palavra de Deus, dizendo: "Eu tenho uma opinião formada, mas a Bíblia tem a verdade absoluta e eu decido me render a ela".

Se hoje as suas crenças estão alinhadas com a Bíblia, ótimo, continue firme nelas. No entanto, se perceber que elas não coincidem com a Palavra de Deus, não importa se você tem 10, 20, 50 ou 90 anos, rejeite suas crenças antigas e acolha a verdade do Evangelho. Esse é o caminho seguro capaz de produz resultados duradouros. Portanto, se você se arrependeu de seus pecados, creia que nada poderá separá-lo desse amor eterno, que Deus em Cristo tem por você!

DEVOCIONAL
215/365

LEIA HOJE
Salmos 39-40
Provérbios 20

ANOTAÇÕES

GUARDE O SEU CORAÇÃO, SEJA VENCEDOR

04 AGO

Acautelai-vos por vós mesmos, para que nunca vos suceda que o vosso coração fique sobrecarregado com as consequências da orgia, da embriaguez e das preocupações deste mundo, e para que aquele dia não venha sobre vós repentinamente, como um laço.

—LUCAS 21.34

O Evangelho de Lucas nos ensina sobre como guardar o coração. Talvez você pense que "orgia" e "embriaguez" se referem apenas ao pecado sexual ou consumo de álcool; no entanto, essas palavras têm um significado mais amplo. Elas se referem a tudo que pode contaminar e embriagar o seu coração. Uma vez que o coração é como uma fonte de águas cristalinas, da qual depende todo o ribeiro que por ela é mantido, devemos lidar com ele diariamente e com seriedade.

Guardar o coração começa por proteger-se de mágoas, ódio, amargura. Para manter uma fonte limpa, é essencial praticar o perdão diária e rapidamente, pois quanto mais tempo a sujeira permanece na fonte, mais difícil será limpá-la. Se você não perdoa, coloca-se na posição de juiz, e não de pecador; e se não é pecador, não pode receber perdão e favor de Deus.

Peça ajuda ao Espírito Santo, pois você terá de lutar contra um espírito que nos ataca o tempo todo: o espírito de vingança. Rejeite o ódio e a mágoa, pela fé; peça ao Senhor que tire isso do seu coração. As pessoas que o ofenderam não merecem o seu perdão, mas você também não merecia o de Deus.

A embriaguez também se refere a se perder nas preocupações, ansiedades e ocupações do mundo – o comprar e o vender, ou seja, as realizações desta vida. Há pessoas cuja vida gira em torno de ganhar dinheiro e acabam vivendo como alguém embriagado, que só consegue se concentrar em seu próprio vício. Isso é um grande laço de engano. Guarde, portanto, a sua fonte – seu coração – e viva uma vida plena.

ANOTAÇÕES

LEIA HOJE
Salmos 41-42
Provérbios 21

QUANDO DEUS É O PRIMEIRO, VOCÊ ESTÁ SUPRIDO

05 AGO

Buscai, pois, em primeiro lugar,
o seu reino e a sua justiça,
e todas estas coisas vos serão acrescentadas.

— MATEUS 6.33

Jesus nos chama a uma vida de prioridades claras e eternas em Mateus 6.33, desafiando-nos a colocar Deus e seu Reino no centro do nosso ser. Quando fazemos isso, ele promete cuidar de todas as nossas necessidades.

Quando colocamos o Reino de Deus em primeiro lugar, estamos tirando o foco de nós mesmos e direcionando-o para Cristo. Isso nos liberta da necessidade de autoavaliações constantes, comparações e sentimentos de inadequação. Em vez disso, encontramos nossa identidade e valor em Cristo, sabendo que ele é suficiente para todas as nossas necessidades.

Não devemos permitir que nosso coração se apegue as coisas terrenas. As preocupações deste mundo podem embriagar e contaminar nosso coração, afetando negativamente todas as áreas da nossa vida. Lembre-se de que do coração brota um rio que irriga todo o nosso ser. Se a fonte estiver contaminada, o rio também espalhará mágoa, ódio ou os prazeres deste mundo. O segredo para manter nosso coração puro e não sobrecarregado é entregar nosso caminho ao Senhor, confiar nele e permitir que ele cuide do restante.

Quando buscamos primeiro o Reino de Deus e sua justiça, descansamos na certeza de que ele suprirá todas as nossas necessidades, trazendo profunda paz e segurança ao nosso coração.

LEIA HOJE
Salmos 43-44
Provérbios 22

ANOTAÇÕES

APRENDA A VIGIAR EM JESUS

Vigiai, pois, a todo tempo, orando, para que possais escapar de todas estas coisas que têm de suceder e estar em pé na presença do Filho do Homem.

—LUCAS 21.36

06 AGO

A Bíblia nos instrui a vigiar e orar constantemente. A vigilância espiritual é fundamental para evitarmos as armadilhas deste mundo e permanecermos firmes com Cristo. No entanto, isso não se limita à leitura e ao conhecimento da Palavra; é necessário também buscar a presença de Cristo em nossa vida.

Muitas vezes, encontramos irmãos que conhecem profundamente as Escrituras, mas o coração deles está carregado de condenação e culpa. Argumentam com a Bíblia, mas suas atitudes são marcadas pela falta de amor e graça. Isso revela que, apesar do conhecimento, Cristo não está operando plenamente em suas vidas.

Para prosperar no caminho da justiça, é necessário dar ouvidos à Palavra de Deus e guardá-la adequadamente no coração. Além disso, devemos buscar em oração ser como Jesus. Ore para que o Senhor lhe conceda um espírito de amor, perdão, moderação e de bênção para com os outros. Não se trata apenas de cumprir uma rotina de oração, mas de buscar ativamente a transformação que vem do Senhor, pois ela permitirá que sua luz brilhe intensamente, manifestando a glória de Deus.

A vigilância e a oração constante garantirão que você esteja preparado para enfrentar as adversidades, permanecendo firme na vontade do Senhor.

ANOTAÇÕES

LEIA HOJE
Salmos 45-46
Provérbios 23

VIVA CONECTADO A CRISTO E FRUTIFIQUE

07 AGO

Eu sou a videira verdadeira,
e meu Pai é o agricultor.

—JOÃO 15.1

A metáfora desse versículo revela o desejo profundo de Deus de que produzamos frutos em todas as áreas de nossa vida. Ele nos criou com o propósito de prosperar e multiplicar. Isso está presente desde a Criação, quando abençoou Adão e Eva com a ordem: "Crescei e multiplicai". Essa bênção continua a ser derramada sobre nós, mas há uma condição essencial: precisamos estar conectados à videira, que é Cristo. Sem ela, nossa capacidade de gerar é nula, assim como um ramo desconectado da *árvore.*

Deus deseja que frutifiquemos em nosso casamento, nos negócios, na profissão, na igreja e em todos os projetos que ele coloca em nosso coração. O sucesso é a intenção divina para a nossa vida, e qualquer coisa fora disso está em desacordo com o propósito de Deus. Se você identificar áreas de sua vida que não estão prosperando, é crucial voltar-se para Cristo e restabelecer essa conexão vital. Permanecer em Cristo é a chave para a bênção da frutificação.

Não há nada mais frustrante do que viver uma vida infrutífera. No entanto, é essencial acreditar que o Pai, o grande agricultor, está nos tratando, a fim de produzirmos frutos naturalmente. A conexão com Cristo garante que o fruto brote em tudo o que fizermos, trazendo realização e propósito à nossa vida.

DEVOCIONAL
219/365

LEIA HOJE
Salmos 47-48
Provérbios 24

ANOTAÇÕES

O SENHOR O LEVANTA PARA FRUTIFICAR

08 AGO

Todo ramo que, estando em mim, não der fruto, ele o corta; e todo o que dá fruto limpa, para que produza mais fruto ainda.

— JOÃO 15.2

A palavra "cortar" no original grego é *airo*, que segundo alguns estudiosos também pode significar "levantar". Portanto, podemos inferir que o ramo que está em Cristo e não dá fruto, ele o levanta. Muitas pessoas vivem abatidos, com medo de Deus, porque não veem os frutos do que fazem. Então concluem que algo está errado ou que Deus não está satisfeito com elas; com isso, acabam perdendo a fé e vivendo em derrota.

No entanto, Deus não está pensando em puni-lo ou piorar sua situação. Tudo o que ele quer é levantá-lo e abençoá-lo. Se você já esteve em um parreiral, sabe que o agricultor planta e organiza os ramos de modo que o sol alcance todos eles. Alguns ramos, porém, ficam baixos, cobertos de terra, e o sol não os atinge, impedindo-os de frutificar. Isso pode refletir a nossa vida quando estamos caídos por causa do pecado e de suas consequências. São nessas circunstâncias que o Diabo nos faz olhar para nossos erros e falhas, enfraquecendo nossa fé.

Assim como o viticultor levanta os ramos caídos e os amarra para que o sol os atinja e eles frutifiquem, o Senhor está erguendo você pelo seu amor e graça hoje. Você é filho e está sob a aliança de Cristo, aquele que nos justifica. O que você não pode fazer, ele pode; o que você não é, ele é. Levante-se em fé, agora mesmo, e proclame essas verdades a seu respeito, elas trarão à existência o fruto de Deus na sua vida.

ANOTAÇÕES

LEIA HOJE
Salmos 49-50
Provérbios 25

O AMOR É A BASE DE TUDO

09 AGO

Nós amamos porque ele nos amou primeiro.

— 1 JOÃO 4.19

Quando pensamos sobre como amamos os outros, é essencial lembrar de que esse amor não nasce de nós mesmos, mas é uma resposta ao amor incondicional que Deus já nos ofereceu. Isso transforma o amor em algo mais do que um sentimento passageiro; ele se torna uma ação fundamentada em um compromisso profundo.

O medo surge da falta de confiança, uma sombra que se dissipa quando nos aproximamos de Deus e o conhecemos profundamente. Em nosso relacionamento com ele, descobrimos que Deus é o verdadeiro amor, que emana da sua essência, nos envolve e transforma. Com ele, ganhamos confiança, esperança e coragem, sabendo que nunca seremos decepcionados.

Além disso, o amor de Deus nos dá acesso a uma nova forma de viver — uma vida de altruísmo. Passamos a não pensar apenas em nós, mas estender a mão e abençoar os que necessitam de nossa ajuda. Enfrentar desafios no amor, como desentendimentos e conflitos, faz parte da jornada, mas o amor divino nos proporciona a força e a orientação para superar esses obstáculos. Porque ele nos amou podemos amar com confiança.

LEIA HOJE

Salmos 51-52
Provérbios 26

ANOTAÇÕES

O AMOR NOS LIBERTA DA TORMENTA

Não temas, porque eu sou contigo; não te assombres, porque eu sou o teu Deus; eu te fortaleço, e te ajudo, e te sustento com a minha destra fiel.

—ISAÍAS 41.10

10 AGO

Muitos cristãos vivem sob o peso da condenação, atormentados pelo medo de que Deus não ouvirá suas orações e pela incerteza do amanhã. Há uma insegurança em depender exclusivamente de Deus, como se isso fosse algo a temer. No entanto, é fundamental cultivar uma visão correta de Deus para vivermos plenamente na sua graça.

A raiz de todo medo é a condenação, alimentada pela falta de compreensão do amor incondicional de Deus. O pecado traz consigo uma expectativa de juízo e condenação, levando o homem a viver com insegurança. Se acreditamos que somos tão pecadores que Deus não cuidará de nós, ou que somente aqueles que são "totalmente fiéis" têm direito ao seu cuidado e bênçãos, estamos cultivando uma crença errada.

As dificuldades da vida, os desafios inesperados e as ansiedades sobre o futuro podem nos levar a um estado de tormenta emocional e espiritual. No entanto, a promessa de Deus em Isaías 41.10 nos oferece uma esperança imensurável: mesmo em meio às tempestades da vida, não estamos sozinhos. O amor de Deus está presente, pronto para nos fortalecer, ajudar e sustentar.

O perfeito amor de Deus expulsa o medo, como nos ensina 1João 4.18. Esse amor perfeito nos assegura de que nada pode nos separar de Deus (cf. Romanos 8.38-39). Ao nos agarrarmos a essa verdade, começamos a ver além das circunstâncias e a confiar que Deus tem um propósito maior e um plano perfeito para a nossa vida.

ANOTAÇÕES

DEVOCIONAL
222/365

LEIA HOJE
Salmos 53-54
Provérbios 27

REGENERADOS EM CRISTO

11 AGO

Bendito o Deus e Pai de nosso Senhor Jesus Cristo, que, segundo a sua muita misericórdia, nos regenerou para uma viva esperança, mediante a ressurreição de Jesus Cristo dentre os mortos.

— 1 PEDRO 1.3

Não há pecado grande demais que Deus não perdoe; não há pecado sujo demais que o sangue dele não purifique; não há fracasso ou derrota terrível demais, que não possa transformar em vitória, pois Cristo nos regenerou e tem a última palavra em nossa vida.

É importante notar que não é por nossos méritos ou esforços que somos renovados, mas por sua infinita misericórdia. Reconhecer essa misericórdia deve nos levar a uma postura de humildade e gratidão, compreendendo que tudo o que temos e somos em Cristo é fruto do amor imerecido de Deus.

A regeneração mencionada aqui se refere a uma transformação completa. Quando aceitamos Cristo, não somos apenas melhorados ou reformados; somos completamente renovados. Essa nova vida nos oferece uma "viva esperança". Diferentemente de uma esperança mundana e passageira, a viva esperança em Cristo é duradoura e segura, baseada na ressurreição de Jesus. Ela é dinâmica e influencia cada aspecto de nossa vida, enchendo-nos de confiança e propósito.

A ressurreição de Jesus é o fundamento da nossa fé e esperança. É a prova definitiva do poder de Deus sobre a morte e a garantia da nossa própria ressurreição futura, livres do poder do pecado e da morte. Ela nos dá a certeza de que, no fim, Deus restaurará todas as coisas, trazendo-nos uma esperança viva e eterna que transforma nossa existência presente e futura.

LEIA HOJE
Salmos 55-56
Provérbios 28

ANOTAÇÕES

DEUS TEM ÁGUAS DOCES PARA VOCÊ

12 AGO

Então, Moisés clamou ao Senhor, e o Senhor lhe mostrou uma árvore; lançou-a Moisés nas águas, e as águas se tornaram doces. Deu-lhes ali estatutos e uma ordenação, e ali os provou.

— ÊXODO 15.25

A história da libertação do povo de Israel é a nossa também. Nós éramos escravos do mundo, que é representado pelo Egito; e, nesse contexto, faraó simboliza o próprio Diabo. Moisés, por sua vez, é um tipo de Cristo, nosso Libertador. Fomos arrancados do Egito pelo poder de Deus e, ao cruzarmos o Mar Vermelho, que representa as águas do batismo, cremos e declaramos publicamente que nossa vida agora pertence ao Senhor, não a Satanás.

Deus está nos conduzindo para Canaã, onde há vida abundante e crescimento espiritual. Em Canaã, experimentaremos suprimentos e milagres. Mas lá ainda não é o Céu, pois há inimigos e a luta continua. Muitas pessoas acreditam que a vida na graça é isenta de lutas. Na verdade, mesmo estando sob a graça, enfrentamos muitas batalhas; a diferença é que todas as vitórias são conquistadas pelo poder de Deus.

O povo de Deus permaneceu no deserto por 40 anos, e a primeira parada foi em Mara, que significa "amargo. Isso aconteceu porque Deus queria chamar a atenção deles. Aquelas águas refletiam a amargura que ainda eles carregavam dentro de si.

Essa experiência também se aplica a nós, pois embora sejamos convertidos, por vezes ficamos amargurados por causa de ressentimentos, mágoas, falta de perdão, traumas e todo tipo de medo. Para lidar com isso, é necessário ter a humildade de se aproximar de Deus e dizer: "Senhor, revela toda a amargura oculta em meu coração e mude a minha vida de dentro para fora, pois quero viver dias de doçura, não de amargura".

ANOTAÇÕES

LEIA HOJE
Salmos 57-58
Provérbios 29

DEUS TRANSFORMA O AMARGO EM DOCE

13 AGO

Então, Moisés clamou ao Senhor, e o Senhor lhe mostrou uma árvore; lançou-a Moisés nas águas, e as águas se tornaram doces. Deu-lhes ali estatutos e uma ordenação, e ali os provou.

—ÊXODO 15.25

A palavra "sara" no original hebraico é *rafá*. Jeová Rafá significa "O Deus que cura". Essa é a primeira menção de cura na Bíblia e está ligada a esse episódio. As Escrituras não dizem que, quando o povo de Deus saiu do Egito, havia doença física entre eles. Entretanto, suas almas precisavam da cura de Deus. Nosso grande desafio hoje é que, apesar da conversão do espírito, ainda podemos carregar velhas cicatrizes. Por isso, o Senhor manifesta o desejo de nos curar quando diz: "*pois eu sou o Senhor, que te sara*".

Antes de prosseguirem para Elim, que representa uma experiência de abundância, o povo precisava vivenciar o que aconteceria em Mara e ver a água amarga se transformar em doce; então, Deus disse a Moisés para jogar uma árvore nas águas de Mara, e elas se tornaram doces. Na Bíblia, a madeira simboliza a cruz, que é um instrumento de transformação. Pessoas que não passaram pela Cruz tendem a ser amargas, mas aqueles que morreram com Cristo realmente se tornam doces.

A Cruz tem um poder incrível e definitivo em nossa vida. Em última análise, essa experiência acontece quando decidimos morrer para a velha vida e começar uma nova com Cristo. Experimente isso hoje em seu coração e veja o amargor se tornar doce.

LEIA HOJE
Salmos 59-60
Provérbios 30

ANOTAÇÕES

PERDOADO PARA PERDOAR

Antes de tudo, vos entreguei o que também recebi: que Cristo morreu pelos nossos pecados, segundo as Escrituras.

— 1CORÍNTIOS 15.3

14 AGO

Quando Jesus morreu na cruz como nosso substituto, recebemos o perdão dos pecados, a reconciliação com Deus e a justiça divina. Agora, podemos afirmar que não temos mais um passado de condenação, pois estamos livres.

É fundamental compreender isso, pois o amargo no coração, muitas vezes, tem origem em mágoas, ressentimentos e tristezas em relação ao passado. Contudo, há um detalhe crucial: só pode perdoar quem um dia foi perdoado. Se você não entender o perdão que recebeu, será incapaz de liberar os outros

A gravidade do pecado está relacionada a quem é ofendido. Imagine que um menino dê um tapa na cara de um colega na escola. É algo ruim, mas geralmente é resolvido na diretoria com um pedido de desculpas. Agora, se o menino dá um tapa na cara do pai do colega, a situação é mais grave, pois a ofensa é dirigida a um adulto. Se ele ofender um governador, a gravidade aumenta, e se ele dá um tapa no presidente dos Estados Unidos, a gravidade é extrema.

Embora seja sempre um tapa na cara, a seriedade do ato aumenta conforme a importância da pessoa ofendida. Nossos pecados foram uma ofensa direta a Deus. A magnitude do pecado é revelada pelo fato de que nossos pecados causaram a morte do Filho de Deus. Então, se Deus o perdoou de um pecado tão grande, você também não deveria perdoar quem o ofendeu? Lembre-se, a primeira revelação que devemos ter do Madeiro em nossa vida é "estou perdoado!".

ANOTAÇÕES

DEVOCIONAL
226/365

LEIA HOJE
Salmos 61-62
Provérbios 31

A GRANDE TRANSFORMAÇÃO PELA CRUZ DE CRISTO

15 AGO

Sabendo isto: que foi crucificado com ele
o nosso velho homem, para que o corpo do pecado
seja destruído, e não sirvamos o pecado como escravos.

— ROMANOS 6.6

Quando você nasceu de Adão, herdou dele uma natureza pecaminosa, que é a inclinação natural para o mal. No entanto, Cristo é descrito como o último Adão, um ponto culminante na História. Ele é o último da velha linhagem de pecadores e o início de uma nova criação.

Como o último Adão, Cristo encerra a era dos homens caídos — aqueles que vivem amargurados e escravizados pelo pecado. Ele não só encerra a velha raça, mas também dá início a uma nova, de homens e mulheres transformados, perdoados, e agora santos. Cristo é o primogênito dessa nova criação, inaugurando uma era de santidade e pureza.

Jesus levou consigo o nosso velho homem. Isso significa que o antigo eu, com todas suas inclinações para o pecado e sua natureza corrompida, foi crucificado. O "corpo do pecado" – a estrutura que nos tornava propensos ao pecado – foi destruído. Agora, em Cristo, você tem uma nova natureza. A máquina do pecado, que antes controlava seus pensamentos, suas ações e seus desejos, já não existe. Em seu lugar, Deus implantou uma nova semente divina, cuja natureza reside em você, dando-lhe o poder para viver uma vida diferente em Cristo.

LEIA HOJE
Salmos 63-64
Provérbios 1
João 1

ANOTAÇÕES

A CRUZ LIBERA UM NOVO HOMEM

16 AGO

Porque, como, pela desobediência de um só homem, muitos se tornaram pecadores, assim também, por meio da obediência de um só, muitos se tornarão justos.

— ROMANOS 5.19

Adão desobedeceu e, com isso, você se tornou pecador. No entanto, pela obediência de Cristo, fomos declarados justos, e Deus destruiu a maldade que havia em nosso coração. Herdamos de Adão todas as limitações e fracassos, mas, em Cristo, recebemos uma herança espiritual.

A morte do velho homem é a chave para a libertação. Não é necessário sacrifício, basta reconhecer que Deus o incluiu na morte de Cristo. Quando você passa a viver em Cristo sua vida é dividida em dois momentos: antes e depois da Cruz. Isso significa que a inconstância da sua vida termina e você é convidado a viver em novidade de vida. Clame ao Senhor para que essa verdade se manifeste na sua vida.

O velho homem, com suas imperfeições e amargura, morreu com Cristo. Não há necessidade de viver segundo o ditado "pau que nasce torto morre torto". O Carpinteiro de Nazaré tem o poder de transformar sua vida, fazendo morrer o velho homem e trazendo à existência uma nova criatura em Cristo. Existem apenas duas raças de homens na Terra: os caídos e os vivificados. Deus quer que você seja vivificado.

ANOTAÇÕES

LEIA HOJE
Salmos 65-66
Provérbios 2
João 2

VIVA SEM ESFORÇO

17 AGO

Pois assim está escrito: O primeiro homem, Adão, foi feito alma vivente. O último Adão, porém, é espírito vivificante.

— 1CORÍNTIOS 15.45

Em Adão, vivíamos sob o domínio do pecado, como se estivéssemos em um casamento sem esperança e liberdade. No entanto, ao morrermos para esse relacionamento, fomos libertos desse jugo opressor. Agora, você pode se unir a Cristo, entregando sua vida a ele. Esse novo casamento com Cristo não é apenas uma formalidade, mas uma transformação profunda que traz vida nova e abundante depois da cruz.

A transformação que experimentamos em Cristo é radical. Antes, em Adão, nossa vida estava marcada pela escravidão ao pecado e pela inevitabilidade da desobediência. Não precisávamos fazer esforço para pecar, pois era a nossa natureza. No entanto, em Cristo, nossa natureza é renovada. Em vez de lutar contra a injustiça, agora fluímos na justiça. Essa nova condição não exige esforço para ser justa, assim como o pecado não exigia esforço de Adão. O Espírito vivificante que agora habita em nós nos capacita a viver de acordo com a nova natureza que recebemos.

Em Cristo, a justiça não é uma meta inatingível, mas uma realidade vivenciada por meio da fé. Como o último Adão, Cristo nos trouxe uma nova vida, fruto de seu sacrifício e ressurreição. É pela fé que a experimentamos de maneira gratuita. Não precisamos lutar para alcançar a justiça; em Cristo, ela já é nossa.

DEVOCIONAL
229/365

LEIA HOJE
Salmos 67-68
Provérbios 3
João 3

ANOTAÇÕES

DEUS ESCOLHE OS QUE NÃO SÃO PARA ENVERGONHAR OS QUE PENSAM QUE SÃO

18 AGO

Vi ainda debaixo do sol que não é dos ligeiros o prêmio, nem dos valentes, a vitória, nem tampouco dos sábios, o pão, nem ainda dos prudentes, a riqueza, nem dos inteligentes, o favor; porém tudo depende do tempo e do acaso.

— ECLESIASTES 9.11

Esse texto parece assustador se o olharmos na ótica terrena. No mundo, o prêmio é do mais rápido, o pão é do prudente e a riqueza, do mais capaz. Todavia, Deus faz uma afirmação sobre nós, que contradiz tudo isso, mas nos coloca em uma posição de fé e esperança.

Assisti a um documentário sobre artistas de Hollywood, que revela uma realidade surpreendente: nem sempre o artista que mais fez sucesso e ganhou o Oscar era o mais cotado para o papel. Muitas vezes, os grandes nomes estavam ocupados com outros compromissos, assim os atores que estavam disponíveis – ainda que não fossem os melhores – assumiram o protagonismo. Ou seja, os artistas menos renomados acabaram se destacando.

Quando Salomão diz que o prêmio não é do mais rápido, eu digo "Aleluia!", pois definitivamente não sou o mais rápido. O fato é que não poderia ganhar coisa alguma ou chegar a qualquer posição, pois faço parte da turma dos improváveis.

Talvez você também não seja o melhor da sua turma, mas entenda que o sucesso na vida não é daquele que está capacitado, mas de quem anda em obediência, pois encontra o favor imerecido de Deus. O Pai Deus escolhe os que não são para envergonhar os que pensam que são; escolhe os pequenos para envergonhar os grandes; os últimos para envergonhar os primeiros e, dessa maneira, faz com que toda glória seja dele. Se esse é o seu caso, anime-se, você está na mira de Deus para ser o vencedor.

ANOTAÇÕES

LEIA HOJE
Salmos 69-70
Provérbios 4
João 4

PAZ COM DEUS

19 AGO

Reconcilia-te, pois, com ele e tem paz,
e assim te sobrevirá o bem.

—JÓ 22.21

A verdade fundamental é que não somos importantes pelo que fazemos, mas pelo que somos. Deus nos criou como seres humanos, não apenas como "fazedores". Nossa importância não está nas nossas realizações ou em nossas obras, mas em nossa identidade de filhos de Deus. O valor de uma pessoa é medido pelo preço que Cristo pagou por ela, e não pelo que ela é capaz de fazer de bom. O sacrifício de Jesus é o maior testemunho do valor que Deus atribui a cada um de nós.

Quando compreendemos e reconhecemos o nosso verdadeiro valor, entendemos que tudo o que diz respeito a nós é importante para Deus. A reconciliação com ele é o caminho para experimentamos a verdadeira paz. E ela não é uma simples ausência de conflito, mas uma profunda certeza de que estamos alinhados com a vontade divina e seguros em seu amor.

Quando estamos em paz com Deus, conseguimos ver a vida de uma nova perspectiva, na qual o bem e o favor dele nos acompanham. Busque, portanto, a reconciliação com Deus e permita que essa verdade traga uma paz duradoura ao seu coração.

DEVOCIONAL
231/365

LEIA HOJE
Salmos 71-72
Provérbios 5
João 5

ANOTAÇÕES

VENHA PARA A MESA DO REI

20 AGO

Perguntou-lhe Davi: "resta ainda alguém da família de Saul a quem eu possa mostrar a lealdade de Deus?". Respondeu Ziba: "Ainda há um filho de Jônatas, aleijado dos pés".

— 2SAMUEL 9.3 (NVI)

A Bíblia nos conta a história de Mefibosete, um homem que vivia em *Lo-Debar*. Ele era filho de Jônatas e neto de Saul. Quando criança, durante uma guerra, a babá que o carregava tropeçou e o deixou cair, resultando na fratura de seus pés. Naquela época, não havia tratamento adequado, e seus ossos cicatrizaram tortos. Por essa razão, Mefibosete caminhava de forma imperfeita pelo deserto. O rei demonstrou bondade para com ele, pois tinha aliança com Jônatas, o pai dele.

Assim como Mefibosete, temos "pés tortos", os quais representam nossas falhas e pecados. No entanto, por causa da aliança de Jesus na Cruz, Deus nos fez alvo de sua bondade. Mefibosete foi tirado do deserto e levado à mesa do rei. Na ocasião, Davi disse a Mefibosete: "Você comerá à minha mesa todos os dias". Do mesmo modo, Deus nos resgatou de nosso deserto pessoal e nos trouxe para a sua presença.

Deus nos convida a nos assentarmos com ele, onde nossos "pés tortos" ficam ocultos. Ele não está preocupado com os nossos passos imperfeitos, seu desejo é que desfrutemos do banquete que preparou para nós, por sua graça, amor e misericórdia.

Hoje, o Pai estende as mãos para você que está em *Lo-Debar*, na terra seca e árida, enfrentando dificuldades. Ele diz: "Venha, meu filho amado, venha com seus pés tortos e assente-se à minha mesa. Coloque-os onde ninguém vê, pois isso não é importante. Fique perto, porque quero abençoar sua vida".

ANOTAÇÕES

LEIA HOJE
Salmos 73-74
Provérbios 6
João 6

LUGAR CERTO, NA HORA CERTA

21 AGO

Contava ele ao rei como Eliseu restaurara à vida a um morto, quando a mulher cujo filho ele havia restaurado à vida clamou ao rei pela sua casa e pelas suas terras.

— 2REIS 8.5a

Nessa passagem, Geazi contou ao rei sobre um milagre notável: Eliseu havia ressuscitado o filho de uma mulher sunamita. Coincidentemente, essa mulher, que havia sido orientada por Eliseu a fugir devido a uma fome iminente de sete anos, retornou à sua terra apenas para descobrir que outra pessoa havia se apossado de sua propriedade. Ao procurar o rei para reaver suas terras, ela chegou exatamente quando Geazi relatava o milagre.

O rei, impressionado com a história, decidiu restituir à mulher tudo o que lhe pertencia, incluindo as rendas do campo desde o dia em que ela havia deixado a terra. Parece uma incrível coincidência, mas essa experiência demonstra claramente como Deus coordena as circunstâncias em nosso favor.

Há aqui uma chave espiritual poderosa: estar no tempo certo e no lugar certo é crucial. Embora não saibamos exatamente como Deus orquestra esses momentos, podemos confiar que ele faz com que tudo aconteça no momento perfeito. Portanto, peça ao Espírito Santo para guiá-lo ao lugar certo, na hora certa.

Não se preocupe em tentar abrir portas com suas próprias forças ou insistir em conexões com pessoas importantes. Apenas confie que Deus, em sua bondade, abrirá as oportunidades para você e o conectará com aqueles que fazem parte da bênção em sua vida. Descanse no amor de Deus, creia nele e testemunhe o seu agir a seu favor.

DEVOCIONAL
233/365

LEIA HOJE
Salmos 75-76
Provérbios 7
João 7

ANOTAÇÕES

OUÇA A VOZ DE DEUS E SEJA GUIADO PARA A BÊNÇÃO

22 AGO

As minhas ovelhas ouvem a minha voz;
eu as conheço, e elas me seguem.
— JOÃO 10.27

Se você ouvir a voz de Deus, será guiado para o lugar da bênção, pois Deus nos conduz pelo caminho certo. O texto bíblico afirma que são as "ovelhas" que ouvem a voz do Senhor. No entanto, para nos tornarmos suas ovelhas, é preciso nascer de novo.

Além disso, a Bíblia diz que Deus reconhece as suas ovelhas. Creia que ele conhece você mais do que você mesmo e se importa com cada detalhe da sua vida. Sabe quantos fios de cabelo você tem e preparou dias de bênçãos para você. Ter fé no amor e no cuidado de Deus é fundamental para ouvir a voz do Bom Pastor e seguir o caminho que ele preparou para você.

Muitas pessoas acreditam que ouvir Deus é algo extremamente difícil e complexo, que exige cursos ou seminários especializados. No entanto, Jesus nos ensina, em João, que as suas ovelhas ouvem a sua voz. Se você nasceu de novo, é uma ovelha do Senhor e, portanto, ouvirá a voz dele. Minha netinha, mesmo com poucos meses de vida, já reconhece a voz da mãe. Da mesma forma, você também reconhecerá a voz do Pai quando ele falar com você.

Se você é uma de suas ovelhas, ouvirá a sua voz, porque ele sabe exatamente como se comunicar. Mesmo que não seja uma voz audível, você sentirá no fundo do seu coração a paz e a alegria das palavras que ele terá colocado lá. Deus fala de acordo com sua Palavra e traz paz e descanso à nossa alma. O que ele diz é sempre para nos abençoar e nunca para nos abater; lembre-se disso. Ouça a voz do Pai e siga-o para o lugar da bênção, hoje mesmo.

ANOTAÇÕES

DEVOCIONAL
234/365

LEIA HOJE
Salmos 77-78
Provérbios 8
João 8

VIVA COM UM NOVO CORAÇÃO

23 AGO

Enganoso é o coração, mais do que todas as coisas, e desesperadamente corrupto; quem o conhecerá?
— JEREMIAS 17.9

Esse versículo pode causar um certo espanto, pois descreve o coração como enganoso e corrupto. É um texto do Antigo Testamento que reflete a condição da alma humana antes da intervenção divina. Na Nova Aliança, Deus nos deu um novo coração, que não é enganoso nem corrupto, pois foi restaurado pela graça de Deus.

Em Ezequiel 36.26, Deus promete: "Dar-vos-ei um coração novo e porei dentro de vós um espírito novo; tirarei de vós o coração de pedra e vos darei um coração de carne". Antes de conhecermos Deus e nascermos de novo, nosso coração estava endurecido pelo pecado, o que nos impedia de ter a fé necessária para experimentar todas as dimensões do amor e perdão. Sem essa transformação, éramos como uma terra dura e árida, incapaz de produzir frutos de vida, paz e alegria.

Confie que o coração que Deus lhe deu é puro e capaz de discernir sua vontade. Creia e confesse que ele é como uma terra boa, onde o Senhor está semeando bênçãos para você e sua família. Viva como alguém que tem esse novo coração. Perdoe, porque foi perdoado; ame, porque foi amado; dê, porque recebeu. Assim, você verá frutos abundantes que nascem de dentro de você e sua alegria será completa em Cristo.

LEIA HOJE
Salmos 79-80
Provérbios 9
João 9

ANOTAÇÕES

DEUS ESCREVE EM NOSSO CORAÇÃO

24 AGO

Esta é a aliança que farei com eles, depois daqueles dias, diz o Senhor: Porei no seu coração as minhas leis e sobre a sua mente as inscreverei.

— HEBREUS 10.16

Deus imprime em nossa mente e coração seus desejos e propósitos. Isso não decorre de nossa própria bondade, mas é uma realidade da Nova Aliança. Precisamos apenas reconhecer que ele já implantou sua vontade em nosso coração, crer que ela está ativa em nós e pedir que nos ajude a responder ao seu querer.

Essa é a forma como o Espírito Santo nos guia hoje. Ao orar, você se aproxima de Deus para um momento de intimidade, mas, frequentemente, a vontade dele já está em seu coração. O Novo Testamento nos revela que Deus coloca em nosso coração os desejos corretos para o nosso bem, e o Espírito testifica em nós que algo vem dele. Assim, você simplesmente crê e vive essa realidade.

Como diz Filipenses 2.13: "Porque Deus é quem efetua em vós tanto o querer como o realizar, segundo a sua boa vontade". Muitas vezes, ignoramos os desejos profundos e santos que Deus colocou em nós e perdemos muitas oportunidades de sermos abençoados. Quando sinto um desejo de fazer algo da parte de Deus, busco meditar sobre isso, pois sei que ele está operando em minha vida.

Você é um com o Senhor, portanto acredite que ele o inspira e confie! Vamos lá, não tenha medo de errar, pois isso faz parte do processo de aprendizado. Confira o desejo do seu coração com a Palavra de Deus e dê o passo de fé, e você verá grandes coisas acontecerem em sua vida!

ANOTAÇÕES

DEVOCIONAL
236/365

LEIA HOJE
Salmos 81-82
Provérbios 10
João 10

DEUS TEM PREPARADO COISAS INCRÍVEIS PARA VOCÊ

25 AGO

Mas, como está escrito: Nem olhos viram, nem ouvidos ouviram, nem jamais penetrou em coração humano o que Deus tem preparado para aqueles que o amam.

— 1 CORÍNTIOS 2.9

Paulo está citando Isaías 64.4 nesse versículo: "Porque desde a antiguidade não se ouviu, nem com ouvidos se percebeu, nem com os olhos se viu Deus além de ti, que trabalha para aquele que nele espera". No entanto, Paulo altera a expressão de Isaías "aquele que nele espera" para "aquele que o ama". Essa mudança destaca uma diferença significativa entre o Antigo e o Novo Testamento. No Antigo, o conhecimento da vontade de Deus era aguardado com expectativa. Hoje, com a Nova Aliança, Deus já habita em nós.

A verdade é que todos que o amam esperam nele. Todavia, a Bíblia diz que nós o amamos, porque ele nos amou primeiro. Permita que Deus o ame todos os dias; medite sobre isso, sinta o seu amor e, o mais importante, creia nele. Essa experiência com o amor de Deus levará você a amá-lo espontaneamente e a esperar nele. E então o verá trabalhando por você, como está escrito em Isaías.

É importante destacar que nem todos os desejos do coração são diretamente de Deus, por isso é crucial discernir e alinhar esses desejos com a Palavra. Sempre que estiver com dúvidas em relação a algo que está em seu coração, consulte a Bíblia. Além disso, ore todos os dias, ao acordar, dizendo: "Senhor, coloque os teus desejos em meu coração".

DEVOCIONAL
237/365

LEIA HOJE
Salmos 83-84
Provérbios 11
João 11

ANOTAÇÕES

SENTE-SE AOS PÉS DO SENHOR

26 AGO

Respondeu-lhe o Senhor: Marta! Marta! Andas inquieta e te preocupas com muitas coisas. Entretanto, pouco é necessário ou mesmo uma só coisa; Maria, pois, escolheu a boa parte, e esta não lhe será tirada.

— LUCAS 10.41-42

Muitas pessoas vivem correndo atrás de promoção e sucesso, com medo de que alguém chegue antes e tome o seu lugar. Essa busca incessante por vantagens, prosperidade, casamento, liderança, leva a uma vida de agitação e estresse. A competição constante para estar à frente só resulta em cansaço e frustração. No final, tudo isso é como correr atrás do vento.

Esse é o caminho do mundo sem Deus, mas não precisa ser o seu. Você tem o privilégio de ser filho do dono do mundo, aquele que controla o tempo, tem as chaves de todas as portas, remove e estabelece reis, e determina que tudo aconteça. Ele é o seu Pai e já preparou todas as coisas a seu favor.

Então, siga o exemplo de Maria, sente-se aos pés do Senhor e escolha a melhor parte: ouvir o que ele tem a dizer. Ao ouvir a voz de Deus e seguir suas orientações sem ansiedade, você encontrará a verdadeira paz que o guiará para o sucesso. Para escapar da correria desta vida, encha-se da paz do Senhor e desfrute de sua presença e amor. Quanto mais você se dedicar a isso, mais audível será a voz de Deus em seu coração.

ANOTAÇÕES

DEVOCIONAL
238/365

LEIA HOJE
Salmos 85-86
Provérbios 12
João 12

O LEGADO DE MARIA DE BETÂNIA

27 AGO

Em verdade vos digo: onde for pregado em todo o mundo o evangelho, será também contado o que ela fez, para memória sua.

— MARCOS 14.9

Na manhã em que Jesus ressuscitou dos mortos, algumas mulheres foram ao sepulcro para ungir o corpo, mas chegaram tarde; Jesus já havia ressuscitado. Ao contrário de Maria de Betânia, que ungiu Jesus antes de sua morte, essas mulheres chegaram depois do fato. Maria fez algo tão significativo, que tocou o coração de Deus a ponto de Jesus afirmar que sua ação seria lembrada para sempre.

Judas considerou o ato dessa mulher apaixonada um desperdício, pois o coração dele estava corrompido e focado no dinheiro. Sempre haverá pessoas com o coração perdido ou embriagado pelo dinheiro, que criticarão aqueles que gastam seu tempo na presença de Deus; seja orando, lendo a Palavra, fazendo um devocional ou indo a um culto. Não se incomode com eles. Ao derramar aos pés do Senhor o que tem de mais precioso — o seu tempo, a sua vida — você será honrado por isso.

Maria derramou-se aos pés de Jesus, e essa posição foi o que lhe concedeu a graça de honrá-lo. Estar aos pés de Jesus não apenas a preparou para reconhecer e cumprir o que era necessário, mas também garantiu que sua devoção e amor fossem eternamente lembrados.

Aqueles que decidem viver uma vida perto de Jesus, dedicando-lhe tempo, serão honrados assim como Maria foi. Continue, diariamente, valorizando o que realmente importa e permanecendo aos seus pés do Senhor. Espere para ver a grande honra que Deus lhe concederá em cada área de sua vida.

DEVOCIONAL
239/365

LEIA HOJE
Salmos 87-88
Provérbios 13
João 13

ANOTAÇÕES

VENCENDO A BATALHA POR MEIO DO PERDÃO

Embraçando sempre o escudo da fé, com o qual podereis apagar todos os dardos inflamados do Maligno.

— EFÉSIOS 6.16

28 AGO

Cuidar da fé é essencial para a nossa vida espiritual, pois é por meio dela que vencemos as batalhas. Nós a mantemos quando nos alimentamos da Palavra de Cristo dia após dia. É olhando para Jesus e para sua obra consumada na Cruz que somos fortalecidos.

Não podemos viver com medo, preocupados com os ataques do Diabo; a Bíblia nos orienta sobre como enfrentar essas situações, que é usando a armadura de Deus. Entre ela, está a sua Palavra. Além disso, precisamos estar sensíveis à direção do Espírito e protegidos pelo escudo de Deus, que é a nossa fé. Devemos ter a certeza da verdade do Evangelho em nosso coração e lábios.

Então, como a Bíblia ensina, perdoe e abençoe os que o perseguem, pois eles não são seus verdadeiros inimigos; o verdadeiro inimigo é o Diabo, e ele já foi derrotado por Cristo. Repreenda o espírito Maligno da vingança e vista-se da armadura de Deus para permanecer vitorioso e inabalável. Seja sincero e admita que não consegue fazer isso sozinho; Deus se agrada do coração sincero e de uma oração honesta. Ele limpará seu coração e o preencherá com sua própria vida, pois ele é a sua justiça.

Perdoar é a primeira arma de fé para vencer o Inimigo na batalha, porque tira dele a base para nos envenenar. Permaneça firme e não se concentre nas circunstâncias naturais. A fé é o escudo que o defende e o mantém de pé nas batalhas, garantindo a vitória que Jesus já conquistou.

ANOTAÇÕES

DEVOCIONAL
240/365

LEIA HOJE
Salmos 89-90
Provérbios 14
João 14

TENHA FÉ PARA VER SUAS ORAÇÕES RESPONDIDAS

29 AGO

Pedi, e dar-se-vos-á; buscai e achareis;
batei, e abrir-se-vos-á.

— MATEUS 7.7

Abençoar e dar são expressões de bondade. Deus nos deu seu Filho, e essa foi a maior expressão de amor que existe. Deus ama derramar sobre nós seu amor e bondade; então, peça, e ele lhe dará; busque, e o encontrará; bata, e ele abrirá a porta.

Pedir, buscar e bater correspondem a diferentes níveis de oração, de acordo com a medida da necessidade. Deus quer nos ensinar a nos posicionarmos diante das circunstâncias da vida. Observe que a fé está em ação aqui, porque em nenhum momento existem dúvidas sobre a vontade de Deus de responder positivamente.

Você pode fazer uma oração intensa diante de uma grande necessidade. No entanto, não se trata, necessariamente, de uma oração longa ou alta, mas de autoridade — um decreto baseado na fé, na Palavra e em concordância com Deus. Posicione-se, pois você tem autoridade, então lance-a sobre sua necessidade. Na dispensação da Lei, havia juízo, mas na dispensação da graça, a vontade de Deus é abençoar.

Muitas vezes, as pessoas têm fé para crer que Deus pode fazer o milagre e atender aos seus pedidos, porém elas têm dúvidas se ele realmente quer atendê-las. Essas dúvidas surgem, porque as pessoas olham para si mesmas e não sabem se merecem a bênção de Deus. É necessário compreender que Deus não abençoa porque somos bons, mas porque ele o é. Está tudo consumado em Cristo, então peça, busque, bata à porta, pois a resposta a seu favor é certa.

DEVOCIONAL
241/365

LEIA HOJE
Salmos 91-92
Provérbios 15
João 15

ANOTAÇÕES

POR AMOR E POR JUSTIÇA, ELE QUER ABENÇOAR VOCÊ

30 AGO

Ora, tudo provém de Deus, que nos reconciliou consigo mesmo por meio de Cristo e nos deu o ministério da reconciliação.

— 2CORÍNTIOS 5.18

A grandeza da obra de Cristo no Calvário é inquestionável, e o mérito para receber algo da parte de Deus não se baseia em nossos sentimentos, mas na perfeição da obra de Jesus. Ao aceitar a culpa e as acusações lançadas pelo Diabo na sua mente, você está, na verdade, desconsiderando a obra da Cruz.

A grande missão do Diabo é tentar convencê-lo de que Deus não é um Pai bondoso. Deus o criou à imagem e semelhança dele, por isso você é um filho amado, e a Cruz de Cristo prova o amor do Pai.

Deus é santo e justo, mas sua essência é o amor. Em sua santidade, ele não poderia nos abençoar, pois havia pecado em nós. No entanto, em seu amor, Deus desejava nos abençoar. Assim, havia um conflito entre a santidade e o amor de Deus. A santidade exigia punição, enquanto o amor desejava nos abençoar. Esse conflito foi resolvido na Cruz, onde a graça e a justiça se encontraram e se reconciliaram por amor a nós. A ira de Deus foi derramada sobre Cristo em nosso lugar. Ao sofrer o juízo em nosso lugar, ele assumiu toda a nossa culpa e pagou nossa dívida, permitindo que Deus nos amasse plenamente e que o Céu não negasse nada a nós, que agora estamos em Cristo.

Portanto, o amor de Deus pode e quer abençoar você hoje. Tenha fé ao orar e pedir o que precisa, com a certeza de que Deus está pronto para ouvi-lo e abençoá-lo. Deus não é bom porque somos bons; ele é bom porque essa é sua própria essência.

ANOTAÇÕES

DEVOCIONAL
242/365

LEIA HOJE
Salmos 93-94
Provérbios 16
João 16

DEUS HONRA A FÉ EXTRAVAGANTE

31 AGO

Então, Josué falou ao Senhor, no dia em que o Senhor entregou os amorreus nas mãos dos filhos de Israel; e disse na presença dos israelitas: Sol, detém-te em Gibeão, e tu, lua, no vale de Aijalom. E o sol se deteve, e a lua parou até que o povo se vingou de seus inimigos.

—JOSUÉ 10.12-13A

Essa é uma das orações mais incríveis e poderosas da Bíblia, pois desafia a lógica da ciência. Josué, audaciosamente, fez a Deus um pedido completamente contrário às leis naturais; ele simplesmente pediu que Deus parasse o tempo, especificamente que o Sol e a Lua não se movessem. E Deus respondeu a essa ousada oração.

Deus não repreendeu Josué, dizendo algo do tipo: "Você enlouqueceu, pois sabe que está me pedindo algo impossível e que pode afetar a humanidade?". Pelo contrário, ele honrou a fé de Josué e respondeu ao pedido extraordinário. Deus honra a fé e ama quando pedimos coisas que parecem "impossíveis" ou "absurdas" do ponto de vista natural.

Ore por coisas incríveis que tenham propósitos celestiais. Deus não tem problemas com milagres; ele é sobrenatural, e esse exemplo mostra que podemos confiar nele para fazer pedidos impossíveis para nós. Você precisa de algo humanamente improvável hoje? Quer testemunhar um milagre inédito? Então é você quem tem a oportunidade de ver o extraordinário de Deus em ação.

É claro que não estou me referindo a fantasias vazias, como pedir para se casar com alguém famoso; isso é bobagem. Dito isso, não hesite em orar por coisas grandiosas, pois Deus faz coisas que não imaginamos. Confie na capacidade do Senhor em agir, sem se preocupar com "onde" ou "como" isso acontecerá. Simplesmente ore, peça o impossível, e permita que Deus seja Deus.

LEIA HOJE

Salmos 95-96
Provérbios 17
João 17

ANOTAÇÕES

SETEMBRO

O PODER ILIMITADO DA FÉ

01 SET

Disse ainda: Toma as flechas. Ele as tomou. Então, disse ao rei de Israel: Atira contra a terra; ele a feriu três vezes e cessou.

— 2REIS 13.18

Se você ler os versículos de 10 a 15 de 2Reis 13, verá que Deus desejava dar vitória completa e absoluta ao rei de Israel, por isso Eliseu se indignou com o fato de que o rei atirou apenas três flechas. Se ele não as tivesse limitado, venceria o inimigo completamente. Mas, por causa de sua hesitação, obteve a vitória parcial. O poder divino não tem limites, mas, muitas vezes, nossas orações tímidas nos impedem de tomarmos posse por completo daquilo que ele deseja fazer em nossa vida. Deus é grandioso, generoso e poderoso. Não caia no engano de que devemos pedir pouco ou nada a ele.

Na multiplicação dos pães e peixes (cf. João 6.11), vemos que Jesus mandou distribuí-los enquanto a multidão quis. Ele não ofereceu apenas um pouco para cada um ou fracionou a quantidade. Além disso, a Bíblia nos diz que sobraram 12 cestos cheios. Isso está na Palavra de Deus para mostrar que não há limites na bondade e na graça do Senhor.

Como aconteceu com o rei de Israel, Deus também nos encoraja a "atirarmos nossas flechas de oração" a respeito de cada área de nossa vida. Atire as flechas relacionadas ao seu casamento, à sua vida financeira, familiar e emocional; ore sobre tudo o que está no seu coração. Não hesite, peça com ousadia, declare as promessas, chame-as à existência pela fé. O Senhor está do seu lado para lhe abençoar, ele quer dar a você uma vitória plena.

DEVOCIONAL
244/365

LEIA HOJE
Salmos 97-98
Provérbios 18
João 18

ANOTAÇÕES

DEUS QUER ABENÇOAR VOCÊ

02 SET

Havendo-te, pois, o SENHOR, teu Deus, introduzido na terra que, sob juramento, prometeu a teus pais, Abraão, Isaque e Jacó, te daria, grandes e boas cidades, que tu não edificaste; e casas cheias de tudo o que é bom, casas que não encheste; e poços abertos, que não abriste; vinhais e olivais, que não plantaste [...].

— DEUTERONÔMIO 6.10-11

No trecho que acabamos de ler, o Senhor diz que o povo desfrutaria de algo que nunca semeou. Isso é graça divina, pela qual ele dá tudo com extravagância a quem nada merece. É um convite para entendermos que a provisão de Deus não se baseia em nosso esforço, mas em sua graça infinita.

Esse é o amor extravagante do Pai, que vai além do que podemos imaginar. Deus não é mesquinho, mas generoso. Assim como prometeu ao povo de Israel uma terra abundante, cheia de bênçãos — que eles não trabalharam para obter —, ele também nos promete grande provisão.

Muitas vezes, a nossa falta de fé nos impede de adquirir as bênçãos divinas. Mas Deus nos chama a confiar nele completamente, orar com intrepidez e acreditar que ele pode e quer fazer o impossível por nós. Ele é nosso Pai amoroso, que se deleita em abençoar seus filhos; creia hoje e receba tudo o que o Pai quer dar a você gratuita e amorosamente.

ANOTAÇÕES

DEVOCIONAL
245/365

LEIA HOJE
Salmos 99-100
Provérbios 19
João 19

JESUS TROCOU DE LUGAR COM VOCÊ

03 SET

E porá a mão sobre a cabeça do holocausto,
para que seja aceito a favor dele, para a sua expiação.
— LEVÍTICO 1.4

O perdão dos pecados é a fonte de todas as bênçãos. Quem sabe que está plenamente perdoado tem segurança e convicção para ser abençoado.

No Antigo Testamento, o sacerdote apresentava um cordeiro sem defeito, que era examinado, aceito diante de Deus e tomava o lugar do pecador. Este, por sua vez, colocava a mão sobre a cabeça do animal e transferia para ele todo o seu pecado. O cordeiro era, então, morto no lugar do pecador, que ia embora livre de erros. Uma troca injusta, mas que era feita por causa do amor e misericórdia de Deus em relação ao homem, antes do sacrifício de Cristo. Na Cruz, Jesus foi esse cordeiro, que tomou sobre si os pecados, não somente de um indivíduo, mas de toda a humanidade, morrendo em nosso lugar.

Por isso, a obra da Cruz é o centro do Evangelho, através dela, nossos pecados foram retirados de nós e colocados nele. Cristo se fez homem a fim de sofrer o castigo em nosso lugar, e, assim, fomos perdoados. Além disso, a Bíblia também afirma que, com Cristo, morreu o nosso velho homem (cf. Romanos 6.6). Dessa forma, na ressurreição de Jesus, nós também ressurgimos como novas criaturas. A vida eterna entrou em nós, e agora podemos nos achegar ao Pai e ter comunhão com ele, com a consciência limpa de que estamos para sempre perdoados e abençoados. Aleluia!

DEVOCIONAL
246/365

LEIA HOJE
Salmos 101-102
Provérbios 20
João 20

ANOTAÇÕES

PERDÃO TOTAL EM CRISTO

04 SET

Quero que vocês saibam, meus prezados, que é por causa do Jesus ressuscitado que o perdão dos pecados pode ser prometido a vocês. Ele realiza, naqueles que creem, tudo que a Lei de Moisés nunca pôde realizar. Mas qualquer um que crê no Jesus ressuscitado é declarado bom e justo diante de Deus.

— ATOS 13.38-39 (AM)

Nos versículos acima, Paulo faz uma proclamação completa, definitiva, absoluta e irrestrita ao ser humano. Ele decreta que todo aquele que crê está perdoado e é justificado, ponto. A verdade consumada é esta: através de Cristo, fomos perdoados e declarados justos e bons diante de Deus. Quando você não crê no perdão total dos seus pecados, despreza e diminui a obra de Cristo e o novo nascimento. Não seja um desprezador da graça; aceite o perdão total.

Com a obra da Cruz, nós recebemos salvação, e ela não é apenas o livramento do Inferno, mas também da vida mundana, caída e derrotada. Uma vez que você morreu e ressuscitou com Cristo, a vida que flui em você agora, pela salvação, é a vida de Deus. Ela fala de saúde, paz, bem-estar, prosperidade e alegria; ou seja, é uma bênção grandiosa e abrangente. Deus nos salva em todos os sentidos.

O que o seu braço e a religião não podem fazer, Deus, o seu Pai, já fez em Cristo: perdoou-lhe completamente, aproximou você de volta e quer amá-lo e abençoá-lo todos os dias. Logo, precisamos aceitar isso pela fé e sentir o poder desse amor nos transformar intimamente. Essa é a obra do Espírito Santo.

ANOTAÇÕES

DEVOCIONAL
247/365

LEIA HOJE
Salmos 103-104
Provérbios 21
João 21

VIVA A GRAÇA DIÁRIA

05 SET

Notai, pois, que não vos sobrevenha o que está dito nos profetas:
Vede, ó desprezadores, maravilhai-vos e desvanecei,
porque eu realizo, em vossos dias,
obra tal que não crereis se alguém vo-la contar.

— ATOS 13.40-41

Todos os dias, ao acordar, lembre-se e proclame esta verdade fundamental: "A graça me alcançou". A graça diária é um convite a vivermos cada dia com a consciência do imenso amor e misericórdia de Deus, que realiza obras grandiosas em nós, muitas vezes além do nosso entendimento ou expectativa. Em Atos 13.40-41, somos alertados para não desprezarmos os sinais e maravilhas que Deus opera diariamente em nosso meio.

A revelação do perdão dos pecados não é apenas uma doutrina, mas a origem de todas as dádivas que Deus deseja derramar sobre nós. Ao vivermos na plenitude do perdão, experimentamos a verdadeira liberdade e a abundância da vida em Cristo.

Martinho Lutero afirmou que, ao removermos o pecado da nossa consciência, ele também será destronado do nosso coração. Isso nos lembra de que o perdão não é apenas uma questão de atitude mental, mas uma transformação profunda em nosso interior. Quando o entendemos e o aceitamos totalmente, a culpa e o medo são removidos e substituídos por paz, alegria e uma nova cosmovisão.

Vivenciar a graça diária é abrir os olhos e o coração para reconhecer as pequenas e grandes ações de Deus, que, se contadas, poderiam parecer inacreditáveis. É um chamado a nos maravilharmos continuamente com sua presença ativa em nossa vida, permitindo que essa graça transforme nosso viver, enchendo-nos de esperança e fé inabaláveis diante das adversidades.

DEVOCIONAL
248/365

LEIA HOJE
Salmos 105-106
Provérbios 1

ANOTAÇÕES

INFINITAMENTE MAIS

06 SET

> Ora, àquele que é poderoso para fazer infinitamente mais do que tudo quanto pedimos ou pensamos, conforme o seu poder que opera em nós.
>
> — EFÉSIOS 3.20

A Bíblia nos garante que Deus é capaz de fazer infinitamente mais do que somos capazes de pedir, pensar ou imaginar. Veja que a vontade de Deus é nos surpreender.

Muitas vezes, temos pensamentos que parecem distantes ou impossíveis para nós, mas Deus os conhece, ouve nossos suspiros e deseja agir. Penso que existem dois tipos de crentes: aqueles que acreditam que Deus pode fazer; e os que creem que Deus não só *pode*, como também *quer* fazer. Crer que Deus é poderoso é algo que até o Diabo e seus demônios acreditam, e tremem, diz a Bíblia (cf. Tiago 2.19). Os filhos, porém, devem crer que Deus tem poder para fazer e que, além disso, deseja abençoá-los, apesar de não merecerem.

No entanto, como já vimos anteriormente, o salmo 127.2 afirma: "[...] aos seus *amados* ele o dá *enquanto dormem*" (grifo nosso). Em primeiro lugar, devemos acreditar que somos amados, e é por isso que o Senhor supre nossas necessidades. Depois, precisamos "dormir", ou seja, descansar. Boa parte dos cristãos não duvida do poder de Deus, mas tem dificuldade em acreditar que o Senhor quer agir em seu favor, pois não se sente merecedora. Isso acontece porque muitos estão olhando para os seus erros e ainda não acreditam que são amados. Dessa maneira, não descansam e não recebem, já que a fé não está em ação.

Para evitar cair nesse engano, não busque o merecimento, confie no amor de Deus por você, creia que é um filho amado, descanse e receba sem merecer.

ANOTAÇÕES

LEIA HOJE
Salmos 107-108
Provérbios 2

O SENHOR DECRETA BÊNÇÃOS SOBRE VOCÊ

07 SET

O Senhor determinará que a bênção esteja
nos teus celeiros e em tudo o que colocares a mão;
e te abençoará na terra que te dá o Senhor, teu Deus.

— DEUTERONÔMIO 28.8

Quando o Senhor se refere a "celeiros", fala sobre prosperidade e provisão para seu povo. Não precisamos ter receio de sermos prósperos, pois, apesar das Escrituras nos alertarem sobre o amor ao dinheiro, ele, por si só, não é o problema. Portanto, busque a prosperidade para abençoar sua família, seus irmãos, a obra de Deus, e para usufruir com prudência e sabedoria.

Frequentemente, as pessoas não alcançam a prosperidade, porque lhes falta a crença de que Deus é bom e deseja abençoá-las. Lembre-se: Deus quer derramar suas bênçãos sobre você, não apenas para suprir suas necessidades, mas também para que você seja uma fonte de bênção para outros. Ele deseja que todos nós experimentemos a plenitude de sua bondade em todas as áreas da vida. O Pai não se limita às circunstâncias ao seu redor. Entregue-se totalmente a ele, confie em suas promessas, crendo que ele deseja o melhor para seus filhos.

Portanto, viva na expectativa das bênçãos divinas e seja um canal de prosperidade e amor para todos que lhe cercam. Que sua vida seja um testemunho vivo da generosidade e do poder de Deus, refletindo a glória dele e honrando o nome do Senhor. Que a paz e a abundância de Deus sejam constantes em sua vida!

LEIA HOJE
Salmos 109-110
Provérbios 3

ANOTAÇÕES

ELE DECIDIU NOS AMAR ATÉ O FIM

08 SET

Nisto consiste o amor: não em que nós tenhamos amado a Deus, mas em que ele nos amou e enviou o seu Filho como propiciação pelos nossos pecados.

— 1 JOÃO 4.10

Na Cruz, Deus demonstrou o seu amor de maneira incomparável. O verdadeiro amor não se baseia em nossa capacidade de amar a Deus, mas em sua decisão de nos amar e de enviar seu Filho para nos redimir. O nosso amor por Deus é apenas uma resposta ao amor dele por nós. Ao receber essa revelação de que você é verdadeiramente amado, você se liberta das correntes do medo e da condenação.

"Replicou Pedro: Senhor, por que não posso seguir-te agora? Por ti darei a própria vida. Respondeu Jesus: Darás a vida por mim? Em verdade, em verdade te digo que jamais cantará o galo antes que me negues três vezes" (João 13.37). Pedro, em sua confiança excessiva e orgulho, acreditava que seu amor por Jesus era suficiente. Ele se baseava em sua própria força e capacidade. Em contraste, João, ao se intitular como discípulo amado (cf. João 21.20), apoiava-se no amor incondicional de Deus por ele.

Essa diferença entre Pedro e João ilustra dois caminhos distintos: o da autoconfiança e o da confiança no amor de Deus. Aqueles que se gloriam em suas próprias capacidades acabam tropeçando e caindo. Porém, os que compreendem e confiam no amor eterno de Deus, mesmo em seus momentos de fraqueza, encontram a verdadeira força e são restaurados.

Por isso, não se baseie em sua própria capacidade de amar, mas na certeza de que Deus o ama incondicionalmente. Receba essa revelação e permita que ela transforme sua vida. Quando se sentir inseguro, lembre-se de que o amor de Deus é a sua verdadeira força e fonte de restauração.

ANOTAÇÕES

LEIA HOJE
Salmos 111-112
Provérbios 4

VOCÊ TEM AS CHAVES DO REINO

09 SET

Dar-te-ei as chaves do reino dos céus;
o que ligares na terra terá sido ligado nos céus;
e o que desligares na terra terá sido desligado nos céus.

— MATEUS 16.19

É comum enfrentarmos situações desafiadoras e nos sentirmos impotentes diante delas. No entanto, ter as chaves do Reino dos Céus significa que temos autoridade espiritual para influenciar o que acontece ao nosso redor.

O problema não está na falta de poder, mas na ausência da manifestação desse poder. Deus já disponibilizou tudo o que precisamos para vivermos uma vida abençoada e vitoriosa. Ore confiante, sabendo que o Céu já está de acordo com o que você decretar em fé e sob a vontade do Pai.

Tudo o que for ligado e desligado aqui na Terra já foi ligado e desligado no Céu. Você tem o comando, tem as chaves nas suas mãos para ligar a bênção e desligar a maldição sobre sua vida. Declare a cura, a prosperidade, a paz e a libertação prometidas na Palavra. Você, como filho de Deus, exerce a autoridade que Cristo lhe conferiu. Se há algo que precisa ser transformado em sua vida, use as chaves do Reino.

O Senhor não lhe deixou sem recursos. Tenha coragem e ousadia, levante-se em fé e declare a vitória de Deus sobre todas as áreas da sua vida. Seja um testemunho vivo do poder divino em ação.

DEVOCIONAL
252/365

LEIA HOJE
Salmos 113-114
Provérbios 5

ANOTAÇÕES

JESUS ESTÁ NO COMEÇO, MEIO E FIM

10 SET

Eu sou o Alfa e Ômega, diz o Senhor Deus, aquele que é, que era e que há de vir, o Todo-Poderoso.

— APOCALIPSE 1.8

Imagine a nossa vida como uma esfera giratória, em que Deus a observa de uma perspectiva completa. Ele vê o começo, porque foi ele quem o criou, e vê o final, porque está além do tempo. O Senhor escreveu seus dias (cf. Salmos 139.16) e tem pensamentos bons a seu respeito para lhe dar o fim que você deseja (cf. Jeremias 29.11). Ele nos enxerga do alto, com uma visão ampla, enquanto nós vemos apenas uma parte limitada.

Os evangelhos contam a história de Jairo, um chefe da sinagoga que chamou Jesus até sua casa para que salvasse sua filha enferma. Porém, muitos eventos estavam acontecendo simultaneamente, e Cristo foi interrompido por uma mulher hemorrágica no meio de seu percurso. Por isso, quando o Mestre chegou até Jairo e encontrou a menina morta, os que estavam ali pensaram que era tarde demais. No entanto, o milagre aconteceu (cf. Lucas 8.41-56), porque Jesus tem o controle absoluto em suas mãos. O relógio de Deus é perfeito, e ele está cuidando do seu milagre com precisão divina.

Jesus é o Alfa, porque lhe deu a vida desde o ventre da sua mãe, e determinou o dia em que você começou a viver. Mas também é o Ômega, o que significa que a última palavra sobre sua vida é dele.

Mesmo quando as circunstâncias parecem desafiadoras e o tempo, desfavorável, creia que Deus está no controle absoluto e deixe que essa certeza traga paz e encorajamento à sua vida.

ANOTAÇÕES

LEIA HOJE
Salmos 115-116
Provérbios 6

FILHOS MADUROS

11 SET

Filhinhos, eu vos escrevo, porque os vossos pecados são perdoados, por causa do seu nome.

— 1 JOÃO 2.12

Este texto nos revela que, conforme crescemos na fé, nossa visão de Deus se amplia, e isso aumenta a magnitude dos milagres que experimentamos. O tamanho do seu milagre está diretamente relacionado ao tamanho da sua fé, e esta é proporcional à revelação que você tem de Deus.

No versículo 2, o termo "filhinhos" pode se referir a todos os irmãos novos na fé, que estão no início de sua jornada espiritual, começando a conhecer o Pai, tendo suas primeiras experiências com Jesus, experimentando o perdão dos pecados e o começo de um relacionamento com Deus.

Já no versículo 14, João se refere aos "jovens", que são aqueles que já avançaram na vida cristã, têm o desejo ardente pela Palavra e buscam aprender e receber mais do Senhor. Essa fase é marcada por busca constante e entusiasmo. Os "pais" espirituais, por sua vez, são aqueles que alcançaram um nível profundo de entendimento e relacionamento com Deus. Eles o conhecem não apenas como Pai, mas como o Alfa e Ômega, aquele que está desde o princípio até o fim.

Deus deseja que você amadureça na revelação de quem ele é. À medida que você avança, o Senhor tem muito mais para oferecer. Aprofunde-se na sua relação com Deus e medite diariamente no Evangelho. O Pai está desejoso de revelar mais de si mesmo a você.

LEIA HOJE
Salmos 117-118
Provérbios 7

ANOTAÇÕES

TRANSFORMADOS PELA REVELAÇÃO DE CRISTO

Respondendo Simão Pedro, disse:
Tu és o Cristo, o Filho do Deus vivo.

— MATEUS 16.16

12 SET

A pergunta que Jesus fez aos seus discípulos é a mesma que nos faz hoje: "Quem sou eu para você?". Infelizmente, para muitos, ele é um Deus distante e irado, pronto para punir nossos erros, sem misericórdia.

No trecho do Evangelho de Mateus, vemos que Simão recebeu uma revelação de que Jesus era o Cristo, o Filho do Deus vivo. Isso transformou sua natureza, sua compreensão e sua identidade. Simão, que significa "junco, cana frágil", passou a se chamar Pedro: "pedra". Com isso, podemos entender que, conforme vemos o Senhor com mais clareza, nossa própria vida e natureza se transformam.

Em João 1.1-3, lemos que "No princípio era o Verbo, e o Verbo estava com Deus, e o Verbo era Deus. Ele estava no princípio com Deus. Todas as coisas foram feitas por intermédio dele, e, sem ele, nada do que foi feito se fez". Esta é a revelação mais crucial: Jesus é Deus. A Bíblia nos ensina que somos curados e libertos por causa de suas feridas. Precisamos crer que o homem que andou entre nós é, de fato, Deus, e que morreu e ressuscitou para que, por suas pisaduras, fôssemos sarados. Essa fé tem o poder de nos transformar por completo.

Cristo e o Pai são um (cf. João 10.30). Entender e aceitar essa revelação é fundamental para nossa transformação espiritual. Que, hoje, sua visão de Jesus como Deus transforme sua vida. O conhecimento de quem ele verdadeiramente é gera em nós cura, libertação e uma nova perspectiva em Cristo.

ANOTAÇÕES

LEIA HOJE
Salmos 119.1-32
Provérbios 8

A FÉ QUE LIBERA MILAGRES

13 SET

Não pôde fazer ali nenhum milagre, senão curar uns poucos enfermos, impondo-lhes as mãos. Admirou-se da incredulidade deles. Contudo, percorria as aldeias circunvizinhas, a ensinar.

— MARCOS 6.5-6

É certo que Deus é onipotente, ou seja, não existem limites para o que ele pode fazer, e seus propósitos para a humildade serão cumpridos. No entanto, a ação divina nas situações específicas de nossa vida está ligada a um fator crucial: a fé. Jesus não realizou milagres naquela cidade, porque o povo não acreditou em sua divindade. Eles o viam apenas como o carpinteiro, filho de Maria, alguém familiar e comum. Ou seja, a forma como você vê e trata Jesus afeta diretamente sua recepção das bênçãos e do poder de Deus.

Jesus não é apenas um mestre, ele é o Pão da Vida que desceu do Céu (cf. João 6.35). A nossa vida cristã não se resume somente a aprender sobre Cristo. Mais do que isso, precisamos nos alimentar e nos nutrir dele, para receber força, poder, cura, saúde e renovação espiritual.

Entenda, você pode ter acesso a todas as informações nutricionais de suas refeições, mas, se não as consumir, de nada valerá seu conhecimento. Da mesma forma, Cristo não é um conceito a ser aprendido em um curso, ou somente um mestre que nos oferece ensinamentos sobre como nos tornarmos uma pessoa melhor. Ele é o Deus que deve ser experimentado e vivido; isso sim, tem o poder de nos mudar. Reconheça-o como o Deus que sustenta toda a vida e experimente a plenitude que vem de honrá-lo e alimentar-se dele.

DEVOCIONAL
256/365

LEIA HOJE
Salmos 119.33-64
Provérbios 9

ANOTAÇÕES

VEJA DE FORMA ESPIRITUAL

Assim que, nós, daqui por diante, a ninguém conhecemos segundo a carne; e, se antes conhecemos Cristo segundo a carne, já agora não o conhecemos deste modo.

— 2CORÍNTIOS 5.16

14 SET

Jesus é o Deus que era, que é e que há de vir. Ele é o mesmo ontem, hoje e eternamente. Ele é o grande *Eu Sou*, o nome que expressa que Deus é tudo o que você precisa. Nele não há falta de coisa alguma; nele estão contidos todos os tesouros, sabedoria e conhecimento. Ele sabe, pode e controla tudo. Nada escapa de suas mãos.

No capítulo 18 do Evangelho de João, vemos como Jesus se entregou voluntariamente aos soldados trazidos por Judas para prendê-lo. Ninguém poderia tirar a vida de Cristo, ele mesmo a ofereceu. Quando questionado sobre sua identidade, respondeu: "Sou Eu". No mesmo instante, todos os guardas recuaram e caíram por terra (cf. João 18.4-6). Veja como é tremendo o poder de Jesus! Se ele dissesse: "Morram"; todos morreriam. Se o *Eu Sou* disser ao seu câncer: "Cesse"; ele cessará. Se disser ao seu casamento: "Seja restaurado"; assim ocorrerá. Se ordenar: "Haja direção"; você terá clareza. O que o *Eu Sou* declara está estabelecido, e nada pode mudar isso.

Jesus assegurou que estaria com você em todo o processo da sua vida, desde o início até o fim (cf. Mateus 28.20). Com essa promessa, você pode enfrentar confiantemente qualquer desafio, enxergando com seus olhos espirituais, pois ele é o Senhor de todas as coisas, está presente em cada etapa da sua jornada e já decretou que sua vida será endireitada e abençoada.

ANOTAÇÕES

DEVOCIONAL
257/365

LEIA HOJE
Salmos 119.65-96
Provérbios 10

FIQUE PARADO E VEJA A VITÓRIA

15 SET

Apenas fiquem ali, parados, ó Judá, ó Jerusalém.
Vocês verão o livramento do Eterno.
Não tenham medo nem desanimem.

— 2CRÔNICAS 20.17A (AM)

Em meio às nossas dificuldades, é natural sentirmos a necessidade de agir. No entanto, esse texto de 2Crônicas revela um princípio crucial: a vitória não vem da nossa própria força. A batalha não é nossa, mas de Deus. A nossa posição na luta é de firmeza na fé e descanso no Senhor, confiando que ele já venceu por nós. No mundo, a vitória é uma conquista; em Cristo, é um presente recebido.

"Ficar parado" não significa ser passivo ou inativo. Trata-se de um descanso ativo no Senhor, e de permitir que ele aja conforme sua vontade. Assim como o povo de Judá, devemos assumir uma posição de fé, e isso significa declarar a Deus que acreditamos nele, em suas promessas, aliança e em seu amor por nós.

Você está passando hoje por uma luta e não sabe o que fazer? Entregue para Deus suas preocupações agora mesmo e creia que ele é poderoso para lhe dar a vitória de que precisa. Posicione-se em fé, descanse e aguarde pelo milagre.

DEVOCIONAL
258/365

LEIA HOJE
Salmos 119.97-128
Provérbios 11

ANOTAÇÕES

REIVINDIQUE SUAS PROMESSAS PELA FÉ

16 SET

Aleluia! Bem-aventurado o homem que teme ao Senhor e se compraz nos seus mandamentos.

— SALMOS 112.1

O salmo 112 enumera promessas poderosas nas quais precisamos crer e confessar. Todas essas dádivas estão disponíveis para nós hoje. O mandamento da Nova Aliança é crer e amar, como está escrito em 1João 3.22-23. Quando cremos que Deus nos amou primeiro, respondemos com amor a ele e aos outros. Dessa forma, o mandamento está cumprido, e todas as bênçãos e promessas de Deus se tornam uma realidade em nossa vida, pois a justiça — do justo em Cristo — permanece para sempre.

Além disso, na Nova Aliança, a justiça não é baseada em nossos próprios méritos, mas totalmente em Cristo. Fomos justificados quando cremos. Portanto, ao se deparar com uma promessa ou bênção na Bíblia destinada ao justo, creia nelas e as reivindique para sua vida. Abra a sua boca e declare que as recebe em nome de Jesus, pois é ele quem justifica você.

As Escrituras nos ensinam que a fé é crida no coração, mas é proclamada com a boca (cf. Romanos 10.9). Muitas pessoas não recebem mais de Deus, porque não entendem esse princípio. A vida espiritual não pode ser praticada em silêncio e passivamente; é necessário que creia, proclame e concorde com Deus em oração. Assim, verá cumprida a realidade da promessa em sua vida. Pratique isso agora mesmo e chame à existência, pela fé, tudo o que está escrito a seu respeito da parte de Deus.

ANOTAÇÕES

LEIA HOJE
Salmos 119.129-160
Provérbios 12

SOBRE A CABEÇA DO JUSTO HÁ BÊNÇÃOS

17 SET

Sobre a cabeça do justo há bênçãos,
mas na boca dos perversos mora a violência.

— PROVÉRBIOS 10.6

Esse versículo nos revela uma verdade poderosa: as bênçãos de Deus repousam sobre a cabeça do justo. Em Cristo, você é considerado justo, e isso significa que a abundância divina está constantemente sobre sua vida. Em vez de temer a escassez ou as dificuldades, tenha uma expectativa constante das boas coisas que Deus preparou, pois elas não são apenas uma promessa distante; são uma realidade presente.

É primordial que você aprenda a fazer declarações de fé com base na Palavra de Deus. Não subestime o poder das falas que profere. Ao abrir a sua boca e declarar: "Pai, eu te agradeço, porque as tuas bênçãos coroam a minha cabeça, tua abundante provisão está sobre mim e minha família"; você está alinhando sua mente e seu coração com as promessas divinas.

Saiba que você não está lutando sozinho. Em cada momento, mesmo nos dias difíceis, confie que Deus está trabalhando a seu favor, e que suas promessas estão se manifestando. Deixe que a certeza do cuidado do Pai encha seu coração de paz e alegria. A vitória e a prosperidade que você busca não são apenas desejos; são a realidade de quem você é em Cristo. Proclame essas verdades diariamente e veja a transformação que Deus fará em sua vida, porque ele é fiel para cumprir o que prometeu.

LEIA HOJE
Salmos 119.161-176
Provérbios 13

ANOTAÇÕES

REINE EM VIDA PELA GRAÇA

18 SET

Se, pela ofensa de um e por meio de um só, reinou a morte, muito mais os que recebem a abundância da graça e o dom da justiça reinarão em vida por meio de um só, a saber, Jesus Cristo.

— ROMANOS 5.17

Reinar em vida significa mais do que simplesmente sobreviver; é manter a confiança em Deus com relação a todas as áreas da sua vida. É crer que ele está no comando, mesmo quando somos acometidos por doenças; por problemas nas finanças, nas emoções, no casamento ou com os filhos; pela insônia, ansiedade ou qualquer outro desafio. Trata-se de não perder as esperanças diante das circunstâncias adversas. O justo é aquele que, em Cristo, tem a capacidade de reinar sobre todas essas questões.

Olhe para Jesus e comece a se apropriar da abundância da graça e do dom da justiça todos os dias. A graça de Deus não só lhe basta, mas também capacita. Ela lhe garante sabedoria para tomar decisões sábias, força para mudar hábitos e auxílio para desenvolver disciplina, além de abrir portas para oportunidades e conexões de prosperidade.

Não ponha em evidência as suas deficiências ou os obstáculos ao seu redor, mas concentre-se nas promessas de Deus. Romanos 5.17 nos dá uma chave poderosa para reinar em vida: receber. Quem recebe o dom da justiça e a abundância da graça reina em vida. Creia que, em Cristo, você é mais do que vencedor e que todas as promessas de Deus são suas. Permita que a graça divina transforme os cenários difíceis e experimente a vitória que ele já preparou para você.

Abençoado seja o homem que confia na abundância da graça e vive em justiça, pois ele reinará em vida.

ANOTAÇÕES

LEIA HOJE
Salmos 120-121
Provérbios 14

DESCANSE NA GRAÇA DE DEUS E VENÇA

19 SET

E, se é pela graça, já não é pelas obras;
do contrário, a graça já não é graça.

— ROMANOS 11.6

A força do braço humano até pode conquistar certos objetivos, mas o braço de Deus, além de conquistá-los, sustenta-os. O que o homem adquire com seu esforço, ele terá de sustentar com seu próprio esforço; mas o que Deus dá, ele mesmo garante o sustento. No entanto, se foi pela sua própria força que você conseguiu algo, terá que lutar para mantê-lo, e isso pode se tornar um peso insuportável.

Quando você recebe a abundância da graça de Deus, precisa parar de depender de suas próprias forças e começar a confiar plenamente na graça divina. Ao se render e descansar no favor imerecido do Pai, todas as exigências e pressões que carregava desaparecem na vasta abundância da graça. Por isso, neste dia, faça esta oração: "Senhor, eu não posso, mas tu podes. Hoje, descanso em teu favor imerecido".

Deus começa a agir quando nos rendemos a ele. O que pensamos ser o fim, pode ser o começo para o Senhor. Se você entregar suas ansiedades nas mãos dele por meio da oração, Deus agirá. Acesse hoje a vitória, não por conta própria, mas pela fé no cuidado do Pai.

DEVOCIONAL
262/365

LEIA HOJE
Salmos 122-123
Provérbios 15

ANOTAÇÕES

A GRAÇA PODEROSA DE DEUS

20 SET

E o Deus da paz, em breve, esmagará debaixo dos vossos pés a Satanás. A graça de nosso Senhor Jesus seja convosco.

— ROMANOS 16.20

Afinal, Satanás já foi derrotado ou não? Paulo fala acerca de Deus esmagá-lo "em breve", e isso pode gerar confusão. Como, então, podemos entender esse versículo?

O apóstolo usa uma metáfora militar que os cristãos de Roma compreendiam bem. Naqueles tempos, as batalhas eram travadas fora das cidades, enquanto os reis permaneciam nelas. Após a vitória, um mensageiro trazia as boas notícias, e o rei do povo derrotado era levado ao palácio. O rei vencedor, então, sentava-se em seu trono e apoiava seus pés sobre o perdedor, simbolizando a completa vitória. Esse ato de pisar sobre o inimigo estava profundamente enraizado na cultura da época (cf. Salmos 110.1).

A vitória final era marcada quando o rei vencedor pisava no inimigo e erguia o braço como sinal de conquista. No plano espiritual, isso se cumpriu na Cruz, onde Deus Pai colocou todos os seus inimigos debaixo dos pés de Jesus. No entanto, o que Paulo quer nos lembrar é de que, embora a vitória espiritual já tenha sido conquistada por Cristo, ainda vivemos em um mundo onde a manifestação plena dessa vitória depende da nossa fé. Deus já proclamou a derrota de nossos inimigos — a morte, a doença, a miséria, a ansiedade.

Em Cristo, a vitória é certa, e nosso descanso vem de confiar plenamente na graça redentora que ele realizou. O seu problema já foi resolvido, você precisa apenas crer e entregar até descansar no Senhor.

ANOTAÇÕES

DEVOCIONAL
263/365

LEIA HOJE
Salmos 124-125
Provérbios 16

SOMENTE EM PAZ VOCÊ PODE EDIFICAR

21 SET

Então, chamou a Salomão, seu filho,
e lhe ordenou que edificasse casa ao Senhor, Deus de Israel.

— 1 CRÔNICAS 22.6

Davi desejava construir uma casa para o Senhor, um anseio nobre e cheio de devoção. No entanto, Deus declarou que ele estava desqualificado para essa tarefa. Mas por qual motivo, se era considerado um homem segundo o coração de Deus? A resposta está no fato de que ele era um homem de guerra. Deus, então, designou Salomão, seu filho, para edificar o templo em seu lugar. Essa é uma história poderosa da Bíblia, cheia de revelações e princípios espirituais para nós hoje.

O nome "Salomão" vem da palavra hebraica *Shalom*, que significa "paz". A Bíblia, em algumas traduções, refere-se a Salomão como um "homem descansado". Somente aqueles que estão em paz no descanso da fé podem construir e edificar algo duradouro. Um país em guerra não pode se dedicar a construir coisa alguma; seus recursos estão direcionados para o conflito. Da mesma forma, quem está em guerra interiormente não têm condições de edificar nada significativo.

Quando você descansa, permite que Deus manifeste na sua vida a realidade daquilo em que creu. Salomão foi capaz de construir o templo porque estava em paz; mas seu pai, Davi, havia lutado as batalhas necessárias para assegurar esse tempo de calmaria. Do mesmo modo, hoje, você e eu podemos desfrutar de todas as promessas e bênçãos de Deus, porque nosso representante, Jesus Cristo, venceu todas as batalhas por nós.

DEVOCIONAL
264/365

LEIA HOJE
Salmos 126-127
Provérbios 17

ANOTAÇÕES

O DESCANSO VERDADEIRO

Deixo-vos a paz, a minha paz vos dou;
não vo-la dou como a dá o mundo [...].

— JOÃO 14.27

22 SET

Existem dois tipos de descanso: o superficial do mundo e o profundo, real e sobrenatural de Deus. O primeiro é frequentemente baseado em circunstâncias externas: férias, lazer ou conquistas materiais. Embora esses momentos proporcionem alívio temporário, não satisfazem as inquietações profundas do coração humano. É uma paz efêmera, momentânea e, muitas vezes, ilusória.

Em contraste, o descanso de Deus é eterno. Ele não depende do que está ao nosso redor, mas da nossa fé na obra consumada de Cristo. É um estado de paz interior que transcende qualquer situação, e vem quando entendemos que a obra da redenção foi completada e não precisamos lutar para conquistar o que já nos foi dado.

Na Nova Aliança, o esforço é uma perseverança em fé, oração e confiança. Ore até que você experimente a paz que só Deus pode oferecer. Essa postura não é uma tentativa de mudar a vontade de Deus ou forçá-lo a agir; é um meio de se alinhar com a verdade de que Cristo já venceu e que o descanso verdadeiro está disponível para você.

Ao orarmos com fé, estamos nos abrindo para receber a paz que excede todo entendimento e o descanso prometido por Deus, o que permite que sua alma encontre o repouso, independentemente das lutas e desafios que enfrenta.

Portanto, não se deixe enganar pela aparente tranquilidade do mundo, que é passageira e frágil. Em vez disso, permita que a paz de Deus, que é firme e eterna, inunde seu coração e mente.

ANOTAÇÕES

LEIA HOJE
Salmos 128-129
Provérbios 18

UMA ORAÇÃO VERDADEIRAMENTE INTENSA

23 SET

Elias era homem semelhante a nós,
sujeito aos mesmos sentimentos, e orou, com instância,
para que não chovesse sobre a terra, e,
por três anos e seis meses, não choveu.

— TIAGO 5.17

A oração de Elias, que Tiago descreve como intensa, foi na verdade um simples decreto. Muitas vezes, associamos intensidade a gritos e gestos dramáticos, mas a verdadeira oração intensa é aquela que vem de uma consciência plena da presença de Deus. Elias orou com a certeza de que o Senhor estava presente (cf. 1Reis 17.1).

Não foi uma oração desesperada, mas uma declaração feita com a plena confiança na autoridade de Deus. É interessante observar que, quando Elias orou novamente para que a chuva voltasse, Tiago já não a descreve como intensa (cf. Tiago 5.17-18).

O profeta ficou de joelhos, com a cabeça entre as pernas, e orou repetidamente. No entanto, Tiago chama a primeira oração — a que resultou na seca — de intensa, apesar de ter sido um simples decreto. Isso nos mostra que, em vez de orarmos desesperadamente, devemos fazer declarações firmes e confiantes. Estamos na posição de descanso, e nossa oração não precisa ser marcada por angústia.

Como cristãos, temos a autoridade de declarar contra a doença, a miséria, a tristeza e os problemas familiares. Nossa oração intensa é feita na confiança e na autoridade que temos em Cristo. Quando declaramos a verdade das Escrituras e nos posicionamos em fé, atraímos o favor e as bênçãos de Deus.

DEVOCIONAL
266/365

LEIA HOJE
Salmos 130-131
Provérbios 19

ANOTAÇÕES

O AMOR É MAIS PODEROSO QUE A CONDENAÇÃO

24 SET

Porque as armas da nossa milícia não são carnais, e sim poderosas em Deus, para destruir fortalezas, anulando nós sofismas e toda altivez que se levante contra o conhecimento de Deus, e levando cativo todo pensamento à obediência de Cristo.

— 2CORÍNTIOS 10.4-5

A graça não é apenas uma doutrina; é o Evangelho e, mais profundamente, é uma pessoa: Cristo. O objetivo de Satanás é desviar seu olhar da graça de Deus, porque, ao focar em si mesmo, inevitavelmente você rejeitará a graça. Veja, portanto, como é sério rejeitar o Evangelho da graça, segundo Mateus 11.23b: "Se em Sodoma se tivessem operado os milagres que em ti se fizeram, teria ela permanecido até ao dia de hoje".

O pecado de rejeitar a Cristo é considerado mais grave que o de Sodoma. Isso nos mostra a importância de como apresentamos o Evangelho aos outros. A chave para alcançá-los não é com acusações ou imposição de leis, mas demonstrando as obras poderosas de Deus. O mundo pode estar se tornando cada vez mais sombrio, mas a Glória de Deus brilha intensamente sobre sua vida. Você é a luz que carrega o Evangelho e, portanto, deve brilhar cada dia mais.

Paulo afirma, em sua segunda carta aos coríntios, que a nossa luta não é carnal, ou seja, contra pessoas. Por isso, não condene os que estão perto de você e vivem no pecado ou até mesmo se posicionam contra Deus explicitamente. Apenas faça a mesma oração de Jesus: "Pai, perdoa-lhes porque não sabem o que fazem" (Lucas 23.34). Não aponte o dedo, mas abra os braços para acolher, estenda a mão para ajudar e abra a boca para abençoar. Acredite, assim como ocorreu em sua vida, a manifestação do amor tem muito mais poder para transformar do que condenar.

ANOTAÇÕES

LEIA HOJE
Salmos 132-133
Provérbios 20

SUA VITÓRIA NÃO DEPENDE DE VOCÊ

25 SET

A fim de que, como o pecado reinou pela morte,
assim também reinasse a graça pela justiça para a vida eterna,
mediante Jesus Cristo, nosso Senhor.

— ROMANOS 5.21

O que o distingue como justo em meio a um mundo de trevas é a nova obediência que possui, não mais centrada em si mesmo, mas na fé em Cristo. No Antigo Testamento, a obediência estava ligada à observância da Lei para obtenção das bênçãos. Já no Novo Testamento, significa crer corretamente no Evangelho (cf. Romanos 1.5).

Enquanto o pecado trouxe destruição e separação de Deus, a graça, manifestada por meio da justiça de Cristo, oferece uma nova vida, não apenas temporária, mas eterna. Esse contraste nos lembra que, através de Jesus, não estamos mais sujeitos ao domínio do pecado, mas somos libertos para viver sob o reinado da graça, que nos perdoa e nos leva de volta à comunhão eterna.

Grande parte das batalhas que enfrentamos está relacionada à tentativa do Diabo em desviar o nosso foco da obediência de Cristo para a nossa própria obediência. Quando você se concentra em sua própria justiça, suas obras, por mais devoto que seja, inevitavelmente encontrará falhas. Isso só leva à angústia e ao estresse. Portanto, precisamos nos esquecer de nós mesmos e focarmos em Cristo. O Evangelho não é sobre você, mas sobre Jesus.

DEVOCIONAL
268/365

LEIA HOJE
Salmos 134-135
Provérbios 21

ANOTAÇÕES

SEJA ENCONTRADO EM CRISTO

26 SET

E ser achado nele, não tendo justiça própria, que procede de lei,
senão a que é mediante a fé em Cristo,
a justiça que procede de Deus, baseada na fé.

— FILIPENSES 3.9

Vivemos uma batalha espiritual contra demônios e fortalezas do Inimigo. As Escrituras nos asseguram que a Palavra de Deus é poderosa para destruir todas as fortalezas e sofismas que o Diabo tenta erguer em sua mente. A chave para vencer é levar todo pensamento cativo à obediência de Cristo.

O Evangelho é centrado em Jesus e na sua obediência perfeita. Portanto, nossa justiça diante de Deus não diz respeito a mérito. Cristo é o nosso representante, que tomou nosso lugar e cumpriu toda a justiça exigida. Se Deus, que é Deus, olha apenas para Jesus, o Representante Perfeito, você também deve olhar somente para ele.

Hoje, afirme a verdade de que, em Cristo, você está completo e justo. Deixe de lado qualquer autocensura e culpas que tentam desviá-lo do caminho da graça. Em vez disso, abra seu coração e declare: "Eu sou justo em Cristo, não por mim mesmo, mas pela sua obediência perfeita. Olho para ti, Senhor Jesus, e confio na tua justiça, que é suficiente para mim".

ANOTAÇÕES

DEVOCIONAL
269/365

LEIA HOJE
Salmos 136-137
Provérbios 22

O AMOR CONSTANTE DE DEUS

27 SET

Ora, nosso Senhor Jesus Cristo mesmo e Deus, o nosso Pai, que nos amou e nos deu eterna consolação e boa esperança, pela graça, consolem o vosso coração e vos confirmem em toda boa obra e boa palavra.

— 2TESSALONICENSES 2.16-17

Em nosso caminho diário, enfrentamos diversas situações que podem nos deixar áridos e inseguros. No entanto, a Palavra nos garante que o amor de Cristo é uma fonte constante de força e encorajamento. Para vencer o medo, é crucial que busquemos nos saciar do amor divino. Deus, em sua infinita bondade, nos oferece não apenas consolo eterno, mas também uma esperança firme e inabalável.

A confiança no Senhor nos proporciona a certeza de que ele nunca se afasta de nós, não importa quão desafiadoras sejam as circunstâncias. Ele está sempre ao nosso lado, pronto para nos fortalecer e nos guiar. Ao meditar sobre o amor imensurável de Cristo e a graça de nosso Pai Celestial, podemos encontrar a coragem para enfrentar qualquer desafio.

Assim como a água do rio garante que a árvore permaneça saudável e firme, a eterna consolação e boa esperança que recebemos de Jesus Cristo nos fortalecem e nos sustentam em cada momento da vida. Essa nutrição divina nos capacita a produzir frutos abundantes, que emanam de um coração consolado e firmado no amor constante de Deus.

DEVOCIONAL
270/365

LEIA HOJE
Salmos 138-139
Provérbios 23

ANOTAÇÕES

O PODER LIBERTADOR DO EVANGELHO

O Espírito do Senhor está sobre mim, pois ele me ungiu para trazer as boas-novas aos pobres. Ele me enviou para anunciar que os cativos serão soltos, os cegos verão, os oprimidos serão libertos, e que é chegado o tempo do favor do Senhor.

—LUCAS 4.18-19 (NVT)

O texto que lemos hoje revela a missão transformadora de Jesus, ungido pelo Espírito do Senhor para trazer uma mensagem de esperança e libertação. Ele é enviado para proclamar as Boas Novas aos pobres, oferecer liberdade aos cativos, restaurar a visão aos cegos e libertar os oprimidos. Esse anúncio é uma declaração do alcance da graça e do amor de Deus em todas as esferas da vida humana.

Jesus inaugura o tempo do favor do Senhor, um período em que a misericórdia, a cura e a redenção estão disponíveis para todos. Essa passagem revela o coração do ministério de Jesus e o propósito de sua vinda: transformar vidas e oferecer a plenitude da salvação. Isso significa que, ao ministrarmos as Boas Novas, as pessoas são libertas do pecado e experimentam a plenitude da salvação que Deus oferece, uma bênção abrangente e profunda. O Evangelho não é apenas uma mensagem sobre a salvação espiritual, mas uma declaração de como Deus deseja nos restaurar.

Portanto, lembre-se de que as Boas Novas são a chave para a verdadeira liberdade. Jesus, o Salvador, veio para remover todas as barreiras entre você e Deus. Em Cristo, somos completamente restaurados, curados e livres.

ANOTAÇÕES

LEIA HOJE
Salmos 140-141
Provérbios 24

A FONTE DA CURA E DA FÉ

29 SET

Esse homem ouviu as palavras de Paulo, e Paulo viu que ele cria que podia ser curado. Então olhou firmemente para ele e disse em voz alta: — Levante-se e fique de pé! O homem pulou de pé e começou a andar.

— ATOS 14.9-10 (NTLH)

O episódio narrado em Atos revela uma verdade profunda sobre o poder do Evangelho e o impacto do perdão dos pecados. O homem que foi curado por Paulo estava ouvindo a mensagem de redenção. Ao compreender a boa notícia de que seus pecados estavam perdoados, sua consciência deixou de estar carregada de culpa e passou a se encher de fé — gerada pelo conhecimento e aceitação do perdão — e essa foi a chave para sua cura.

O Diabo trabalha incessantemente para lançar acusações e criar dúvidas sobre seu perdão, a fim de afastá-lo da confiança no Evangelho e enfraquecer sua fé. Para combatê-lo, você precisa diariamente se nutrir da Palavra de Deus e declarar as verdades do Evangelho.

Assim como o homem em Atos recebeu a cura pela fé que surgiu do perdão anunciado, você também pode experimentar a transformação em sua vida ao se firmar na verdade do Evangelho.

LEIA HOJE
Salmos 142-143
Provérbios 25

ANOTAÇÕES

VITÓRIA PELO SANGUE

30 SET

Toda arma forjada contra ti não prosperará; toda língua que ousar contra ti em juízo, tu a condenarás; esta é a herança dos servos do Senhor e o seu direito que de mim procede, diz o Senhor.

—ISAÍAS 54.17

Quando confessamos o poder do sangue de Jesus, somos nós que, na verdade, acusamos o Diabo. Ele utiliza a culpa, o medo e a condenação como suas principais armas para nos atacar, tentando desviar-nos da verdade e enfraquecer a nossa fé. No entanto, ao aplicar o sangue de Cristo sobre nossa vida, enfrentamos essas armas com a certeza de que elas não prosperarão.

O sangue de Jesus é a nossa proteção e garantia de vitória. Ele neutraliza a acusação e nos dá a força necessária para superar qualquer ataque do Inimigo. Quando nos firmamos nessa verdade e a confessamos, nós nos apropriamos da herança que Deus nos deu: uma vida abundante, livre de condenação e medo. Em vez de sermos derrotados pelas armas do Diabo, triunfamos sobre elas pela graça e poder do sangue de Cristo.

Portanto, ao enfrentar ataques de culpa, medo ou condenação, use a confissão do sangue de Jesus como sua defesa. Reafirme a vitória que você tem em Cristo e viva com a segurança da proteção divina e a promessa de uma vida abundante.

ANOTAÇÕES

LEIA HOJE
Salmos 144-145
Provérbios 26

OUTUBRO

FOCO NO RESULTADO

01 OUT

Então um deles disse: "Voltarei a visitar você por esta época, no ano que vem, e sua mulher, Sara, terá um filho". Sara estava ouvindo a conversa de dentro da tenda. [...] Por isso, riu consigo [...].

— GÊNESIS 18.10-12

Deus prometeu a Abraão um filho, e Sara ouviu a conversa do marido com o anjo. Ela riu e duvidou, por ser idosa. O anjo estava falando sobre o filho prometido, mas Sara estava focada no processo, não no resultado.

Relatos de ginecologistas mostram que muitos casais não conseguem gerar por causa do estresse e da ansiedade. O monitoramento excessivo do período fértil pode até atrapalhar a concepção. Não há favor na ansiedade e na preocupação.

Algo que Deus criou para ser lindo e prazeroso, como a intimidade conjugal, pode se tornar angustiante quando a preocupação toma conta. Isso bloqueia o prazer genuíno e pode atrapalhar a gestação. O foco deve ser no prazer, não na gravidez.

Aqui não estamos falando apenas de gestação biológica. Qual é o "filho" que você deseja gerar em Deus? Pode ser uma dívida que você queira quitar, um casamento que precisa ser restaurado, uma célula que deseja multiplicar ou uma igreja que precisa crescer. Às vezes, o milagre não acontece porque estamos focados no problema em vez de descansar. É o descanso que traz o milagre e o favor de Deus sobre sua vida.

Então, como receber o milagre? Medite sobre o precioso sangue de Jesus que o redimiu e lavou seus pecados e descanse na obra consumada. Ao descansar, você permitirá que o milagre aconteça. Confie em Deus e deixe a paz do Céu invadir sua vida.

LEIA HOJE
Salmos 146-147
Provérbios 27

ANOTAÇÕES

A VITÓRIA DE CRISTO POR NÓS É IRREVERSÍVEL E DEFINITIVA

02 OUT

> Jesus [...]assentou-se à destra de Deus, aguardando, daí em diante, até que os seus inimigos sejam postos por estrado dos seus pés.
>
> **— HEBREUS 10.11-13**

Hoje, Jesus está à direita do Pai, o lugar de favor e autoridade. Ele está sentado, em descanso, com todos os inimigos debaixo de seus pés, simbolizando a vitória completa e definitiva. Essa posição de descanso é a atitude de um rei vitorioso. Jesus venceu tudo e, nele e por ele, você também é um vencedor.

Quando você crê nessa realidade, ela se torna evidente na sua vida. Fé é a força que traz à existência uma verdade que já é sua em Cristo.

Veja que, na Antiga Aliança, o sacerdote, dia após dia, exercia o seu serviço, nunca terminava, por isso nunca se assentava, nem mesmo havia cadeiras no tabernáculo; era uma obra incompleta, temporária. Mas Jesus veio e, de uma vez por todas, ofereceu-se como sacrifício definitivo que paga nossos pecados para sempre — por isso se diz que ele se assentou. E, se ele se assentou, é porque terminou. Isso nos dá segurança, pois podemos saber que a nossa posição de vitória não muda de acordo com as circunstâncias. Ela foi feita e é definitiva.

Assim, o que devemos fazer é nos assentar com ele. Exercemos nossa fé ao crer na obra completa de Cristo, entregando-nos e descansando na sua vitória. Na Cruz, Jesus venceu todos os inimigos. Assente-se com ele, descanse em sua vitória e veja as realidades do Reino se manifestarem em sua vida.

ANOTAÇÕES

DEVOCIONAL
275/365

LEIA HOJE
Salmos 148-149
Provérbios 28

A PRESENÇA DO ESPÍRITO SANTO EM VOCÊ

03 OUT

Descerá sobre ti o Espírito Santo, e o poder do Altíssimo te envolverá com a sua sombra; por isso, também o ente santo que há de nascer será chamado Filho de Deus.

—LUCAS 1.35

Quando o anjo Gabriel anunciou a Maria que ela daria à luz o Filho de Deus, revelou algo profundo sobre o poder divino. O Espírito Santo desceria sobre ela, e o poder do Altíssimo a envolveria.

Esse poder não é distante; antes, é a presença ativa do Eterno em nossa vida. Assim como Maria foi capacitada a conceber o Salvador, somos capacitados pelo Espírito Santo a cumprir os propósitos divinos.

A presença do Espírito em nós é um testemunho de que Deus continua a agir no mundo. Ele não nos deixa enfrentar desafios sozinhos, mas nos protege e guia. Quando nos sentimos fracos, lembramos de que o mesmo poder que gerou vida no ventre de Maria nos fortalece para realizar a vontade do Senhor. O Espírito Santo é nossa fonte de poder, consolo e direção.

O nascimento de Jesus nos lembra que Deus realiza seus planos por meios sobrenaturais e inesperados. Maria, uma jovem comum, foi escolhida para um papel extraordinário. Da mesma forma, o Senhor pode nos usar, independentemente de nossa posição ou habilidades. A terceira pessoa da Trindade nos capacita a fazer o impossível e a glorificar a Deus. Que possamos nos abrir à ação do Espírito Santo, permitindo que o poder do Altíssimo nos envolva diariamente, guiando e capacitando-nos para refletir a glória de Deus.

LEIA HOJE
Salmos 150
Provérbios 29

ANOTAÇÕES

O PERDÃO COMPLETO EM CRISTO

> Tomai, pois, irmãos, conhecimento de que se vos anuncia remissão de pecados por intermédio deste; e, por meio dele, todo o que crê é justificado de todas as coisas das quais vós não pudestes ser justificados pela lei de Moisés.
>
> **— ATOS 13.38-39**

Nesse trecho poderoso de Atos, Paulo faz uma proclamação clara e sem reservas sobre o perdão dos pecados oferecido por Jesus. Ele declara que a remissão dos pecados é um presente disponível a todos os que se arrependem. É uma oferta direta e completa, pois o trabalho já foi realizado pelo Senhor.

O perdão dos seus pecados não é baseado em seus esforços, nem nas suas obras, mas na obra consumada de Cristo. Isso significa que você está perdoado, seus pecados são completamente removidos e esquecidos. Quando Jesus declarou: "Está consumado", ele estava afirmando que o pagamento pelos seus pecados estava completo e definitivo. O perdão é um decreto real, garantido pela autoridade do próprio Deus.

Até a vinda de Jesus, os pecados eram cobertos pelo sangue de animais, um sistema que nunca podia remover o pecado completamente. Mas, com a chegada de Cristo, o Cordeiro de Deus, os pecados foram removidos de uma vez por todas. A obra dele na Cruz é a solução eterna e total para o problema do pecado.

Permita que esta verdade profunda penetre em seu coração. Viver em resposta a essa graça, crendo na completude do perdão, trará transformação e liberdade a cada área da sua vida.

ANOTAÇÕES

LEIA HOJE
Salmos 1-2
Provérbios 30
Atos 1

DEUS ESCOLHE OS IMPROVÁVEIS

05 OUT

Deus escolheu as coisas loucas do mundo para envergonhar os sábios e escolheu as coisas fracas do mundo para envergonhar as fortes.

— 1CORÍNTIOS 1.27

Deus, em sua infinita sabedoria, escolheu um caminho que desafia a lógica humana. Ele usa o que é considerado fraco, desprezado e insignificante para realizar seus propósitos grandiosos, por poder e por sua graça.

O Altíssimo faz isso para revelar que sua força se aperfeiçoa na fraqueza. Ele escolhe as coisas loucas do mundo para confundir as sábias e as coisas fracas para confundir as fortes (cf. 1Coríntios 1.27), para que ninguém possa se gloriar em si mesmo. Essa estratégia divina serve para exaltar a grandeza do Eterno e garantir que toda a glória vá para ele.

Reconheça sua fraqueza, confie no Senhor e não em suas habilidades, esteja disponível e seja humilde e grato. A humildade de reconhecer que é o Todo-Poderoso quem age por seu intermédio gera atitude de gratidão. Isso ajuda a manter o foco na obra de Cristo e não na própria capacidade.

Deus não olha para o que você considera ser uma limitação. Ele vê a oportunidade de mostrar poder do alto em sua fraqueza humana. Não desanime por não atender aos padrões do mundo ou por sentir que não é suficiente. Ao contrário, veja isso como um convite para permitir que o Senhor faça algo maravilhoso por meio de sua vida. Se você é o mais fraco e incapaz, o último da fila, então alegre-se: você é o candidato mais forte para ver o poder divino em ação.

Lembre-se: o Eterno usa o improvável para realizar o impossível. Na fraqueza terrena do homem, o poder de Deus pode brilhar com mais intensidade.

LEIA HOJE
Salmos 3-4
Provérbios 31
Atos 2

ANOTAÇÕES

FORÇA NA ALEGRIA

[...] não vos entristeçais, porque a alegria do Senhor é a vossa força.

— NEEMIAS 8.10

06 OUT

Quando a alegria do Senhor é nossa força, encontramos renovação e vigor. Essa alegria não é apenas uma emoção, mas uma fonte de força espiritual. A verdadeira força vem de acreditar que o Altíssimo se alegra conosco, mesmo com nossas imperfeições.

Pode ser difícil aceitar isso, pois frequentemente focamos em nossos defeitos e sentimos que não merecemos a alegria celestial. Contudo, a alegria do Senhor não depende de nossos méritos, mas da graça de Cristo.

Deus se alegra com você porque sua vida está em Jesus. Sua aceitação é baseada na justiça de Cristo. Ao acreditar que Deus está feliz por você estar em Cristo, uma força sobrenatural encherá seu coração.

Deus é a nossa fonte e antecipa nossas necessidades. Quando você se sente incompleto ou insuficiente, é nesse momento que a graça se manifesta. Ao tentar resolver tudo sozinho, a graça parece estagnada. Mas, ao reconhecer sua necessidade em Deus, o poder divino age poderosamente.

É na sua incapacidade que o Todo-Poderoso revela sua capacidade. No momento em que você desvia o olhar de si mesmo e olha para Cristo, vê a plenitude de Deus em sua vida. Lembre-se: a alegria do Senhor é sua força. Quando você descansa na verdade de que Deus está alegre por você, a força divina se torna evidente em cada área da sua vida.

ANOTAÇÕES

LEIA HOJE
Salmos 5-6
Atos 3

ONDE O PECADO ERA ABUNDANTE, A GRAÇA É MUITO MAIOR

07 OUT

A lei veio para que aumentasse a ofensa.
Mas onde aumentou o pecado,
aumentou muito mais ainda a graça.

— ROMANOS 5.20

Esta é a loucura do Evangelho: onde o pecado é mais evidente, a graça de Deus se revela ainda mais abundante. De acordo com a lógica humana, onde há maior pecado deveria haver mais juízo. Contudo, é exatamente na abundância do pecado que a graça divina se manifesta em sua plenitude; loucura para os que se perdem, mas, poder divino para quem crê.

No Cristianismo, encontramos algo único: um Deus que justifica o ímpio e chama o pecador apesar de suas falhas. Outras religiões podem oferecer leis morais e mártires dispostos a se sacrificar por seu deus, mas somente no evangelho de Cristo há um Deus que nos acolhe com graça, especialmente em nossa fraqueza.

A graça é liberada na impotência. É essencial reconhecer e entender nossas fraquezas, não para nos acusarmos, mas para recebermos a força divina. Não se preocupe se você é especialista em deslizes, pois o Senhor é especialista em libertação. Onde abundou o pecado, superabundou a graça; será nas piores áreas da sua vida que você verá a maior manifestação do poder de Deus.

A verdadeira força vem ao admitirmos nossa insuficiência. Portanto, abra seu coração para a graça que flui em sua incapacidade e descubra a força e a renovação que só o Eterno pode proporcionar. O Onisciente sabe que nenhum dos seus filhos é perfeito em si mesmo. Descanse, o Céu não é a casa das melhores pessoas da Terra, é a dos filhos que creram e confiaram em Cristo.

LEIA HOJE
Salmos 7-8
Atos 4

ANOTAÇÕES

SÓ OS HUMILDES RECEBEM FAVOR

08 OUT

Não atentando nós nas coisas que se veem,
mas nas que se não veem; porque as que se veem são temporais,
e as que se não veem são eternas.

— 2CORÍNTIOS 4.18

O Diabo tem o hábito de se levantar para causar problemas e resistências, a fim de desviar o seu foco do que é principal na vida. Quando Satanás ataca você é porque ele já viu, no mundo espiritual, que o Senhor está fazendo algo de bom para sua vida e, por isso, ele tenta minar sua fé para que você não receba a bênção.

No entanto, a chave para superar essa resistência é manter seus olhos nas coisas eternas, nas verdades que não são visíveis, mas são profundas e imutáveis. O poder do Eterno está em ação na sua vida, e ele se manifestará conforme você fixa seu olhar nas realidades eternas e não nas circunstâncias temporais que o Maligno tenta usar para desviá-lo.

Em Tiago 4.6 está escrito: "Antes, ele dá maior graça; pelo que diz: Deus resiste aos soberbos, mas dá graça aos humildes". A simplicidade da resposta divina à resistência do Inimigo é a humildade, o reconhecimento de sua dependência total do Criador e a aceitação de que, sem ele, você não pode enfrentar as forças que se levantam contra sua vida.

Portanto, não se preocupe com as dificuldades temporais e os obstáculos. Em vez disso, concentre-se nas verdades eternas e na graça que está disponível para você — ela é suficiente para enfrentar qualquer resistência.

A graça que o Senhor oferece o fortalece em meio às lutas. Mantenha-se humilde e firme, e observe como o poder de Deus se manifesta, trazendo transformação e vitória, mesmo diante das maiores dificuldades.

ANOTAÇÕES

LEIA HOJE
Salmos 9-10
Atos 5

REDENÇÃO E RECONCILIAÇÃO EM CRISTO

09 OUT

Ele [...] é a imagem do Deus invisível, o primogênito de toda a criação; pois, nele, foram criadas todas as coisas, nos céus e sobre a terra, as visíveis e as invisíveis [...].

— COLOSSENSES 1.16

A Bíblia nos revela, em Colossenses 1.15-20, a supremacia de Cristo. Ele é a fonte de toda criação e a razão de nossa existência. Em Jesus, todas as coisas foram criadas e por ele tudo subsiste. É por meio dele que encontramos a plenitude e a totalidade do propósito divino. Cristo é o cabeça da Igreja, a fonte da nossa vida espiritual e o primogênito dentre os mortos.

Vivendo em Jesus, temos a oportunidade de experimentar a transformação verdadeira. Quando fixamos nossos olhos no Senhor, somos renovados e fortalecidos. Por meio da sua obra redentora, ele nos reconcilia com Deus, trazendo paz e restaurando o relacionamento quebrado. Assim, não somos mais estranhos ou inimigos, mas filhos amados, apresentados perante o Pai como santos, inculpáveis e irrepreensíveis.

Que hoje você receba uma renovação em sua vida espiritual. Deixe que a luz de Cristo ilumine cada canto do seu ser, transformando o que precisa ser mudado. Que a plenitude que Jesus oferece se manifeste em cada aspecto da sua vida. Oro para que você receba a força para viver de acordo com a vontade dele e desfrute da paz que vem de estar reconciliado com seu Criador. Em todos os momentos, confie no poder e na graça do Cordeiro, e veja como ele pode transformar sua vida, para a própria glória dele.

Que você caminhe em fé, graça e transformação, sempre buscando a presença de Jesus e confiando na perfeita vontade dele.

LEIA HOJE
Salmos 11-12
Atos 6

ANOTAÇÕES

CRISTO LIBERTA DA ANSIEDADE

10 OUT

E pôs todas as coisas debaixo dos pés e, para ser o cabeça sobre todas as coisas, o deu à igreja, a qual é o seu corpo, a plenitude daquele que a tudo enche em todas as coisas.

— EFÉSIOS 1.22-23

Em Jesus, que é o cabeça da Igreja, encontramos a totalidade da plenitude de Deus. Como membros do seu corpo, o Senhor está ao nosso alcance. Essa conexão deve remover toda a ansiedade do seu coração. Você está integrado em alguém que é completo e pleno em todas as coisas.

A ansiedade, muitas vezes, é um sinal de que duvidamos do cuidado e da promessa de Deus. A Bíblia nos ensina que a ansiedade expressa falta de confiança na fidelidade do Eterno. Ele prometeu que nunca nos deixará, e essa é uma cláusula irrevogável da Nova Aliança. Quando duvidamos dessa promessa, permitimos que a ansiedade entre em nossos corações.

Portanto, não aceite a ansiedade como uma parte de sua vida. Repreenda-a e declare a verdade da Palavra de Deus. Peça ao Senhor que o liberte de toda forma de ansiedade e confie na sua fidelidade e cuidado. Lembre-se: em Cristo, você é sustentado por um poder que está acima de todo principado e domínio, e ele é fiel para cumprir suas promessas.

Quando ele ressuscitou dos mortos, pôs todas as coisas debaixo dos seus pés. Portanto, todos os seus inimigos estão derrotados em Cristo. Quando você acredita nisso, a sua fé é ativada e faz com que essa vitória do Senhor também se torne sua. Que a certeza do cuidado de Deus e a plenitude que temos em Cristo tragam paz ao seu coração e renovem sua confiança no Senhor.

ANOTAÇÕES

DEVOCIONAL
283/365

LEIA HOJE
Salmos 13-14
Atos 7

JESUS RESTAURA NOSSA IDENTIDADE

11 OUT

O primeiro homem, Adão, foi feito alma vivente.
O último Adão, porém, é espírito vivificante.
— 1 CORÍNTIOS 15.45

Quando Deus criou o homem, ele o fez à própria imagem e semelhança. A imagem produz autoridade, por exemplo, quando um policial está fardado e ordena que uma carreta pare, embora ela seja muito maior e poderosa, podendo até mesmo atropelá-lo, ela para, porque aquele policial representa o Estado, ele é uma autoridade representativa que deve ser obedecida.

O homem recebeu tal autoridade de Deus, por isso tinha domínio sobre a criação. Contudo, essa imagem e, consequentemente, as bênçãos que ela trazia, foram comprometidas pelo pecado de Adão, que perdeu a identidade original que o Criador lhe havia concedido. No entanto, a boa notícia é que Cristo veio para restaurar essa identidade perdida em mim e você.

Pela fé, nós devemos nos conformar à natureza de Jesus, pois, pelo poder do sangue derramado no Calvário, é assim que o Pai nos vê. Em Cristo, somos aceitos e amados por Deus, que encontra prazer em nós. Por Jesus, temos acesso às bênçãos e à autoridade. A bênção de Deus define nossa vida e é essencial para nosso sucesso. Por meio de Cristo, a bênção divina está sobre você. Confie nessa verdade, pois é ela que molda seu destino e sustenta sua caminhada.

Que você compreenda e viva a plenitude da identidade restaurada que temos em Cristo. Permita que essa verdade transforme sua vida, trazendo autoridade, confiança e paz, sabendo que você é amado e abençoado por Deus.

DEVOCIONAL
284/365

LEIA HOJE
Salmos 15-16
Atos 8

ANOTAÇÕES

VOCÊ É ABENÇOADO

12 OUT

Bendito seja o Deus e Pai de nosso Senhor Jesus Cristo,
que nos abençoou com todas as bênçãos espirituais
nas regiões celestiais em Cristo.

— EFÉSIOS 1.3

As bênçãos que o Senhor nos concede têm origem espiritual. Elas são celestiais, vindas diretamente de Deus. Ser abençoado é ter o favor do Eterno em nossa vida e sua poderosa mão sobre nós. Isso significa que, nele, tudo o que fazemos prospera, pois as bênçãos sobre nossa vida são celestiais e, querendo o Senhor, contínuas e ininterruptas.

Quando Paulo usa a expressão "nos tem abençoado", no original, em grego, o verbo está no tempo presente contínuo, ou seja, você está sendo abençoado agora e continua sendo abençoado, ininterruptamente, como uma cachoeira que não cessa. Quando temos essa consciência, vivemos em paz, sabendo que nossa fonte não é deste mundo, mas do Céu. Nem demônios, nem governos podem impedir que recebamos as bênçãos que o Altíssimo deseja nos dar. Portanto, mesmo que enfrentemos problemas, sabemos que nossa condição é temporária, mas que nosso estado é permanente: somos abençoados celestialmente.

Tudo de que precisamos vem de Cristo. Estamos nele e, portanto, querendo ele, todas as bênçãos são nossas. Essa certeza deve encher nosso coração de confiança e nos permitir viver em paz, independentemente das circunstâncias ao redor.

Lembre-se: em Cristo, você é abençoado com bênçãos espirituais nos lugares celestiais, continuamente. É tudo por causa de Cristo. Mantenha essa verdade em seu coração e viva com a confiança de que Deus é por você, e está sustentando e guiando-o a cada passo do caminho.

ANOTAÇÕES

LEIA HOJE
Salmos 17-18
Atos 9

O PODER DE TOCAR EM CRISTO

13 OUT

Tendo ouvido a fama de Jesus, vindo por trás dele, por entre a multidão, tocou-lhe a veste. [...] E logo se lhe estancou a hemorragia [...].

— MARCOS 5.27-29

Algo especial aconteceu com essa mulher. Muitas pessoas tocavam Jesus, mas ela o fez de maneira diferente. O toque dela extraiu dele poder e virtude. Da mesma forma, muitas pessoas vão ao culto, mas apenas alguns realmente tocam em Cristo — que é o que realmente importa.

O segredo daquela mulher foi a simplicidade de ouvir o Evangelho e crer na bondade do Todo-Poderoso. O cego de Betsaida passou por algo semelhante "Então, chegaram a Betsaida; e lhe trouxeram um cego, rogando-lhe que o tocasse. Jesus, tomando o cego pela mão, levou-o para fora da aldeia e, aplicando-lhe saliva aos olhos e impondo-lhe as mãos, perguntou-lhe: Vês alguma coisa? Este, recobrando a vista, respondeu: Vejo os homens, porque como árvores os vejo, andando. Então, novamente lhe pôs as mãos nos olhos, e ele, passando a ver claramente, ficou restabelecido; e tudo distinguia de modo perfeito" (Marcos 8.22-25). Esse foi o único milagre em que Jesus orou e tocou duas vezes para que a cura fosse completa. Creio que isso ocorreu porque ele queria mostrar que não veio para nos dar uma vida "embaçada", mediana, mas, sim, abundante e plena.

Isso fala sobre crer e permanecer crendo, pois Cristo tem para você a salvação e uma vida plena. Seja grato pelo primeiro toque, pela salvação, mas não desista de receber a plenitude de Deus por seu segundo toque. O Senhor terminará a obra que ele começou em você.

LEIA HOJE
Salmos 19-20
Atos 10

ANOTAÇÕES

NA HORA MAIS ESCURA, A PROVISÃO VEM DO CÉU

Elias [...] se foi ao deserto, caminho de um dia, e veio, e se assentou debaixo de um zimbro; e pediu para si a morte [...]; eis que um anjo o tocou e lhe disse: Levanta-te e come.

— 1 REIS 19.4-8

14 OUT

No momento de aflição e cansaço, Elias se viu desalentado, desejando a morte e se sentindo sozinho. Contudo, Deus não o abandonou. O Senhor enviou um anjo para fortalecê-lo e prover o que ele precisava para continuar a jornada. Essa história revela que, mesmo nas horas mais sombrias, o Todo-Poderoso está trabalhando em nosso favor, preparando-nos e nos sustentando com a graça necessária para prosseguirmos.

É interessante observarmos que, quando Elias estava com fome, Deus enviou um corvo com alimentos. Quando o profeta precisou de sustento, o Senhor mandou uma viúva acolhê-lo. Mas, quando ele pensou em morrer, foi um ser celestial que veio estar com ele — para uns, um anjo; para outros, o próprio Deus, em uma manifestação teofânica. Isso mostra que, na sua hora mais escura, a provisão vem direto do Céu.

Ouça o que Jesus está falando e aprenda sobre seu amor, graça e perdão. Assim como Elias foi socorrido por Deus e recebeu um milagre, você também pode pedir ao Todo-Poderoso que aja no sobrenatural.

Olhe para sua situação com a certeza de que o Eterno está agindo em seu favor, mesmo quando você não consegue ver ou entender como. Assim como Elias foi sustentado e fortalecido para completar a jornada, Deus está preparando e equipando você para alcançar o propósito que tem para sua vida. Continue a crer que o milagre que você espera está a caminho. Mantenha a esperança, a fé e a confiança no seu Criador, pois ele nunca falha.

ANOTAÇÕES

LEIA HOJE
Salmos 21-22
Atos 11

ESTÁ CONSUMADO, DESCANSE

15 OUT

Quando, pois, Jesus tomou o vinagre, disse:
Está consumado! E, inclinando a cabeça, rendeu o espírito.

— JOÃO 19.30

A expressão de Jesus "Está consumado" é uma afirmação poderosa. Ao dizer isso, ele está afirmando que a obra da redenção foi completada. Tudo o que Deus tinha para fazer por nós já foi feito. Não há mais nada a ser acrescentado; tudo foi realizado na Cruz. Essa verdade é impactante e libertadora, pois nos mostra que a obra redentora foi totalmente concluída.

Portanto, para nós, hoje, tudo se resume à revelação e à fé. Devemos olhar para a obra consumada de Cristo e adotar uma postura de confiança em sua soberania. Jesus, agora entronizado e assentado à direita do Pai, está em uma posição de honra e autoridade. Na Bíblia, sentar-se à direita de Deus significa exercer um papel de governança e intercessão. Assim, ao confiarmos nele, em meio aos desafios, reconhecemos nossa identidade em Cristo e, a partir dessa posição de fé, vivemos com a certeza de sua soberania sobre as situações da vida.

O Senhor nos ensina que a paz não está no fim dos nossos problemas, pois esses sempre existirão. A verdadeira paz é encontrada em Jesus, mesmo em meio às dificuldades.

Descanse na certeza de que o Altíssimo já fez tudo o que era necessário por meio de Cristo. Não é nossa *performance* que nos garante favor diante dele, mas a obra consumada de Jesus. Quando descansamos nele, experimentamos seu favor em nossa vida. Confie na obra completa de Jesus e viva em paz, sabendo que ele cuida de todas as nossas necessidades.

DEVOCIONAL
288/365

LEIA HOJE
Salmos 23-24
Atos 12

ANOTAÇÕES

PAZ SOBRENATURAL NA CRISE

16 OUT

> Preparas-me uma mesa na presença dos meus adversários, unges-me a cabeça com óleo; o meu cálice transborda.
>
> — SALMOS 23.5

Descansar em meio à crise pode parecer ilógico para a mente humana, mas é exatamente isso o que a paz de Deus nos oferece. O Senhor nos garante uma tranquilidade que transcende a lógica mundana. A paz do mundo exige ações e soluções práticas para resolver problemas. Porém, aquela que Deus oferece é sobrenatural — ela é uma pessoa, é Cristo, e tudo está nele.

Para desfrutar da mesa divina descansado, é necessário compreender que, em Jesus, todas as coisas estão sob controle, mesmo na presença dos adversários, isto é, até nos momentos de dificuldade,

Deus não vai eliminar a luta e o Inimigo, ele simplesmente vai lidar com o Adversário enquanto você se deleita na vitória de Cristo na sua vida: "Disse o Senhor ao meu senhor: Assenta-te à minha direita, até que eu ponha os teus inimigos debaixo dos teus pés" (Salmos 110.1).

Ao descansar e ter paz, mesmo em meio aos desafios, você está simplesmente refletindo essa posição de vitória e autoridade em Cristo. O Altíssimo já preparou uma mesa para você em meio aos adversários e ungiu sua vida com bênçãos. Seu cálice transborda, não apenas porque ele provê, mas porque reina soberano. Essa é a paz e o descanso verdadeiros, um reflexo da posição exaltada de Cristo e da vitória que ele conquistou em nosso favor.

ANOTAÇÕES

DEVOCIONAL
289/365

LEIA HOJE
Salmos 25-26
Atos 13

GRAÇA NA FRAQUEZA

17 OUT

Porém, se não desapossardes de diante de vós os moradores da terra, então, os que deixardes ficar ser-vos-ão como espinhos nos vossos olhos e como aguilhões nas vossas ilhargas [...].

— NÚMEROS 33.55

Lemos em Números que os moradores da terra seriam como "espinhos nos olhos e aguilhões nas costas", numa referência aos incômodos que aquelas pessoas provocariam aos israelitas. De igual modo, você pode estar enfrentando uma dificuldade, seja depressão, problemas financeiros ou uma luta com vícios como pornografia. Muitas vezes, oramos para que Deus remova essas fraquezas de nossa vida. Contudo, ele nos lembra de que sua graça nos basta, porque o seu poder se aperfeiçoa na fraqueza. Ele não promete remover o espinho, mas sim dar força na área em que somos fracos.

A graça de Deus não é apenas para vencer o pecado, mas também para superar desafios em outras áreas da vida. Somente aqueles que reconhecem suas fraquezas podem experimentar o poder sobrenatural de Deus. Quando nos gloriamos em nossas fraquezas, o poder de Cristo repousa sobre nós.

É natural querer esconder os defeitos e mostrar apenas a melhor versão de si mesmo. No entanto, Deus também age por meio de nossas fraquezas. O que precisamos é admitir que as temos e pedir ao Senhor da sua força. Não tenha medo de expor suas fraquezas, porque o Senhor não expõe pecadores fracos, mas sim aqueles que tentam esconder a verdade.

Reconheça sua dependência e veja o poder de Deus se manifestar em sua vida, trazendo a força e a vitória que só ele pode oferecer.

LEIA HOJE
Salmos 27-28
Atos 14

ANOTAÇÕES

DESCANSE PRIMEIRO, DEPOIS VEJA A VITÓRIA

18 OUT

[...] Deus nos ressuscitou com Cristo e com ele nos fez assentar nos lugares celestiais em Cristo Jesus.

— EFÉSIOS 2.6 (NVI)

Para entender as realidades celestiais, é essencial adotar a mente de Cristo. Pensar no celestial com uma mente natural não é eficaz. Jesus está descansando, e nós estamos nele. Aceite essa verdade e creia nela.

Você pode descansar mesmo na presença dos adversários. A atitude correta é crer e descansar; assim, seus inimigos serão vencidos enquanto você permanece tranquilo. Cristo já venceu todas as suas batalhas, e sua postura é esperar pacificamente enquanto o Pai submete todos os inimigos a seus pés.

Deus promete uma vida abundante, mas seu caminho é diferente do nosso: ele nos chama a descansar enquanto produz o resultado, ao contrário de querer ver o resultado antes de descansar. Isso exige fé. Devemos nos esforçar para descansar e não para resolver. Somente o descanso revela e aprova nossa fé.

Hebreus 4.11 nos diz: "Esforcemo-nos, pois, por entrar naquele descanso." Devemos entregar tudo ao Eterno em oração com sinceridade. Deus deu seu Filho por nós, nos tirou da escravidão e nos colocou em uma terra de abundância. Em vez de buscar provisão com esforço, basta estender a mão e desfrutar da abundância que o Senhor preparou.

Mude seu foco dos gigantes para a promessa e ajuste suas palavras e fé conforme a Palavra de Deus.

ANOTAÇÕES

LEIA HOJE
Salmos 29-30
Atos 15

MUDE SUA PERSPECTIVA

19 OUT

Por isso, me indignei contra essa geração [...].
Assim, jurei na minha ira:
Não entrarão no meu descanso.

— HEBREUS 3.10-11

O descanso prometido por Deus é a nossa terra prometida, o lugar de plenitude e paz que ele preparou especialmente para nós. No entanto, a incredulidade é o principal obstáculo que nos impede de entrar nesse descanso.

O povo de Israel, mesmo após sua saída do Egito, continuava com uma mentalidade de escravo. Eles estavam paralisados pelo medo dos gigantes de Canaã, que representavam um peso e uma limitação tanto para a mente quanto para o coração deles. Essa mentalidade fez com que o povo não conseguisse ver além das dificuldades, falhando em renovar a mente e em depositar a fé nas promessas de Deus. Consequentemente, os israelitas não puderam entrar na terra prometida porque estavam acorrentados pela falta de fé e pela visão limitada que tinham dos desafios que enfrentavam.

Hoje, você pode estar enfrentando gigantes na sua vida, sejam eles problemas financeiros, desafios emocionais, enfermidades ou relacionamentos difíceis. É fácil ficar preso ao que é visível e ao que parece insuperável. No entanto, Deus nos chama a ter uma visão diferente, a olhar para ele e para suas promessas, em vez de fixar nossos olhos apenas nas dificuldades.

Mude sua perspectiva. Concentre-se no descanso que o Eterno oferece, e não nos gigantes que você vê. Permita que a sua fé transforme a maneira como você encara os desafios, e experimente a paz e a plenitude que ele tem preparado para você.

LEIA HOJE
Salmos 31-32
Atos 16

ANOTAÇÕES

NÃO DESANIME, MAS CONTINUE A CONFIAR E A ORAR

20 OUT

Desejamos, porém, que continue cada um de vós mostrando, até ao fim, a mesma diligência para a plena certeza da esperança; para que não vos torneis indolentes, mas imitadores daqueles que, pela fé e pela longanimidade, herdam as promessas.

— HEBREUS 6.11-12

Uma das maiores dificuldades na vida cristã é lidar com o tempo. Muitas vezes, ele parece ser nosso inimigo, pois desejamos resultados rápidos e imediatos. No entanto, a perseverança na fé é uma chave espiritual essencial. É nesse tempo de espera que confiamos no Senhor para realizar em nossa vida o que ele planejou.

Tempos de luta e tribulação não são adequados para tomar grandes decisões. No meio do deserto, não se deve realizar novos planos ou se preocupar com muitas coisas, mas é tempo de caminhar com paciência até sair dele. É crucial esperar em Deus, mantendo-se firme na fé, suportando bravamente e com calma. Não se deixe agitar, mas entregue ao Senhor todas as suas preocupações.

Talvez você esteja enfrentando um tempo de espera ou um período de dificuldades. Lembre-se de que Deus está ao seu lado em cada passo desta jornada. Ele vê suas lutas e conhece seus anseios. A paciência e a perseverança não são apenas virtudes, mas também o caminho para experimentar a fidelidade e o poder de Deus em sua vida.

Entregue a ele todas as suas preocupações e permita que a paz de Cristo guarde o seu coração. Não desanime, mas continue a confiar e a orar. Deus é fiel para cumprir cada uma de suas promessas, e ele não se esquece de você. A sua espera não é em vão: creia que este é um tempo de crescimento e fortalecimento espiritual.

ANOTAÇÕES

DEVOCIONAL
293/365

LEIA HOJE
Salmos 33-34
Atos 17

DESCANSO EM CRISTO

21 OUT

Vinde a mim, todos os que estais cansados e sobrecarregados, e eu vos aliviarei.

— MATEUS 11.28

Não há descanso fora de Cristo, e não há como passar pela tribulação sem ele. São nesses momentos que você constrói uma história com Deus. Muitos não têm testemunhos porque, no dia da luta, tentam resolver na força do próprio braço e depositam suas expectativas em homens.

Só é possível ser cheio de Cristo buscando-o diariamente. Não se preocupe com o dia de amanhã; procure viver hoje na presença de Deus. Se você está passando por uma noite escura, espere nele. A noite escura pode se manifestar como uma depressão, uma dívida, uma ansiedade, um problema no casamento ou com os filhos. No entanto, não há noite escura que não amanheça; por mais longa que ela seja, o sol sempre vai sair. Seja paciente na tribulação, buscando ao Senhor todos os dias.

É impressionante como as pessoas buscam regras, mágicas ou conselhos que resolvam definitivamente sua vida, mas você precisa entender que, no fim de tudo, você terá que ir a Cristo, que é a única solução. No fim, você precisará derramar sua alma, seu coração e seus fardos aos pés dele.

Lembre-se, todos os dias, de dia e de noite, até o fim: você está perdoado e lavado pelo sangue de Jesus. A morte, o medo, a culpa e a destruição não têm poder sobre sua vida se você está em Cristo. Confie na promessa dele e permita que sua paz guarde seu coração e sua mente.

Que você encontre descanso e renovação em sua presença, sabendo que ele está com você em cada passo dessa jornada.

LEIA HOJE
Salmos 35-36
Atos 18

ANOTAÇÕES

NUNCA MAIS VOLTARÁ A ACONTECER

Moisés, porém, respondeu ao povo: Não temais; aquietai-vos e vede o livramento do SENHOR que, hoje, vos fará [...].

— ÊXODO 14.13

22 OUT

Ao refletirmos sobre a libertação dos israelitas, vemos que eles foram salvos pela aplicação do sangue do Cordeiro nos umbrais das portas de suas casas, pelo lado de fora e pelo ato de comer o cordeiro dentro de casa; simbolizando o perdão e a redenção dos seus pecados. Da mesma forma, quando vivemos com a consciência do sangue de Cristo, sabendo que somos perdoados e nutridos diariamente pela Palavra, nossa fé é fortalecida. Isso nos permite romper com a escravidão espiritual e avançar rumo à terra prometida.

No entanto, mesmo após a libertação, a jornada não é isenta de desafios. O povo de Israel, embora tivesse experimentado grande livramento, encontrou um mar à sua frente e o exército de faraó se aproximando. Muitas vezes, ao sairmos de um problema, novos desafios surgem e nos sentimos sem saída.

Nesses momentos, não tenha medo. Fique quieto e veja o livramento do Senhor. Muitas vezes, quando o Todo-Poderoso resolve um problema grande na nossa vida, não precisamos ficar com medo de que ele volte, pois ele nos promete: nunca mais voltará a acontecer. Glória a Deus!

Deus já pôs a nuvem da sua glória entre você e o problema. Enquanto você crê, a presença do Senhor se move para garantir sua vitória. Confie que ele está agindo e preparando o caminho para a sua vitória. Que a paz e a certeza do livramento divino encham seu coração e fortaleçam sua fé.

ANOTAÇÕES

LEIA HOJE
Salmos 37-38
Atos 19

DEUS LUTA POR VOCÊ

23 OUT

O Senhor pelejará por vós,
e vós vos calareis.
— ÊXODO 14.14

Deus está sempre no controle. Quando o povo de Israel estava saindo do Egito e o exército de faraó os perseguiu no Mar Vermelho, Deus pôs os egípcios em confusão, fez com que seus carros atolassem e os deixou perdidos. Quando todos os israelitas atravessaram o mar, ele se fechou sobre os egípcios, garantindo a vitória de Israel.

Não importa se você enfrenta ataques ou situações sem saída, a presença de Deus está com você e o caminho já está preparado. Apenas tenha fé para seguir em frente, pois o Senhor está guiando você para fora do problema. Não desista.

A história não acabou e o Eterno ainda pode transformar sua situação, assim como fez pelos israelitas. Onde não há saída, ele pode criar uma. Onde não há portas visíveis, o Altíssimo pode ter uma escondida. Para Deus, nada é impossível.

Não tema os problemas ou o futuro, pois seu Pai vai à frente para guiá-lo e limpar o caminho. Não se preocupe com os ataques vindos de trás, pois o Deus de Israel está na retaguarda.

Problemas não desaparecem por si só, mas a paz vem de confiar em um Criador que venceu todas as angústias. Seu papel é permanecer em fé, observando o livramento de Deus: "O Senhor pelejará por vós, e vós vos calareis." Confie em Jesus e veja como ele luta suas batalhas. A preocupação não resolve, mas a fé em Jesus realiza milagres.

DEVOCIONAL
296/365

LEIA HOJE
Salmos 39-40
Atos 20

ANOTAÇÕES

NÓS NOS TORNAMOS SEMELHANTES AO QUE CONTEMPLAMOS

24 OUT

E todos nós, com o rosto desvendado, contemplando, como por espelho, a glória do Senhor, somos transformados, de glória em glória, na sua própria imagem, como pelo Senhor, o Espírito.

— 2CORÍNTIOS 3.18

Quando o mundo espiritual olha para aquele que é nascido de Cristo, enxerga Jesus e sua autoridade e se submete. Isso ocorre porque todo o Universo se submete à autoridade do Filho, cuja imagem você carrega.

Essa verdade é profunda e transformadora, pois nos chama a viver uma rotina de autoridade espiritual, na qual nossas orações têm influência para mudar circunstâncias e paralisar as ações do Inimigo. Em nome de Jesus, as hostes celestiais da maldade se submetem a você.

Portanto, entenda a importância de se ver à luz de Cristo. Estamos sendo transformados, de glória em glória, na imagem do Senhor. Quando você se enxerga através dessa lente, começa a experimentar uma transformação que se reflete em todas as áreas da vida. Ela acontece quando você passa a viver com Deus e, com isso, é alvo do trabalho do Espírito Santo.

Quando Pedro contemplou Jesus andando sobre as águas, ele desfrutou do poder de Cristo e, por isso, também foi capaz de replicar aquele feito. Você se torna semelhante ao que contempla, logo, pare de contemplar o problema e o Inimigo e olhe somente para Cristo.

Eu encorajo você a renovar sua mente com essa verdade poderosa. Levante-se na autoridade que tem em Cristo e enfrente os desafios com a certeza de que você carrega a imagem do Todo-Poderoso. Quando o Maligno tentar intimidá-lo, lembre-se de que ele vê a imagem de Cristo em você e a ela deve se submeter.

ANOTAÇÕES

LEIA HOJE
Salmos 41-42
Atos 21

O SENHOR É COM VOCÊ; CONFIE NELE

25 OUT

Neste encontro, não tereis de pelejar; tomai posição, ficai parados e vede o salvamento que o SENHOR vos dará, ó Judá e Jerusalém.

—2CRÔNICAS 20.17

Nossa fé não é uma substância física, mas a certeza das coisas esperadas e a convicção de fatos que não se veem. Quando o povo de Israel estava com fome, o Senhor enviou comida. Quando teve sede, a água jorrou da rocha. Se você precisa de cura ou de recursos financeiros, o Onipotente suprirá suas necessidades.

Confie no Eterno e ele lhe dará abundantemente mais do que você pode pedir ou pensar, segundo a vontade dele. Nada é pequeno demais para o Todo-Poderoso. Embora Deus não vá remover o deserto, ele promete estar com você o tempo todo, assim como guiou o povo de Israel desde o Egito até Canaã, em uma terra de abundância e alegria.

Bênção não é a ausência de problemas ou inimigos, mas o suprimento pela graça de Deus em meio às dificuldades. Jesus disse: "No mundo tereis aflições, mas tende bom ânimo, eu venci o mundo" (João 16.33). Se confiarmos em nossos esforços, a jornada será exaustiva. A vontade de Deus é que confiemos nele e recebamos o descanso que ele oferece.

Se você está atravessando um deserto, lembre-se de que o Senhor está com você em cada passo. Sua fé é a chave para experimentar a provisão prática e abundante que ele tem para sua vida. Não se sobrecarregue com esforços próprios, mas confie plenamente no Criador. Ele é o suprimento em meio à escassez, às doenças e necessidades. Que a paz de Deus, que excede todo entendimento, encha seu coração e fortaleça sua jornada.

DEVOCIONAL
298/365

LEIA HOJE
Salmos 43-44
Atos 22

ANOTAÇÕES

TROQUE O MÉRITO PELA GRAÇA

E será que, quando entrarem pelas portas do átrio interior, usarão vestes de linho; não se porá lã sobre eles, quando servirem nas portas do átrio interior, dentro do templo.

— EZEQUIEL 44.17

26 OUT

Quem vive na presença de Deus não está sob maldição. Ou você se veste de graça ou de mérito. A lã simboliza o esforço humano e a lei, enquanto o linho representa a graça e a justiça de Cristo. Se em alguma área da sua vida você não sente a graça de Deus, isso pode indicar que está "suando" demais e precisa mudar. Troque suas vestes de lã por vestes de linho, entregando essa área ao Senhor em oração: "Senhor, vou parar de agir pela força do meu braço e vou entregar tudo para ti".

O Eterno deseja que você use também um turbante de linho, simbolizando uma mente livre de preocupações. Ele quer que você viva em paz, consciente da justiça de Cristo que cobre você. Estar vestido com Jesus é estar coberto pela obra completa dele — vitória sobre a morte, o Diabo e o mundo. Com essa certeza, não há razão para temer.

Se você se sente pressionado, não tome decisões apressadas. Espere, ore mais e resolva no tempo certo. Decidimos na oração, não na pressão. Entregue suas preocupações a Cristo e descanse internamente. A correria externa é inevitável, mas o descanso deve ser interior.

Oro para que a paz de Deus inunde sua mente e coração, enquanto você troca as vestes de lã da ansiedade pelas vestes de linho da graça e confiança em Jesus. Lembre-se: Cristo já enfrentou o sofrimento e a pressão por você. Descanse na obra completa dele, que venceu todas as adversidades e assegurou sua paz. Que a tranquilidade e confiança em Deus renovem seu espírito.

ANOTAÇÕES

LEIA HOJE
Salmos 45-46
Atos 23

SEJA LIBERTO DE TODA ANSIEDADE

27 OUT

E, estando em agonia, orava mais intensamente. E aconteceu que o seu suor se tornou como gotas de sangue caindo sobre a terra.

— LUCAS 22.44

O processo que levou Jesus a suar gotas de sangue no Getsêmani é um fenômeno conhecido como hematidrose, pelo qual o estresse extremo faz com que os vasos sanguíneos capilares se rompam, misturando suor com sangue. Especialistas acreditam que o primeiro local onde esse sangue brotou foi na testa de Jesus.

Por que isso é significativo? No Jardim do Éden, o primeiro Adão iniciou algo que não completou; ele caiu e foi amaldiçoado. Portanto, penso que o segundo Adão, Cristo, começou seu trabalho de redenção também em um jardim, para concluir o que o primeiro homem não conseguiu. O pecado e a maldição entraram na humanidade, e a Bíblia diz que, por causa do pecado, Adão teve de comer o pão com "o suor do seu rosto" (cf. Gênesis 3.19). Assim, a maldição começou na mente e no rosto de Adão, trazendo angústia e ansiedade.

Jesus suou sangue na testa para, simbolicamente, nos redimir da maldição da ansiedade, do estresse e do medo. O sangue de Cristo tem um poder redentor, e a sua angústia redimiu a maldição da mente. Você pode enfrentar os desafios sem o peso do estresse, vivendo em paz com o Salvador.

Saiba que a redenção de Cristo se estende não apenas à sua mente, mas a cada aspecto da sua vida. O sangue derramado na cruz garante a liberdade da maldição sobre você. Viva com a certeza de que Jesus já pisou em cada lugar que você pisa, trazendo bênção e redenção.

Que a paz de Deus, que excede todo entendimento, guarde seu coração e sua mente em Cristo Jesus.

LEIA HOJE
Salmos 47-48
Atos 24

ANOTAÇÕES

CREIA E DESCANSE

> Inútil vos será levantar de madrugada, repousar tarde,
> comer o pão que penosamente granjeastes;
> aos seus amados ele o dá enquanto dormem.
>
> — SALMOS 127.2

28 OUT

O Senhor tem alegria em nos fazer saber que somos amados, porque quem tem consciência de que é alvo do amor de alguém sabe que essa pessoa está cuidando dela. Uma criança pura, que é amada pelos seus pais, nunca duvida do que eles prometem. Assim são os que sabem que são amados pelo Criador do Universo: eles não duvidam e, por isso, descansam.

Na Bíblia, dormir é símbolo de descanso. O sono aqui não é literal, mas uma verdade espiritual. Somente quando entregamos nossos problemas ao Todo-Poderoso é que verdadeiramente descansamos. O descanso autêntico é uma expressão de fé, pois o repouso é impossível enquanto a incredulidade ainda opera no coração.

Descansar é uma atitude interna. O Eterno disse a Abraão que permanecesse parado e visse o livramento que ele proveria. Hoje, estamos envolvidos em muitas atividades. Deus não quer que você se ausente do trabalho ou de outras responsabilidades, mas, sim, que mantenha uma atitude interna de descanso.

Aquele que sabe que o Pai está cuidando da situação descansa. Ele tem uma fé semelhante à de uma criança. Desafie-se hoje a entregar suas preocupações ao Todo-Poderoso e adotar a atitude de descanso que ele deseja para você. Confie plenamente no cuidado dele e permita que a paz do alto inunde seu coração. Testemunhe a diferença que a fé verdadeira pode fazer em sua vida e experimente o descanso que só Deus pode proporcionar.

ANOTAÇÕES

DEVOCIONAL
301/365

LEIA HOJE
Salmos 49-50
Atos 25

O PODER TRANSFORMADOR DA CONSCIÊNCIA DO PERDÃO

29 OUT

Filhinhos, eu vos escrevo, porque os vossos pecados são perdoados, por causa do seu nome.

— 1 JOÃO 2.12

A maravilhosa verdade do Evangelho é que você não é perdoado com base nas suas boas obras, mas, sim, pelo sangue de Jesus. Esse perdão é um decreto irrevogável, estabelecido por Deus por meio do sacrifício de Cristo. A consciência desse perdão total deve ser a base da sua vida cristã.

Viver com a consciência de que seus pecados são perdoados é essencial. A certeza do perdão transforma a maneira como você vê a si mesmo e ao mundo ao seu redor. Quando você entende que é perdoado, isso se reflete em suas ações. As boas obras não são a causa do perdão, mas, sim, a evidência de uma vida que vive em resposta ao perdão recebido.

Deixe que a verdade do perdão total e eterno penetre em seu coração e sua mente. Não se deixe enganar pelas mentiras do Inimigo que tentam fazer você duvidar da sua aceitação diante de Deus. Viva a verdade de que, em Cristo, o contrito está completamente perdoado. Isso não só traz paz e segurança, mas também abre a porta para você experimentar as bênçãos e promessas de Deus em sua plenitude.

Viva com o coração pleno da certeza do perdão. Permita que essa verdade transforme sua vida, trazendo uma nova perspectiva e uma liberdade verdadeira. O perdão de Deus é a fundação sobre a qual todas as bênçãos se constroem. Mantenha-se firme nessa verdade e veja a transformação que ela traz.

DEVOCIONAL
302/365

LEIA HOJE
Salmos 51-52
Atos 26

ANOTAÇÕES

A BÊNÇÃO DA FRAQUEZA

Porque, quando sou fraco, então,
é que sou forte.
— 2CORÍNTIOS 12.10

30 OUT

Se você se sente fraco em alguma área da vida, deve crer que ali que se manifestará de forma especial o poder de Deus. Em vez de se sentir desanimado ou paralisado por suas deficiências, entenda que são justamente essas áreas que podem revelar a força de Cristo em sua vida.

Paulo sabia o que era ter fraquezas e encontrou alegria na sua insuficiência, porque compreendeu que a graça de Deus era suficiente para ele. O poder divino se aperfeiçoa em nossa falibilidade, e é nos momentos de limitação que o poder de Jesus se torna mais evidente. Se hoje você está abatido por causa de sua fraqueza, saiba que tem a grande oportunidade de experimentar a força sobrenatural de Deus.

Paulo enfrentava um problema que ele chamava de "espinho na carne", mas entendeu que essa fraqueza era uma oportunidade de Deus na sua vida, por isso, concluiu, "loucamente", que aquela luta era, na verdade, uma grande bênção na sua vida. Afinal, uma vez que o poder de Deus se manifesta de modo especial na incapacidade do homem, qualquer fraqueza nos põe na condição de vermos o seu poder e sermos abençoados.

Portanto, ao enfrentar suas fraquezas, não desanime. Alegrar-se em meio às fraquezas é um reconhecimento de que a graça de Deus é suficiente para você. Na sua fraqueza, o Eterno está pronto para manifestar a força celestial e levar você a uma nova dimensão de poder.

ANOTAÇÕES

LEIA HOJE
Salmos 53-54
Atos 27

A AUTORIDADE É MAIOR DO QUE O PODER

31 OUT

Ele nos tomou para si e nos concedeu um lugar nos altos céus, na companhia de Jesus, o Messias [...].

— EFÉSIOS 2.6 (AM)

Estar em Cristo, hoje, é ter restaurada a imagem que Deus havia dado a Adão. Isso é de extrema importância, pois a imagem representa autoridade, um princípio espiritual fundamental.

Há uma diferença crucial entre poder e autoridade: enquanto poder é força, autoridade é superior, pois o poder está sujeito à autoridade. Uma máquina de demolição tem poder para derrubar uma casa, mas somente o juiz tem a autoridade para autorizá-la a fazer. Sem a autoridade do magistrado, a força da máquina não pode agir. Na verdade, com a autoridade em suas mãos, o juiz, mesmo não tendo poder em si mesmo, sobrepuja a máquina com toda a sua força e poder.

O Diabo pode ter força, pois é um anjo, ainda que caído, e os anjos são muito mais poderosos que nós. No entanto, como estamos em Cristo e carregamos a imagem do celestial, que está acima de todo principado, potestade e poder, dominamos sobre ele. Quando o Maligno olha para nós, ele vê a imagem celestial que trazemos, que é Jesus, e por isso, no nome do Senhor, é obrigado a se submeter.

Veja quão poderoso é ter a presença de Cristo em sua vida. Isso libera uma fé incrível e avassaladora em sua caminhada. Trazer a autoridade de Cristo significa trazer a identidade legal, celestial, que o põe em uma posição de governo e soberania.

LEIA HOJE
Salmos 55-56
Atos 28

ANOTAÇÕES

NOVEMBRO

ESPERANÇA DEPOIS DO CAOS

01 NOV

À tarde, ela voltou a ele; trazia no bico uma folha nova de oliveira; assim entendeu Noé que as águas tinham minguado de sobre a terra.

— GÊNESIS 8.11

Imagine o caos fora da arca: corpos mortos e destruição por todos os lados. Mesmo assim, ao fim daquele tempo, Deus abriu uma porta de esperança para Noé e sua família. Pouco se fala sobre o caos após a tragédia. Às vezes, é melhor um fim horroroso do que um horror sem fim. Em algum momento, sua tragédia acabará. O que fazer depois?

Após o caos, há desânimo e incerteza. É nesse momento que precisamos ver a folha nova de oliveira no bico da pomba, um quadro de esperança após o caos. Após o dilúvio, você precisa de esperança verdadeira. Qual o melhor caminho? Paulo indica: "E o Deus da esperança vos encha de todo o gozo e paz no vosso crer, para que sejais ricos de esperança no poder do Espírito Santo" (Romanos15.13).

No grego, "esperança" *élpis* significa firme convicção e expectativa confiante de que coisas boas estão a caminho. Em hebraico, "esperança" *tikváh* pode ser traduzida como "corda", sugerindo segurança. Estamos amarrados ao Senhor com cordas de amor, de tal forma que não podemos escapar.

Nossa esperança está firmada naquele que não pode falhar. Abra seu coração e receba a esperança que o Pai oferece. Confie que ele está amarrado a você com cordas de amor e que coisas boas estão por vir. Deixe que a certeza da esperança encha seu coração e fortaleça sua fé, sabendo que seu Pai está trabalhando em sua vida, e que dias muito melhores estão à frente. Apenas creia.

LEIA HOJE
Salmos 57-58
Provérbios 1

ANOTAÇÕES

VOCÊ NÃO ESTÁ DEBAIXO DE CULPA E CONDENAÇÃO

Porque o pecado não terá domínio sobre vós;
pois não estais debaixo da lei, e sim da graça.
— ROMANOS 6.14

02 NOV

Muitas vezes, quando você peca, sente que o Senhor não irá mais abençoá-lo por causa de seus erros. Uma visão farisaica do Evangelho afirma que, se você errou, somente precisa ser punido. A verdade é que não há nada que você possa fazer de errado que levará o Pai a amá-lo menos.

Religiosos enxergam esse pensamento como errado, acreditando que, com essa visão, podemos pecar deliberadamente e ainda assim ser abençoados. Mas não é assim. Quem nasceu de novo e recebeu a graça não busca o pecado; afinal, a graça não leva ninguém a pecar.

A Bíblia diz que o aguilhão da morte é o pecado e que o pecado traz a morte, mas o que fortalece o pecado é a Lei. Então, se o pecado mata e a Lei fortalece o pecado, como tiramos o pecado de nossas vidas? Tirando o peso da Lei, isto é, do sistema de relacionamento com o Altíssimo baseado na troca e no desempenho. Quando você tira a Lei do foco, quebra a força do pecado.

Imagine que na rua da sua casa há um muro com um pequeno buraco, e você passa por lá todos os dias sem se importar com ele. De repente, alguém coloca uma placa bem grande pendurada no buraco, onde se lê: "Proibido olhar." Você sempre passou por lá e nunca ligou para aquele buraco, mas, ao ver a placa, a tentação se tornou insuportável.

Essa placa é como a Lei: ela o empurra para o pecado e ele, por sua vez, o mata. A graça tira a Lei e desfaz o ciclo do pecado e da morte. Por isso, viva com o Senhor por graça, e não por merecimento.

ANOTAÇÕES

LEIA HOJE
Salmos 59-60
Provérbios 2

NÃO FOQUE APENAS NAS DIFICULDADES

03 NOV

Vejam, já comecei! Não percebem?
Abrirei um caminho no meio do deserto,
farei rios na terra seca.

—ISAÍAS 43.19

Não deixe que os problemas paralisem você. Não foque nas dificuldades. Em Isaías, vemos a promessa do Senhor aos israelitas: estava "prestes a começar algo novo" na vida deles. Por que não crer que ele deseja realizar algo novo na sua vida? Abra os olhos da fé e creia que o Onipotente já começou a abrir caminhos no seu deserto e a criar rios na terra seca.

Isso significa dar-lhe direção e vida. No deserto, onde as coisas parecem estagnadas, um caminho é feito para você sair dele. Creia que o Senhor lhe dará direções específicas para o momento em que você se encontra. Elas podem não ser úteis depois, mas serão poderosas agora, um caminho especial para o que você está passando.

O rio na terra seca representa vida. Um rio é um lugar de abundância, com água para saciar sua sede e sustentar a vida. Deus não vai remover a "terra seca", mas vai inundá-la com água, mudando sua condição: onde havia morte, nascerá vida. O Eterno não vai tirar o problema, mas vai trazer vida sobre ele, transformando derrota em bênção. Isso é fazer com que tudo coopere para o seu bem.

Abra hoje os olhos da fé e espere pelo novo que Deus está realizando. Não se deixe paralisar pelos desafios. Confie que ele está criando um caminho e trazendo vida onde parecia não haver esperança. Creia na promessa divina e veja o poder do alto transformar sua situação.

LEIA HOJE
Salmos 61-62
Provérbios 3

ANOTAÇÕES

TENHA FÉ E CREIA NA VITÓRIA

04 NOV

> Cante, ó estéril, você que não deu à luz; exulte e grite de alegria, você que nunca sentiu dores de parto! Porque os filhos da mulher solitária são mais numerosos do que os filhos da casada.
>
> — ISAÍAS 54.1 (NAA)

Deus manda cantar antes do milagre, porque essa é uma atitude de fé. Quando você canta no meio da crise, está dizendo que já viu a vitória no futuro próximo, isto é, creu que o Senhor já fez. A fé primeiro crê e tem uma atitude de celebrar diante do problema para depois ver o resultado, a concretização.

Em Números 13, Deus instrui os espias a observar a terra prometida. Apesar dos gigantes presentes, o foco não deveria estar no inimigo, mas na abundância da terra, que jorrava leite e mel. Quando você desvia o olhar da promessa e se concentra nos obstáculos, a fé diminui. Dos doze espias enviados, dez deles se viram como incapazes de suplantar os gigantes que habitavam aquela terra, o que revela uma mentalidade de pobreza e escassez, a mentalidade de alguém que não reconhece a paternidade de Deus.

Se você estiver preso a essa mentalidade, a fé não pode florescer! Não permita que o Diabo o derrote com esse tipo de perspectiva, antes, mantenha o olhar firme na promessa de Deus.

Portanto, escolha cantar com alegria e focar na promessa do Todo-Poderoso. Liberte-se das prisões da culpa e da escassez, e permita que a fé renasça em seu coração. Olhe para o que o Altíssimo está preparando para você, e não para os obstáculos. Confie em suas promessas e creia que o milagre pode acontecer.

ANOTAÇÕES

DEVOCIONAL
308/365

LEIA HOJE
Salmos 63-64
Provérbios 4

AGARRE-SE NA ESPERANÇA DO CORDÃO VERMELHO

05 NOV

Desobrigados seremos deste teu juramento que nos fizeste jurar, se, vindo nós à terra, não atares este cordão de fio de escarlata à janela por onde nos fizeste descer [...].

— JOSUÉ 2.17-18

Os espias disseram a Raabe que pendurasse um cordão vermelho na janela de sua casa como sinal de que aquela residência deveria ser poupada na invasão de Jericó pelos israelitas. É significativo que a cor da corda era vermelha, lembrando-nos do sangue de Jesus. Assim como o cordão vermelho era a esperança de Raabe, o sangue de Cristo é nossa esperança. Ela confiou na promessa de que sua família seria salva ao seguir a instrução dos espiões.

Hoje, temos a Palavra de Deus e todas as suas promessas estão baseadas na obra redentora de Jesus. Embora não tenhamos algo físico para nos apoiar, confiamos nas promessas de Deus que, em meio às tribulações, oferece-nos uma porta de esperança.

Raabe, uma prostituta e estrangeira, talvez tenha sentido medo e dúvida antes da invasão de Jericó. No entanto, Deus fez mais do que ela poderia imaginar. Além de ser poupada, ela entrou na linhagem do Messias, sendo parte da genealogia de Jesus.

Há esperança para você no sangue de Cristo, independentemente da sua situação. O sangue dele garante perdão e redenção. Você pode enfrentar destruição ao seu redor, mas a promessa de Deus é segura.

Quando os israelitas deram sete voltas e tocaram a trombeta, as muralhas de Jericó caíram, mas a casa de Raabe permaneceu intacta. Assim, nossa segurança está no sangue da Nova Aliança. Confie na promessa de que você está seguro em Cristo, e que essa esperança fortaleça sua fé e traga paz ao seu coração.

LEIA HOJE

Salmos 65-66
Provérbios 5

ANOTAÇÕES

O JUSTO VIVERÁ PELA FÉ

06 NOV

Todavia, o meu justo viverá pela fé; e:
Se retroceder, nele não se compraz a minha alma.

— HEBREUS 10.38

Os problemas podem parecer intermináveis, mas são temporários. Diagnósticos podem afirmar que você nunca vai se recuperar, mas a última palavra é sempre de Deus. Ele não colocaria sonhos em seu coração se não fossem possíveis de serem realizados.

Você é chamado de justo e deve viver pela fé, que é a certeza das coisas que se esperam e a convicção dos fatos que não se veem (Hebreus 11.1). A fé não anda por vista, mas pela Palavra de Deus. Não negamos os fatos, mas confiamos na verdade revelada nas Escrituras. Um diagnóstico pode dizer que você está doente, mas a verdade diz que Jesus carregou nossas enfermidades na cruz; um desafio pode parecer insuperável, mas a verdade diz: "tudo posso naquele que me fortalece" (Filipenses 4.13). Mantenha-se na fé, na verdade, e na esperança (cf. Hebreus 10.23).

Devemos guardar a confissão da esperança, não a da dúvida, pois Deus é fiel. Entre a promessa e sua realização, há um período de espera em que precisamos manter nossa confissão de esperança. O que fazer enquanto se espera? Primeiro, esteja convicto da bondade de Deus. Creia que você é amado. Segundo, confesse a promessa todos os dias.

Mantenha firme sua fé. Não permita que as dúvidas e os desafios abafem a promessa do Senhor. Confie na fidelidade dele e continue confessando as promessas. Sua fé e persistência são vitais durante a espera, e o Altíssimo é fiel para cumprir o que prometeu.

ANOTAÇÕES

LEIA HOJE
Salmos 67-68
Provérbios 6

CONFIANÇA NA PALAVRA DE DEUS

07 NOV

O reino de Deus é assim como se um homem lançasse a semente à terra; depois, dormisse e se levantasse, de noite e de dia, e a semente germinasse e crescesse [...].

— MARCOS 4.27

Às vezes, não há sinais visíveis de mudança em uma situação ruim. Isso é um teste de fé. Em vez de concordar com as circunstâncias adversas, abrace a verdade da Palavra. O Reino de Deus é um reino de fé. Assim como a semente plantada passa por um processo invisível até brotar, devemos confiar que o Senhor está agindo, mesmo que não vejamos.

Palavras faladas são como sementes plantadas, e palavras repetidas são sementes regadas. Quando você proclama repetidamente as verdades divinas em sua vida, demonstra fé nas promessas de Deus. Depois disso, entregue a situação ao Eterno e descanse, confiando que ele está agindo. O processo pode ser gradual, mas o Altíssimo cumprirá suas promessas plenamente.

Em Gênesis 30, vemos que Jacó teve muitos filhos com Lia e suas concubinas, mas Raquel ainda não tinha tido filhos. O nome "Lia" significa "cansaço", simbolizando a Lei e o esforço próprio, enquanto "Raquel" significa "ovelha", representando a graça e a promessa de Deus. Os filhos da Lei aparecem primeiro, mas não permanecem. Isso mostra que a verdadeira mudança vem quando confiamos na graça de Deus, não em nossos esforços.

Creia nas promessas, sabendo que o Senhor está trabalhando nos bastidores, mesmo quando não vemos. A verdadeira mudança vem pela graça e não por nossos esforços. Pode demorar, mas ela virá e será definitiva. Plante e regue sementes de fé mediante a confissão da Palavra de Deus e veja os frutos aparecerem.

LEIA HOJE
Salmos 69-70
Provérbios 7

ANOTAÇÕES

PERMANEÇA NA GRAÇA E DESFRUTE DO AMOR DIVINO

Sois assim insensatos que, tendo começado no Espírito, estejais, agora, vos aperfeiçoando na carne?

— GÁLATAS 3.3

08 NOV

Assim como você foi salvo pela graça, deve continuar a caminhar por ela. A salvação não pode ser perdida, mas afastar-se da graça de Deus pode enfraquecer sua comunhão com ele. Decair da graça significa retornar à Lei e ao esforço próprio, o que pode fazer você duvidar do amor do Senhor. Ao tentar merecer esse amor, você acaba caindo na justiça própria e se tornando amargo.

Quem acha que merece o amor do Todo-Poderoso não pode recebê-lo verdadeiramente, pois ele valoriza os que reconhecem sua incapacidade de merecê-lo. Aqueles que confiam nas próprias forças terão um esforço pesado, limitado e passageiro.

Deus veio para os doentes, os fracos e os que sabem que não merecem. Você precisa viver consciente do amor de Deus, alimentando sua fé com a certeza de que ele já o amou na cruz. Nosso amor pelo Eterno é apenas uma reação ao seu amor por nós. Ele é a fonte e a essência do amor.

O amor não é apenas um sentimento ou uma sensação; é uma pessoa, Cristo. Em meio às lutas, não duvide do amor divino. Lembre-se constantemente de quanto você é amado.

Permaneça firme na graça de Deus. Não tente merecer seu amor por meio do esforço próprio. Lembre-se de que Deus o ama incondicionalmente e confie na sua graça. Alimente sua fé com a certeza de que você é amado, independentemente das circunstâncias. Em cada desafio, lembre-se do imenso amor de Deus e deixe que isso fortaleça sua confiança nele.

ANOTAÇÕES

LEIA HOJE
Salmos 71-72
Provérbios 8

PORTA DE ESPERANÇA

09 NOV

E lhe darei, dali, as suas vinhas e o vale de Acor por porta de esperança; será ela obsequiosa como nos dias da sua mocidade e como no dia em que subiu da terra do Egito.

— OSEIAS 2.15

Quando os hebreus conquistaram Jericó, um homem chamado Acã furtou itens consagrados a Deus, resultando em sua execução. O local de sua morte ficou conhecido como Vale de Acor, que significa "perturbação". Deus, porém, prometeu transformar esse lugar de tristeza em uma porta de esperança.

No contexto do versículo, "Acor" simboliza problemas e tribulações. Deus promete que, no meio das nossas dificuldades, ele abrirá uma porta de esperança. Essa esperança, simbolizada por Cristo, nos oferece consolo e salvação mesmo em nossos momentos mais sombrios.

O conceito de esperança na Bíblia está intimamente ligado à história de Raabe, que escondeu os espias israelitas em Jericó. Ela pediu proteção para sua família, e os espias lhe disseram para amarrar um cordão vermelho na janela, um símbolo de esperança e salvação. Esse cordão apontava para a aliança de Deus com seu povo, prefigurando o sangue de Cristo que nos redime.

Assim, ao enfrentarmos nossos vales de angústia, devemos lembrar da promessa de Deus. Cristo é nossa porta de esperança. Não permita que as dificuldades roubem sua paz. Confie no Senhor, pois ele está ao seu lado, transformando suas tribulações em oportunidades de vitória. A esperança em Jesus é segura e eterna.

DEVOCIONAL
313/365

LEIA HOJE
Salmos 73-74
Provérbios 9

ANOTAÇÕES

A MOEDA DO MILAGRE

10 NOV

[...] para que não os escandalizemos, vai ao mar, lança o anzol, e o primeiro peixe que fisgar, tira-o; e, abrindo-lhe a boca, acharás um estáter.

— MATEUS 17.27

Na passagem de Mateus 17.24-27, vemos uma das muitas maneiras pelas quais Jesus demonstrou sua sabedoria divina e ao mesmo tempo sua humildade e submissão às leis humanas. Ao ser questionado sobre o pagamento do imposto, ele aproveita a oportunidade para ensinar a Pedro e a nós uma lição profunda sobre sua identidade e missão.

O Mestre pergunta a Pedro sobre quem deveria pagar impostos aos reis da terra. Pedro responde corretamente que os estranhos pagam impostos, enquanto os filhos estão isentos. Jesus, sendo o Filho de Deus, está naturalmente isento dos impostos do templo, que é a casa de seu Pai. No entanto, ele opta por não causar escândalo ou ofensa desnecessária e instrui Pedro a ir ao mar e pescar um peixe, dentro do qual encontraria a moeda necessária para pagar o imposto.

Esse milagre não só demonstra a soberania de Cristo sobre a criação, mas também sua disposição em se submeter às leis e tradições humanas para evitar desentendimentos e promover a paz. Jesus, sendo o Rei dos reis, escolheu humildemente cumprir a Lei para que não houvesse motivo de ofensa.

Essa passagem é um lembrete de que, como seguidores de Jesus, devemos ser sábios e discernir quando é necessário ceder em questões secundárias para evitar escândalos e promover a harmonia. Devemos também reconhecer a soberania de Cristo em todas as coisas e confiar que ele proverá para nossas necessidades de maneiras surpreendentes e, até mesmo, miraculosas.

ANOTAÇÕES

LEIA HOJE
Salmos 75-76
Provérbios 10

A LOUCURA DO AMOR INCONDICIONAL DE DEUS

11 NOV

Assim conhecemos o amor que Deus tem por nós e confiamos nesse amor. Deus é amor. Todo aquele que permanece no amor permanece em Deus, e Deus nele.

— 1 JOÃO 4.16

Mesmo conhecendo cada aspecto de quem você é, Deus decidiu amá-lo incondicionalmente. Não tente entender, apenas aceite esse amor. Davi deixou claro: "Se subo aos céus, lá estás; se faço a minha cama no mais profundo abismo, lá estás também; se tomo as asas da alvorada e me detenho nos confins dos mares, ainda lá me haverá de guiar a tua mão, e a tua destra me susterá. Se eu digo: as trevas, com efeito, me encobrirão, e a luz ao redor de mim se fará noite, até as próprias trevas não te serão escuras: as trevas e a luz são a mesma coisa" (Salmos 139.8-12).

Seu interior está completamente aberto diante dele. Seu Pai conhece o que está no seu coração, e o que o aflige e está pronto para limpá-lo. Ele conhece você quando está bem, "nas alturas", mas também sabe o que você sente no "abismo". Sabe quando está longe e perdido, e em todos esses lugares ele garante que estará lá para sustentá-lo, guiá-lo, protegê-lo e suprir suas necessidades.

Reconheça e aceite o amor de Deus. Ele conhece e trata seu interior. Não viva mais atemorizado ou sobrecarregado; confie na adoção que recebeu e clame a seu Pai. Entregue suas preocupações e veja-o transformar seu coração. Em cada dificuldade, lembre-se de que o Altíssimo está sempre presente, guiando e sustentando você.

DEVOCIONAL
315/365

LEIA HOJE
Salmos 77-78
Provérbios 11

ANOTAÇÕES

DEUS DÁ ORDEM AOS ANJOS POR VOCÊ

12 NOV

Bendizei ao Senhor, todos os seus anjos, valorosos em poder, que executais as suas ordens e lhe obedeceis à palavra. Bendizei ao Senhor, todos os seus exércitos [...].

— SALMOS 103.20-21

Neste salmo, somos convidados a reconhecer a majestade e o poder do Senhor manifestos por meio dos seus anjos e exércitos celestiais. Os anjos, descritos como valorosos em poder, são ministros do Altíssimo que executam suas ordens e obedecem à sua Palavra. Representam a força e a eficácia do governo divino.

O salmista nos exorta a bendizer ao Senhor junto com esses exércitos celestiais, que cumprem a vontade do Criador e asseguram a realização de seus propósitos. Esse chamado à adoração não é apenas um reconhecimento da grandeza de Deus, mas também um convite para participarmos da glória que ele manifesta por meio de suas criaturas celestiais.

Às vezes, esquecemos a presença e o trabalho dos anjos em nossa vida. Eles nos protegem e nos guiam, e cumprem as promessas do Pai. Nossa adoração e gratidão são respostas apropriadas a essa realidade invisível. Em nossas lutas diárias, é essencial lembrar de que não estamos sozinhos. A Palavra do Senhor nos assegura que há um exército celestial ao nosso lado, cumprindo as ordens em nosso favor.

Portanto, elevemos nossas vozes em adoração e louvor, reconhecendo a presença ativa dos anjos e dos exércitos celestiais. Que nossa adoração reflita a grandeza e a fidelidade de Deus. Comece hoje a agradecer ao Senhor por sua proteção e direção, permitindo que sua adoração se torne uma expressão constante de gratidão pelo que ele faz, visível e invisivelmente, em sua vida.

ANOTAÇÕES

LEIA HOJE
Salmos 79-80
Provérbios 12

BÊNÇÃOS ABUNDANTES

13 NOV

Como Deus é maravilhoso! E que bênção ele é!
Ele é o Pai de nosso Senhor Jesus Cristo
que nos leva aos mais elevados lugares de bênção.

— EFÉSIOS 1.3 (AM)

Efésios 1.3-6 é uma declaração das bênçãos abundantes e da profunda segurança que temos em Cristo. O amor do Altíssimo é imensurável e se manifesta constantemente em nossa vida. Esse amor não é passageiro; é uma fonte eterna que nunca se esgota.

Paulo nos lembra de que essa fonte de bênçãos é sobrenatural e não está condicionada pelas circunstâncias naturais. É uma abundância celestial que abrange todas as áreas da vida — espiritual, emocional e física. Desde a saúde até as finanças, desde o casamento até os relacionamentos familiares, todas as esferas da nossa vida estão incluídas.

Entender e reconhecer essa realidade é fundamental para vivermos em plenitude livres de medo. A consciência de que somos abençoados e amados pelo Criador nos liberta das amarras da insegurança. A certeza de que o Eterno nos escolheu e nos predestinou para uma vida de bênçãos e amor deve transformar a maneira como vemos e vivemos nossa vida.

Comece a orar pedindo as bênçãos do Pai sobre sua vida. Creia na verdade de que você é abençoado e amado, e permita que essa verdade transforme sua perspectiva e suas experiências diárias. Diga a si mesmo e aos outros que você é um testemunho do amor e da abundância do Senhor. Ao fazer isso, creio que estará alinhando seu coração à Palavra de Deus e experimentará a plenitude das bênçãos que ele tem para a sua vida.

LEIA HOJE
Salmos 81-82
Provérbios 13

ANOTAÇÕES

ESCOLHIDO PARA FRUTIFICAR

14 NOV

Não fostes vós que me escolhestes a mim; pelo contrário, eu vos escolhi a vós outros e vos designei para que vades e deis fruto, e o vosso fruto permaneça [...].

—JOÃO 15.16

Esse versículo revela o propósito divino para nossa vida. Não fomos nós que buscamos o Criador primeiro, mas ele nos escolheu e designou para uma missão especial: produzir frutos que permaneçam. A escolha do Senhor é um ato de graça e amor, posicionando-nos para viver uma vida de impacto.

Deus não apenas nos escolheu, mas também nos capacitou para cumprir essa missão. Ele não nos envia sem recursos ou uma missão clara. Nossa tarefa é produzir frutos que refletem nossa conexão com Cristo. É por meio dessa conexão que nossas ações, palavras e vidas se tornam um testemunho da obra do Senhor em nós.

Assim como o fruto de uma árvore não é um peso para ela, os frutos que devemos gerar são naturais para aqueles que permanecem em Cristo. Deus deseja que você frutifique em todas as áreas da vida. Não se preocupe, será algo espontâneo, um reflexo do seu sucesso, porque o Espírito Santo manifesta esses frutos em você. Apenas mantenha-se conectado a ele e os frutos aparecerão naturalmente.

Quando produzimos frutos que permanecem, estamos vivendo conforme o propósito divino e abrindo espaço para que as bênçãos do Eterno se manifestem. Ao permanecer em Cristo e cumprir a missão que ele nos confiou, podemos ter a certeza de que tudo o que pedirmos ao Pai em nome de Jesus nos será concedido. Isso não significa que todas as nossas petições serão atendidas como imaginamos, mas que o Criador nos concederá o que é melhor para cumprir seu propósito.

ANOTAÇÕES

LEIA HOJE
Salmos 83-84
Provérbios 14

TRANSBORDANDO DE ESPERANÇA

15 NOV

Que Deus, a fonte de esperança, os encha inteiramente de alegria e paz, em vista da fé que vocês depositam nele, de modo que vocês transbordem de esperança [...].

— ROMANOS 15.13

Ter esperança é essencial, mas Paulo nos chama a transbordar de esperança. No grego, "transbordar" é *perisseo*, significando algo que vem em abundância, que excede as expectativas.

Transbordar de esperança nos leva além da incredulidade e das circunstâncias adversas. É uma mudança de postura e pensamento. É confiar que Deus já abriu novas portas e proverá novas oportunidades. Levante-se com essa confiança e declare: "Ele, sendo rico, por amor de nós se fez pobre, para que pela sua pobreza nos tornássemos ricos" (2Coríntios 8.9b). Essa mentalidade é o verdadeiro transbordar de fé e esperança que transforma nossa realidade. Por causa da aliança com Deus, podemos transbordar de esperança.

Muitas pessoas estão cheias de angústia e ansiedade. No entanto, essas preocupações não resolvem problemas. Pare de se encher de preocupação e comece a transbordar de esperança, alimentando-se diariamente com as promessas de Deus.

Apesar das circunstâncias, o Eterno está agindo em seu favor. O justo vive pela fé, não pela dúvida. Não permita que a dúvida governe sua vida. Não crie barreiras para que a verdade da Palavra de Deus governe sua vida — e não o que você vê ou sente. Substitua a preocupação pela certeza de que o Altíssimo está trabalhando a seu favor. Confie nas promessas do alto e deixe que a esperança transborde em sua vida, renovando sua fé e trazendo paz e alegria.

LEIA HOJE
Salmos 85-86
Provérbios 15

ANOTAÇÕES

DA MORTE PARA A VIDA

Ele vos deu vida, estando vós mortos
nos vossos delitos e pecados.
— EFÉSIOS 2.1

16 NOV

As palavras de Paulo nos lembram da transformação que o Senhor operou em nós. Antes de Cristo, estávamos mortos em nossos pecados, sem esperança nem vida. A morte espiritual é uma condição de separação do Altíssimo e uma existência incapaz de refletir a plenitude de sua graça.

No entanto, o Criador, em sua misericórdia, nos deu uma nova vida em Jesus. Ele nos ressuscitou para uma existência cheia de propósito e conexão com ele, onde pecados não têm mais poder sobre nós, pois fomos feitos novas criaturas em Cristo.

A escolha divina para a salvação (cf. 2Tessalonicenses 2.13) é uma expressão do amor do Altíssimo. Desde antes da fundação do mundo, ele nos escolheu para recebê-la, baseada em sua infinita graça e bondade.

A salvação é por meio da santificação pelo Espírito e da fé na verdade. O Espírito Santo nos purifica e transforma, enquanto nossa fé na verdade de Deus nos guia e sustenta, preparando-nos para viver em plena comunhão com o Pai.

Reflita sobre a transformação que o Criador fez em sua vida, tirando-o da morte espiritual e dando-lhe nova vida em Cristo. Agradeça ao Senhor pela escolha e pela obra do Espírito em você. Peça ao Todo-Poderoso que fortaleça sua fé e continue a santificá-lo, ajudando-o a viver de acordo com a verdade e a plenitude da salvação.

ANOTAÇÕES

DEVOCIONAL
320/365

LEIA HOJE
Salmos 87-88
Provérbios 16

SEGURANÇA EM DEUS

17 NOV

O amor é paciente, é benigno; o amor não arde em ciúmes, não se ufana, não se ensoberbece, não se conduz inconvenientemente, não procura os seus interesses [...].

— 1 CORÍNTIOS 13.4-5

O amor descrito por Paulo é o de Cristo, o amor perfeito que vem de Deus. É essencial reconhecer que ele é uma realidade que se manifesta em Jesus, e não uma força abstrata que podemos gerar por nossos esforços.

À medida que você se enche de Cristo, também transborda desse amor divino, e isso se reflete em uma vida que manifesta o fruto do Espírito. O verdadeiro amor não se baseia em nossos méritos ou esforços, mas na transformação que Jesus opera em nós.

O amor de Deus expulsa o medo, e o engano do mundo é tentar desviar nossa confiança para coisas passageiras, levando à insegurança e ao medo.

Quando buscamos segurança em riquezas, status ou poder, desviamos nossa confiança do Senhor, que é a verdadeira fonte de segurança e amor. Esse desvio prejudica nossa percepção do amor divino e pode gerar medo e insegurança. No entanto, ao confiar plenamente em Deus e naquilo que ele sente por seus filhos, experimentamos uma segurança duradoura e uma vida livre do medo.

Permita que o amor de Cristo penetre profundamente em seu coração. Medite sobre o que ele fez por você na cruz e faça disso a base sólida de sua vida. Rejeite a tentação de buscar segurança nas coisas do mundo e mantenha-se firme na certeza de que você é profundamente amado pelo seu Salvador. Deixe que esse amor transforme sua vida e expulse todo medo.

DEVOCIONAL
321/365

LEIA HOJE
Salmos 89-90
Provérbios 17

ANOTAÇÕES

A HISTÓRIA ESCRITA POR DEUS PARA VOCÊ

18 NOV

Os teus olhos me viram a substância ainda informe, e no teu livro foram escritos todos os meus dias, cada um deles escrito e determinado, quando nem um deles havia ainda.

— SALMOS 139.16

O Senhor já conhecia cada detalhe da nossa vida antes mesmo de nascermos. Essa é uma verdade profunda e confortante. Cada dia da nossa vida está escrito e planejado por um Pai que é inteiramente bom e amoroso.

Pode ser que, em certos momentos, você enfrente dias difíceis e questione como isso se alinha com o plano perfeito do Criador. A verdade é que, embora o Altíssimo tenha um plano bom e cheio de bênçãos para cada um de nós, a liberdade de escolha nos permite desviar do caminho que ele determinou. No entanto, em sua infinita graça, o Pai está sempre conosco e nos guia de volta ao seu propósito.

A bondade e o amor do Senhor são constantes, e ele nunca o abandonará. Sua salvação é eterna e imutável, independentemente das dificuldades que você venha a enfrentar. Lembre-se de que, mesmo quando os dias são desafiadores, o Criador continua a escrever uma história de redenção e graça para você.

Medite nessa verdade poderosa e permita que ela transforme sua perspectiva. Em vez de se deixar dominar pelos desafios, escolha confiar no plano do Todo-Poderoso. Reconheça sua bondade e mantenha-se firme na certeza de que, mesmo quando você enfrenta dificuldades, Deus está guiando sua história.

Reafirme sua confiança no Senhor e busque sua orientação em cada decisão, sabendo que ele é fiel para cumprir o que prometeu. Confie que, ao escolher seguir a Deus, você está alinhando sua vida com o plano perfeito que ele preparou para você.

ANOTAÇÕES

DEVOCIONAL
322/365

LEIA HOJE
Salmos 91-92
Provérbios 18

SEJA SANTO

19 NOV

Iluminados os olhos do vosso coração, para saberdes qual é a esperança do seu chamamento, qual a riqueza da glória da sua herança nos santos [...].

— EFÉSIOS 1.18

A carta aos Efésios revela o amor do Senhor de maneira profunda e poderosa. Ele nos escolheu para sermos santos. No conceito comum, santidade é vista como ausência de pecado; alguém só é santo se não pecar. No entanto, esse conceito está equivocado. Santidade não é ausência de pecado nem perfeição; é muito mais do que isso. Ser santo significa ser distinto do que é comum. O oposto de santidade não é pecado, mas sim o que é comum. O que não é santo é comum.

Somente o Senhor é diferente, distinto de todas as coisas; portanto, ele é santo. A santidade é sua própria natureza, e a única criação de Deus que não é comum são os filhos que nasceram de novo. A maneira do Criador em nos fazer santos é habitando em nós. Ele habita em nós para que todo o nosso ser seja permeado com sua natureza santa.

Nossa santidade, portanto, não é definida pelo nosso caráter, mas por quem carregamos: Cristo. Para nós, ser santo significa ser participante da natureza divina.

Medite nessa verdade. Permita que a revelação do amor do Senhor ilumine seu coração. Reconheça que você foi escolhido e que a santidade de Deus habita em você.

Creia diariamente na realidade que você é amado e separado para o Senhor. Rejeite o comum e abrace a natureza divina que habita em você. Deixe que a santidade do Criador permeie cada área da sua vida, vivendo de acordo com a sua verdadeira identidade em Cristo.

DEVOCIONAL
323/365

LEIA HOJE
Salmos 93-94
Provérbios 19

ANOTAÇÕES

VOCÊ FOI ESCOLHIDO EM AMOR E POR ISSO PODE VENCER

Mas, em todas estas coisas somos mais que vencedores, por meio daquele que nos amou.

— ROMANOS 8.37

20 NOV

A Bíblia nos assegura de que, em meio a qualquer batalha — seja na luta, na doença, no desemprego ou nas mais variadas dificuldades da vida —, devemos manter a confiança de que Deus está conosco. Assim como Jesus triunfou, nós também temos a vitória garantida em Cristo.

Quando o Messias foi batizado, o Céu se abriu e Deus declarou seu amor por ele, chamando-o de Filho amado. Após essa confirmação, Cristo foi guiado ao deserto, onde enfrentou o Diabo. A arma que ele usou para vencer foi a Palavra. Mesmo quando Satanás desafiou sua identidade, Jesus permaneceu firme na certeza do amor e da verdade de Deus.

Assim como Jesus, você também deve viver com a consciência e a lembrança diária do amor do Pai por você. Sua situação neste mundo pode ser difícil, mas lembre-se: assim como Cristo venceu, você também pode vencer. O Eterno não o ama por causa de suas obras ou méritos, mas porque, em Cristo, você é seu filho. A compreensão e a aceitação desse amor são a chave para viver em vitória.

Desafie-se hoje a acreditar na verdade de que você é amado por Deus. Enfrente seus desafios com a confiança de que o amor do Pai o fortalece e lhe dá a vitória. Faça uma oração agora, afirmando seu conhecimento de que você é amado e protegido pelo Senhor. Viva a plenitude desse amor e deixe essa consciência transformar sua vida!

ANOTAÇÕES

LEIA HOJE

Salmos 95-96
Provérbios 20

A PERSPECTIVA ETERNA

21 NOV

> Considero que os nossos sofrimentos atuais não podem ser comparados com a glória que em nós será revelada.
>
> — ROMANOS 8.18 (NVI)

Os desafios e sofrimentos que enfrentamos podem parecer avassaladores e intermináveis, no entanto, as Escrituras nos asseguram que essas dificuldades são insignificantes quando comparadas à glória que será revelada em nós. Que visão profunda e encorajadora!

Paulo nos lembra de que nossa esperança e confiança devem estar firmadas na certeza de que o sofrimento presente não é o fim da história. A glória que o Criador tem reservada para nós é tão grandiosa e maravilhosa que qualquer dor atual se tornará uma memória distante quando comparada ao que está por vir. Tudo isso faz parte do plano divino que se desenrola em nossa vida, desde o início até a eternidade.

Nada começou em nós; tudo é por ele, por meio dele e para ele. O sofrimento que enfrentamos não é um sinal da ausência do Altíssimo, mas parte do processo que ele usa para nos moldar e nos preparar para a glória futura.

Encoraje-se hoje, mesmo em meio às dificuldades. Olhe para além das lutas atuais e deposite sua esperança na gloriosa eternidade que o Todo-Poderoso preparou para você. Medite na promessa de que o sofrimento presente é pequeno comparado à glória futura.

Deposite sua confiança no Eterno e permita que a certeza de sua promessa fortaleça seu coração. Envolva-se em oração e na Palavra, e mantenha-se firme na esperança de que, em Cristo, a vitória e a glória estão garantidas.

LEIA HOJE
Salmos 97-98
Provérbios 21

ANOTAÇÕES

DEUS TEM MAIS PARA VOCÊ

22 NOV

O Reino de Deus é como sementes lançadas num campo por um homem. Ele vai dormir e se esquece do que fez. A semente brota e cresce, mas ele nem imagina como isso ocorre.

— MARCOS 4.26-27

O texto nos mostra que, na semeadura, primeiro, há a entrega e, depois, o descanso. No entanto, só descansa quem vive sem medo. É essencial que você creia verdadeiramente que é um filho amado do Criador, pois o verdadeiro amor lança fora todo medo.

Se você nasceu de novo, é um filho gerado; a semente do Pai foi posta em você. E, como filho, tem o direito à herança. Observe que três etapas de bênçãos estão em ação: o caule, a espiga e o grão. Quando você não compreende que a bênção do Senhor em sua vida aumenta progressivamente, pode não receber tudo o que ele tem para você por ter parado de crer antes do fim. Talvez você já tenha experimentado a cura de uma enfermidade; isso é ótimo, mas é apenas o caule. Deus quer que você continue crendo. Talvez você já tenha quitado uma dívida, mas o Senhor deseja que creia para viver financeiramente em paz. Sim, você precisa crer até receber tudo o que o Senhor tem para sua vida.

Viva como um filho amado do Criador. Rejeite o medo, a insegurança e as dúvidas. Creia que o Pai deseja que você cresça à natureza de Cristo. Permita que o Espírito Santo o conduza a desfrutar da bênção completa do Senhor em cada área da vida. Creia até o fim e veja "o grão cheio na espiga" em todas as áreas. O Altíssimo tem muito mais para lhe dar do que você imagina; portanto, comece a pensar e a orar com esse entendimento.

ANOTAÇÕES

DEVOCIONAL
326/365

LEIA HOJE
Salmos 99-100
Provérbios 22

VOCÊ É UM FILHO LEGÍTIMO

23 NOV

Porque não recebestes o espírito de escravidão, para viverdes, outra vez, atemorizados, mas recebestes o espírito de adoção, baseados no qual clamamos: Aba, Pai.

— ROMANOS 8.15

A Bíblia nos ensina que não recebemos o espírito de escravidão, para viver com medo, mas, sim, o espírito de adoção. Isso é importantíssimo, pois há uma grande diferença entre ser escravo e filho.

O espírito de escravo é o mesmo que o espírito do órfão. Ambos carecem de proteção, correção e identidade reafirmada. Sem um pai, a pessoa vive insegura, sem herança, e sempre começa em desvantagem na corrida da vida.

Muitos cristãos vivem com o espírito do órfão, temendo errar e perder a salvação. Eles receiam que o Eterno os rejeite ou deixe de ser seu Pai. Um filho legítimo não vive com o medo de ser expulso de casa por um erro. Nenhum filho verdadeiro implora aos pais para não ser mandado embora, pois essa possibilidade nunca passa pela mente de quem é realmente amado.

Nós não somos mais piedosos do que o Altíssimo. Se nós, como pais, não abandonamos nossos filhos nem os deserdamos, por que o Criador faria isso?

Não faz sentido viver com medo de Deus. Viva com confiança e ousadia, sabendo que você é um filho amado do Pai Celestial, livre do medo e da insegurança. Abrace sua identidade como filho, reconhecendo a proteção, a correção e o amor que vêm do Pai. Permita que o espírito de adoção transforme sua vida, libertando-o da escravidão do medo e conduzindo-o a uma vida plena em Cristo.

LEIA HOJE
Salmos 101-102
Provérbios 23

ANOTAÇÕES

DEUS JAMAIS O ABANDONARÁ

24 NOV

Acaso, pode uma mulher esquecer-se do filho que ainda mama [...]? Mas ainda que esta viesse a se esquecer dele, eu, todavia, não me esquecerei de ti.

— ISAÍAS 49.15

A amamentação é um dos momentos de maior conexão entre mãe e filho. O Senhor usa essa imagem para garantir que, mesmo em situações extremas e improváveis, ele jamais se esquecerá de você. A comparação com a maternidade destaca a profundidade do compromisso divino, enfatizando que, mesmo que uma mãe abandonasse seu filho, o Criador nunca nos abandonará. Essa promessa oferece uma segurança imensa para nossa vida espiritual.

O Altíssimo não deixará você nem o abandonará, independentemente dos seus erros. O amor do Pai transcende qualquer falha ou pecado. Ele não está aguardando seu próximo erro para puni-lo, mas, como Pai, conhece a imperfeição dos filhos e, ainda assim, os ama incondicionalmente, sempre desejando o melhor para eles.

A separação causada pelo pecado não é física, mas espiritual. O Senhor quer que você saiba que o amor dele é constante, mesmo diante dos seus erros. Mantenha-se próximo dele para que sua vida seja transformada e restaurada.

Confie na promessa firme do amor do Eterno. Mesmo se você falhar, ele nunca o deixará nem o abandonará. Viva com a certeza de que nada pode separar você do amor divino. Aproxime-se dele com o coração aberto, reconhecendo o desejo dele de estar perto de você e de restaurar sua comunhão.

ANOTAÇÕES

LEIA HOJE
Salmos 103-104
Provérbios 24

COPARTICIPANTES DA NATUREZA DIVINA

25 NOV

Vede que grande amor nos tem concedido o Pai,
a ponto de sermos chamados filhos de Deus;
e somos, de fato, filhos de Deus.

— 1 JOÃO 3.1

Todos aqueles que nasceram de novo foram integrados a Cristo. Por isso, nunca mais diga que você não tem valor, que não é ninguém ou que é incapaz. Tenha clareza e temor no coração: você foi chamado para a família do próprio Senhor.

As circunstâncias não definem quem você é. Não há ninguém igual na criação divina, porque a vida do Altíssimo habita em você. Por isso, a Bíblia diz que toda a criação geme e espera pela manifestação dos filhos de Deus, quando seremos plenos naquilo que está dentro de nós.

Esqueça seu passado. No dia em que você nasceu de novo, foi posto numa posição indescritível. Não faz sentido viver uma vida medíocre quando você foi criado de uma maneira tão extraordinária.

Os escolhidos do Senhor foram lavados pela Palavra. Ao nos santificar, o Altíssimo nos tornou irrepreensíveis diante dele, porque estamos nele, que é perfeito. O Senhor nos olha e vê Cristo — é ele quem nos santifica. É por causa do Cordeiro que não há mácula em nós. Quando o Senhor olha para nós, não vê pecado ou sujeira, mas o sangue derramado na cruz. Viva em paz com essa grande e poderosa verdade e medite nela diariamente.

Creia que você é amado por Deus. Rejeite qualquer pensamento que o diminua e abrace sua identidade de integrante da família do Senhor. Viva em paz, com a certeza de que você é santo e irrepreensível diante do Eterno, não por seus próprios méritos, mas pela santidade de Cristo em você.

LEIA HOJE
Salmos 105-106
Provérbios 25

ANOTAÇÕES

O PODER TRANSFORMADOR DO FAVOR DE DEUS

O Senhor Deus é sol e escudo; o Senhor concede favor e honra; não recusa nenhum bem aos que vivem com integridade.

— SALMOS 84.11

26 NOV

Se você não está vendo frutos em alguma área da sua vida, talvez esteja faltando o favor divino. Se for o caso, é crucial parar, de maneira humilde, e orar sobre isso, sem se sentir acusado ou condenado.

O favor é uma dádiva imerecida, um presente do Altíssimo para aqueles que não merecem nada. Ele se manifesta apoiando você, determinando bênçãos, abrindo portas, fazendo conexões, trazendo cura e removendo angústia, medo e depressão, por exemplo. É o Senhor quem estabelece toda sorte de bênçãos celestiais sobre sua vida.

Mágoa e falta de perdão podem afastar o favor divino, pois quem não perdoa se põe na posição de juiz, e somente o Senhor tem esse poder. Quando você se recusa a perdoar, assume a posição de Deus, e não de pecador. Por isso, não pode receber o favor do alto, reservado para aqueles que reconhecem sua condição de pecadores totalmente necessitados da graça.

Lembre-se: se você recebeu graça, dê graça; se você recebeu perdão, perdoe. E, se deseja favor, coloque-se na posição de alguém que não mereça. O Senhor ama pessoas com um coração sincero. Peça-lhe para remover todo sentimento de ódio e ressentimento do seu coração. Seja honesto com Deus, reconheça que precisa de ajuda, e ele a fornecerá.

Quando a mágoa for removida, os Céus se abrirão sobre sua vida. Proteja o favor divino em sua vida, liberte-se da amargura e do ressentimento, e viva com humildade, reconhecendo que tudo é graça divina.

ANOTAÇÕES

LEIA HOJE
Salmos 107-108
Provérbios 26

O AMOR TRAZ SEGURANÇA NO DIA DA LUTA

27 NOV

Ora, o medo produz tormento;
logo, aquele que teme não é aperfeiçoado no amor.
—1 JOÃO 4.18

Todos enfrentamos dias difíceis. Jesus nos advertiu sobre as aflições deste mundo, mas também nos assegurou que, por meio dele, já vencemos. Assim como Cristo enfrentou as tentações no deserto com a certeza do amor do Pai, devemos enfrentar nossos desafios com a mesma confiança no amor divino.

O medo pode nos causar angústia e paralisia, impedindo-nos de desfrutar das promessas de Deus. O verdadeiro oposto do medo não é a coragem, mas o amor. A coragem pode nos ajudar a enfrentar o medo, mas o amor é o que o remove.

Compreender essa verdade é libertador, pois o medo surge da incerteza, mas, com Deus, nosso Pai amoroso e todo-poderoso, não há incertezas. O perfeito amor do Senhor é o que lança fora todo o medo. À medida que meditamos no amor do Criador e em sua Palavra, nossos temores são dissipados. Permita que esse amor seja a base de sua confiança e vitória.

Hoje, em qualquer situação que você esteja enfrentando, declare a verdade do amor de Deus sobre você. Enfrente os desafios com a certeza de que o Altíssimo o ama e, pela fé, veja a vitória se manifestar. Lembre-se: o amor do Salvador é a sua maior arma contra o medo. Creia e viva essa verdade!

LEIA HOJE
Salmos 109-110
Provérbios 27

ANOTAÇÕES

GRAÇA SUPERABUNDANTE

Mas o pecado não teve nem tem chance de competir contra o perdão poderoso que chamamos "graça".

— ROMANOS 5.20 (AM)

28 NOV

A mentalidade religiosa pode nos impedir de enxergar o verdadeiro amor do Altíssimo, obscurecendo a luz e a revelação desse amor. É fundamental nos libertarmos da religião, pois ela é apenas um conjunto de regras e liturgias que representa o antigo pacto, resultando numa vida guiada pelo natural e pela lógica humana, sem a intimidade de uma relação verdadeira entre Pai e filho.

Muitos acreditam que o Senhor favorece mais os "bonzinhos", aqueles que seguem as regras à risca, e que sua graça e seu amor são maiores para quem "merece" mais. No entanto, a Bíblia nos surpreende ao declarar que onde o pecado abundou, a graça do Criador superabundou (cf. Romanos 5.20). Assim, é essencial que você caminhe na compreensão de que não merece, mas mantenha uma gratidão profunda ao Pai.

Isso não significa que você deve pecar, mas é um reconhecimento de que todos somos pecadores. Enquanto alguns arrogam que não pecam, aqueles que humildemente admitem sua condição de pecador são os que recebem o favor celestial.

Graça superabundante significa que há algo extra, transbordante, à disposição. Não se sinta acusado, pois há uma abundância do Senhor disponível para você. Reconheça sua condição e abra seu coração para essa graça generosa, permitindo que ela libere você das amarras da religiosidade e o conduza a uma relação autêntica e profunda com o Pai Eterno. Receba essa graça com humildade e gratidão, e viva plenamente na liberdade que Cristo conquistou para você.

ANOTAÇÕES

DEVOCIONAL
332/365

LEIA HOJE
Salmos 111-112
Provérbios 28

FORTALEZAS PODEM SER DESTRUÍDAS PELO AMOR

29 NOV

[...] as armas da nossa milícia não são carnais, e sim poderosas em Deus, para destruir fortalezas, anulando nós sofismas.

— 2CORÍNTIOS 10.4

Compreender o amor de Deus é uma arma poderosa contra as fortalezas e os sofismas que obscurecem a verdade. Experimentar esse amor é crucial para fortalecer sua fé e confiança nele.

Cada evidência do amor divino que você recebe é uma confirmação da fidelidade e do carinho de Deus por você. À medida que essas provas se acumulam, seu coração é preenchido com uma fé mais profunda e firme. Ela não é apenas uma crença abstrata, mas uma confiança concreta na bondade e no poder do Senhor.

As "fortalezas" mencionadas por Paulo são construídas por mentiras e enganos que nos impedem de experimentar a plenitude da vida que Deus deseja para nós. Com as armas espirituais que o Todo-Poderoso nos deu, podemos derrubar essas barreiras e viver uma vida de liberdade e vitória.

A prova do amor do Eterno não é apenas uma sensação passageira, mas uma verdade que pode transformar nossa maneira de ver o mundo e de nos relacionar com ele. Essa transformação ocorre quando permitimos que o amor de Deus penetre profundamente em nosso coração, anulando os sofismas que nos impedem de viver plenamente em sua verdade.

Desejo que a verdade do amor do Senhor entre em sua vida e transforme sua maneira de pensar e viver. Ore e peça ao Espírito para revelar qualquer área em que você ainda esteja cativo e use as armas espirituais para derrubar essas barreiras. Confie que o amor divino é a força que lhe dará liberdade e vitória.

LEIA HOJE
Salmos 113-114
Provérbios 29

ANOTAÇÕES

PRISIONEIRO DA ESPERANÇA

30 NOV

Mas vocês chegaram ao monte Sião, [...] a Jesus, mediador de uma nova aliança, e ao sangue aspergido, que fala melhor do que o sangue de Abel.

— HEBREUS 12.22-24

Pelo sangue de Jesus, fomos libertos da prisão do pecado, da morte e da condenação. Uma vez que o sangue foi derramado, a dívida está paga. Quando você recebe pela fé o presente oferecido, o Diabo não pode mais agir na sua vida.

Mas o Senhor não apenas o libertou do pecado, ele "prendeu" você na esperança de Cristo. Creia nisso de todo o seu coração! Ser preso de esperança significa não conseguir mais viver com expectativa de coisas ruins.

Por causa do sangue da aliança que Cristo fez conosco na cruz é que podemos ter esperança de mudança na nossa vida e não porque merecemos coisa alguma. Ele promete tirar você da cova árida, sem água, sem vida.

Como se não bastasse, o Eterno pode, se for da vontade dele, restituir em dobro o que foi perdido. O que você precisa fazer é buscar sua face, viver em obediência, ter confiança inabalável nele e pedir o que você precisa em oração, com fé, sempre deixando claro: "Seja feita a tua vontade, e não a minha".

Éramos prisioneiros do desespero e escravos do medo, mas agora somos prisioneiros da esperança e herdeiros da pátria celestial. Escolha viver como um prisioneiro da esperança. Reconheça o poder do sangue de Jesus que o libertou e o prendeu na expectativa de coisas boas. Deixe a esperança de Deus encher seu coração e transformar sua vida. Confie que, mesmo nos lugares de desespero, o Senhor está abrindo portas de esperança e, sendo da vontade soberana dele, restaurando tudo em dobro.

ANOTAÇÕES

LEIA HOJE
Salmos 115-116
Provérbios 30

DEZEMBRO

AMOR QUE LIBERTA

01 DEZ

Tenho, porém, contra ti que abandonaste o teu primeiro amor.

— APOCALIPSE 2.4

O medo é um dos maiores inimigos que enfrentamos na vida, pois ele nos paralisa e nos impede de viver tudo o que Deus tem preparado para nós. O medo é a sensação de que algo de errado está para acontecer; de que as coisas não serão como desejamos; a falta da garantia de que as situações estão sob controle ou o pressentimento de que tudo irá desmoronar; é a ansiedade produzida por um futuro incerto e o sentimento de incapacidade diante dos desafios.

Segundo as Escrituras, pessoas amadas vencem o medo (cf. 1João 4.18). Porém, muitos dizem amar e se sentem temerosos ao mesmo tempo. Diante disso, você pode pensar: "Será que há alguma coisa errada com a afirmação bíblica de 1João?". A solução para esse questionamento está em entender qual é o amor que de fato tira o medo do nosso coração.

Apocalipse 2.4 nos revela o segredo escondido em relação ao medo: ele veio ao coração daqueles que abandonaram o primeiro amor. Usando o princípio da hermenêutica, pelo qual a Bíblia explica a Bíblia, descobrimos que a palavra "primeiro", em Apocalipse, corresponde à palavra grega protos. Essa é exatamente a mesma palavra usada em 1João 4.19: "Nós amamos porque ele nos amou primeiro [protos]" (grifo e acréscimo do autor).

Logo, podemos concluir que o "primeiro" amor, aquele que lança fora o medo e nos leva a viver uma vida abundante, não é o nosso amor por ele, mas o amor dele por nós. A igreja citada em Apocalipse caiu no medo porque aquelas pessoas abandonaram o primeiro amor, ou seja, esqueceram-se de que eram amadas por Deus. Hoje, lembre-se de que você é muito amado pelo Senhor, seja livre de todo o medo e viva seus melhores dias com essa segurança.

DEVOCIONAL
335/365

LEIA HOJE
Salmos 117-118
Provérbios 31

ANOTAÇÕES

O DEUS DA GRAÇA

02 DEZ

Ele é a propiciação pelos nossos pecados e não somente pelos nossos próprios, mas ainda pelos do mundo inteiro.

— 1 JOÃO 2.2

Não sei o que você fez, mas sei o que Cristo fez. Ele morreu na cruz para pagar pelos seus pecados, e não há erro grande demais que ele não possa perdoar, nem sujo demais que seu sangue não possa lavar. Sua falha não tem mais peso que a morte de Cristo. O que ele fez é infinitamente maior que qualquer erro ou acerto seu.

Embora o Evangelho não registre Jesus usando a palavra "graça", ele viveu e expressou essa realidade em suas ações e palavras. O Mestre demonstrou graça e amor em toda a sua trajetória, mas principalmente ao entregar sua vida por nós na cruz. Merecíamos a condenação, mas ele nos ofereceu perdão e vida.

Na Cruz, a graça e a justiça se encontraram. A justiça de Deus foi plenamente satisfeita quando Jesus morreu no lugar de toda a humanidade e cumpriu a exigência da justiça. No entanto, o amor não foi negado. Ele nos amou tanto que morreu em nosso lugar, a fim de nos reconciliar com Deus. Esse ato revela a profundidade de seu amor por nós.

Aceite hoje o amor imutável de Deus por você. Independentemente de seus erros, a graça de Cristo é maior. Aproxime-se dele com um coração humilde e receba o perdão que ele já conquistou para você na cruz. Viva sem medo na liberdade que a graça de Deus proporciona, na certeza de que você é amado e aceito.

ANOTAÇÕES

LEIA HOJE
Salmos 119.1-32

VISTA-SE COM A JUSTIÇA DE CRISTO

03 DEZ

Desconhecendo a justiça de Deus e procurando estabelecer a sua própria, [os judeus] não se sujeitaram à que vem de Deus.

— ROMANOS 10.3

Pela força do nosso braço, não vamos muito longe. Ignorar a justiça de Deus, para estabelecer uma própria, demonstra falta de fé. A justiça, na visão humana, é baseada em ações e obras. E, se acreditamos que somos merecedores da bênção de Deus, estamos nos autojustificando. No entanto, nossa justiça é imperfeita e sempre insuficiente diante de Deus, pois há pecado em nós.

A justiça de Deus é representada em Cristo, que cumpriu a Lei. Ela não se baseia em nossos méritos, mas no sacrifício do perfeito Jesus. É uma justiça que nos é imputada gratuitamente, não por causa do que fizemos, mas por causa do que ele fez. Ela permite que nos aproximemos de Deus com confiança, na certeza de que somos amados.

Portanto, desafie-se hoje a abandonar a confiança nas próprias obras e abrace a justiça de Deus. Confie plenamente em Cristo, reconhecendo que ele é a base de toda bênção e milagre em sua vida. Ore com fé na obra completa de Jesus e experimente o poder transformador da graça divina.

LEIA HOJE
Salmos 119.33-64

ANOTAÇÕES

VIVA SEM MERECER

04 DEZ

A salvação foi ideia e obra dele. Nossa parte em tudo isso é apenas confiar nele o bastante para permitir que ele aja em nossa vida. É um imenso presente de Deus!

— EFÉSIOS 2.8 (AM)

Há dois tipos de vida, e você precisa escolher: viver pela Lei ou viver pela graça. A diferença reside em que ou você vive pelo que faz ou pelo que recebe.

A Lei premia os que a cumprem. A graça, porém, não exige nada: é fruto do amor de Deus. Ele nos dá porque nos ama, não depende de nós. Não precisamos fazer nada. Pela Lei, só recebe quem merece. Pela graça, recebe quem crê e, por ela, você é salvo, curado, abençoado.

O legalismo condena, o Diabo acusa, mas o Filho de Deus perdoa. Não viva como réu, mas como alguém consciente do perdão. Você foi muito perdoado, por isso, é muito amado. Quem se acha bom não recebe perdão nem amor.

Seja liberto da mentalidade legalista, de uma vida que não é pela graça, das tentativas humanas de merecimento. Escolha hoje viver por Jesus, e não por Moisés. Confie plenamente no que Cristo fez por você, abandone a mentalidade do mérito próprio e abrace o favor imerecido de Deus.

ANOTAÇÕES

LEIA HOJE
Salmos 119.65-96

VIDA EM ABUNDÂNCIA PELA GRAÇA

05 DEZ

O ladrão vem somente para roubar, matar e destruir;
eu vim para que tenham vida e a tenham em abundância.

—JOÃO 10.10

Jesus veio para lhe dar vida, e essa vida é a salvação. Não se trata apenas de escapar do inferno, é viver em abundância, com as bênçãos que a graça pode derramar sobre você. E a chave para experimentar essa vida abundante é a fé.

Deus não quer que você apenas sobreviva, mas viva plenamente, com alegria, paz e saúde. A vida abundante que Jesus promete é completa. Nela você experimenta o amor e a graça divinos em todas as áreas. Ele deseja que você prospere, que seus relacionamentos sejam saudáveis, que sua saúde seja restaurada e que sua vida tenha propósito.

O Inimigo tenta roubar nossa paz, matar nossos sonhos e destruir nossa fé. No entanto, Jesus veio desfazer todas as obras do Diabo e nos dar uma vida plena. Independentemente das circunstâncias, você pode viver essa plenitude que ele oferece.

Portanto, não permita que as dificuldades e os desafios da vida roubem a abundância que existe em Jesus. Com um simples ato de fé, tome hoje a decisão de viver a vida transbordante que ele prometeu. Confie na graça de Deus, receba seu amor e permita que ele transforme todas as áreas de sua vida. Não se contente com menos do que a plenitude que ele tem para você.

DEVOCIONAL
339/365

LEIA HOJE
Salmos 119.97-128

ANOTAÇÕES

SALVO PELA VIDA EM CRISTO

Reconciliados com Deus mediante a morte do seu Filho, [...] seremos salvos pela sua vida.

— ROMANOS 5.10

06 DEZ

Fomos reconciliados com Deus quando éramos ainda seus inimigos. Isso significa que fomos salvos do inferno e da separação eterna do Senhor pelo sacrifício de Cristo. Essa reconciliação é um evento histórico e definitivo, que garantiu nossa salvação, a qual não termina no momento da reconciliação, mas é contínua, diária e abrangente. A vida de Deus em nós continua a nos salvar, não só da condenação eterna, mas de toda forma de destruição e opressão que possamos enfrentar no dia a dia.

Na Bíblia, a palavra "salvação" tem um significado muito mais amplo do que às vezes entendemos. Não se trata apenas de ser salvo do inferno, mas inclui cura, libertação, proteção e remoção do medo. Todos os dias, a vida de Deus opera em nós essa salvação.

Essa vida é poderosa e sobrenatural. Ela nos cura de enfermidades, nos liberta de vícios e das opressões, nos protege de perigos e nos livra de temores. É uma fonte inesgotável de poder e graça, que nos capacita a enfrentar desafios, nos dá sabedoria para tomar decisões e nos fortalece nos momentos de fraqueza.

Reconheça e celebre a vida de Deus em você. Confie na salvação contínua que ele oferece e viva na plenitude da cura, libertação e proteção que são suas em Cristo. Abra o coração para a vida abundante que o Senhor tem para você todos os dias.

ANOTAÇÕES

LEIA HOJE
Salmos 119.129-160

O PODER DA FÉ

07 DEZ

Aquele [...] que vos concede o Espírito e que opera milagres entre vós, [...] o faz pelas obras da lei ou pela pregação da fé?

— GÁLATAS 3.5

A concessão do Espírito e a realização de milagres não são frutos de nossas obras ou do cumprimento da Lei, mas resultado da pregação da fé. Deus não age com base em nossas obras, mas pela graça que recebemos. Isso significa que o favor divino, as bênçãos e os milagres são concedidos não por merecermos, mas porque Deus é generoso e amoroso. A justiça que nos foi imputada não provém de nossa capacidade de cumprir a Lei, mas da obra perfeita de Cristo na cruz.

Essa justiça vem pela fé em Jesus, e nos concede o acesso à plenitude do que Deus deseja para nós. A verdadeira vida cristã é vivida na dependência da graça e da fé. Não é fruto de esforço contínuo para agradar ao Eterno por meio das obras da Lei, mas de confiança no que Cristo fez por nós.

Deus, ao nos declarar justos pela obra do Filho, não pelas nossas, alinha-nos com a verdade divina que traz resultados poderosos. Milagres, cura e paz são frutos da vida abundante que o Onipotente nos oferece pela fé.

Reserve um momento para afirmar e celebrar sua justiça em Cristo. Permita que essa verdade penetre seu coração, para que a vida abundante de Deus comece a fluir em todas as áreas da sua vida.

DEVOCIONAL
341/365

LEIA HOJE
Salmos 119.161-176

ANOTAÇÕES

A FÉ COMO MODO DE VIDA

[Em Cristo] temos a redenção, pelo seu sangue, a remissão dos pecados, segundo a riqueza da sua graça.

— EFÉSIOS 1.7

08 DEZ

Fé é a maneira pela qual vivemos. É o *modus operandi* de Deus. O justo não vive pelo que sente, pelo que os outros falam ou pelo que vê, mas pelo que crê. E vive pelo que o Senhor fala.

Se você insiste em viver pela força do próprio braço ou pelo que enxerga, terá uma vida de derrota. Cada um age de acordo com a própria natureza. Cobras rastejam, homens andam eretos e justos vivem pela fé.

A fé não nega os fatos. Dizem que contra fatos não há argumentos, porém ela é maior que os fatos. O fato pode ser um diagnóstico de câncer, mas a fé diz que Jesus levou sobre si nossas enfermidades. Crer é escolher acreditar na Palavra de Deus, em detrimento dos fatos diante dos olhos.

Nenhum momento define quem somos. A verdade a nosso respeito é o que Deus diz em sua Palavra. Nosso momento é o fato, a verdade é a fé. Fatos são passageiros, a verdade é permanente. O fato é natural, a verdade é espiritual. O fato é terreno, a verdade é celestial. O fato é humano, a verdade é divina. O fato pode ser visto, a verdade é invisível. O fato é limitado, a verdade não tem limites. Por tudo isso, a verdade é muito superior ao fato — fique com ela.

Escolha viver pela fé, não pelas circunstâncias ao seu redor. Confie nas promessas de Deus, pois a Palavra dele é a verdade definitiva sobre sua vida. Ponha sua fé em ação, e veja a realidade ser transformada.

ANOTAÇÕES

LEIA HOJE
Salmos 120-121

VIVA PELA FÉ, NÃO PELAS CIRCUNSTÂNCIAS

09 DEZ

Respondeu Jesus: Se podes!
Tudo é possível ao que crê.

— MARCOS 9.23

Ao enfrentar uma luta, você precisa rejeitar o que o Diabo, o pai da mentira, lhe diz. Ele lhe mostra as situações, mas tome a decisão de declarar a verdade da Palavra de Deus. Ela diz que você pode todas as coisas, que tem a mente de Cristo e que tudo em que puser as mãos prosperará. As circunstâncias, porém, podem nos induzir a pensar o contrário. Andar pela fé é rejeitar o que se vê naturalmente e crer no que não se está vendo.

Existem apenas dois tipos de vida: a do "eu faço" e a do "eu creio". É um resumo simples da vida natural e da vida na fé. O justo vive pela fé, porém alguns acreditam que ser justo aos olhos de Deus é ser aprovado aos olhos dele, mas então seria preciso cumprir as exigências da Lei. Isso é impossível, logo, não há como se tornar justo pela Lei. Se estivermos em Cristo, porém, o Pai olhará para nós e verá o Filho, que é justo, os céus se abrirão e a bênção será derramada sobre nossa cabeça.

Decida hoje viver pela fé, não pelas circunstâncias. Rejeite as mentiras do Inimigo e creia na verdade da Palavra de Deus. Posicione-se a favor crer, não do fazer, e a fé produzirá os resultados que as obras não conseguem.

LEIA HOJE
Salmos 122-123

ANOTAÇÕES

SEJA FEITO CONFORME VOCÊ CRÊ

10 DEZ

Então, tocou nos olhos deles e disse:
Que seja feito segundo a fé que vocês têm!

— MATEUS 9.29 (NVI)

Em várias ocasiões, ao curar alguém, Jesus afirmou: "A tua fé te curou". É um princípio poderoso que vemos repetidamente nos evangelhos. A fé é o elemento-chave para recebermos as bênçãos de Deus. Não é algo que façamos, mas o que Cristo faz em nossa vida. E ele faz porque cremos. Quando os enfermos e necessitados se aproximavam dele, não era apenas a necessidade que tocava o coração do Mestre, mas a fé que demonstravam.

Crer abre portas que para a incredulidade permanecem fechadas. A mulher com fluxo de sangue tocou nas vestes de Jesus porque acreditou que isso seria suficiente para a cura. E o Salvador confirmou: "Filha, a tua fé te curou" (cf. Marcos 5.34). Quando os discípulos não conseguiram expulsar um demônio, ele disse que o motivo era falta de fé — não falta de boas obras ou de conhecimento.

A fé é a essência de nosso relacionamento com Deus. Não é apenas acreditar que ele existe, mas confiar plenamente em seu caráter, em suas promessas e em seu poder.

Acredite na capacidade de Jesus para transformar sua vida. Não pelas obras, mas pela fé. Entregue suas preocupações a ele e experimente a cura e a libertação. Lembre-se das palavras de Cristo, em Mateus 9.29: "[...] Que seja feito segundo a fé que vocês têm!". Ponha sua fé em ação e veja Deus operar maravilhas em sua vida.

ANOTAÇÕES

LEIA HOJE
Salmos 124-125

MOVA AS MONTANHAS

11 DEZ

Se tiverdes fé como um grão de mostarda, direis a esta amoreira: Arranca-te e transplanta-te no mar; e ela vos obedecerá.

— LUCAS 17.6

Sua fé tem o poder de mover situações e transformar condições. Incrivelmente, somos viciados em tentar merecer algo pelos nossos esforços. O mundo nos ensina a valorizar o que realizamos, mas Jesus nos desafia a exercitar o que cremos. O justo vive pela fé, e todo crente que nasceu de novo é justo em Cristo, mas nem todos creem nisso.

Desde criança, aprendemos que nosso comportamento determina recompensas e punições. Esse entendimento, baseado em ações, não se aplica à nossa relação com Deus. Na Lei, o pecado trazia punição, mas em Cristo a justiça foi cumprida.

A graça é a bênção merecida pelo Filho, dada a nós sem merecermos, pela fé. Jesus mereceu, e nós recebemos. Assim, pedimos a Deus com ousadia, baseados no que o Messias fez, não em nossos méritos.

Muitos ainda ensinam o velho sistema de méritos, mas meu conselho é que você se desafie a viver pela fé, não pelo esforço. Confie na obra completa de Cristo na cruz e lembre-se de que você foi feito justo diante de Deus. Recorde-se também das palavras de Jesus, em Lucas 17.6: "Se tiverdes fé como um grão de mostarda [...] ela vos obedecerá".

DEVOCIONAL
345/365

LEIA HOJE
Salmos 126-127

ANOTAÇÕES

TROQUE O MERECIMENTO PELA FÉ

É evidente que, pela lei, ninguém será justificado diante de Deus, porque o justo viverá da fé.

— GÁLATAS 3.11 (ARC)

12 DEZ

A vida inteira você aprendeu que precisa merecer para receber. Mas com Deus não é assim. A Lei não justifica ninguém diante dele — a justificação vem da fé. Legalismo exige perfeição, e, por mais que você se esforce, em algum momento falhará.

O problema é que, ao falhar, você sente que não merece pedir nada a Deus, e sua fé enfraquece. Mas quando acredita que é justificado, se enche de ousadia. A fé em Cristo muda sua postura diante de Deus e do Inimigo.

A vida pela Lei é de constante esforço e medo de falhar. Quem vive tentando cumpri-la está sempre consciente de suas imperfeições e fraquezas. Já a vida pela fé é de confiança na obra completa de Cristo. A justificação pela fé traz paz, segurança e ousadia. E, apesar de suas falhas, Deus o vê por meio de Cristo, e essa visão é perfeita.

A fé nos capacita a viver de acordo com a vontade de Deus. Se entendemos que somos justificados por ela, nosso relacionamento com o Eterno não é mais baseado no medo e na culpa, mas no amor e na confiança. Somos motivados a obedecer não para ganhar aprovação, mas porque já somos aprovados em Cristo.

Liberte-se da mentalidade de mérito e abrace a justificação pela graça. E lembre-se sempre de que o justo viverá por fé (cf. Gálatas 3.11).

ANOTAÇÕES

LEIA HOJE
Salmos 128-129

PERMANEÇA NA FÉ E FIQUE LIVRE DA CULPA

13 DEZ

Qualquer que guarda toda a lei,
mas tropeça em um só ponto, se torna culpado de todos.
—TIAGO 2.10

Mesmo havendo consequências para seus erros, é essencial entender que diante de Deus não existe condenação alguma. Quando você quebra uma regra da Lei, torna-se culpado de todas. Na Nova Aliança, ao cumprir um mandamento você é justificado de todos os outros. E o mandamento requerido de nós é um só, "que creiais naquele que por ele foi enviado" (João 6.29), pois "todo o que crê é justificado de todas as coisas das quais vós não pudestes ser justificados pela lei de Moisés" (Atos 13.39).

Ainda assim, às vezes, inconscientemente, acreditamos que algo não vai dar certo porque não merecemos. O momento em que você mais precisa crer, porém, é justamente quando erra. Você ficará surpreso ao ver como a vida irá fluir e libertar você.

Tudo se resume ao que se crê. Encare a vida como se a fé estivesse sempre presente, sem esforço. Ela está em você por causa de Cristo, então mantenha o coração e a mente tranquilos. O único caminho para a vitória é ter consciência de que você é justo pela fé.

Liberte-se do sistema da Lei e abrace a Nova Aliança pela fé. Deixe de lado o esforço humano e descanse na justiça que vem pela fé. E, quando cometer um erro, lembre-se de que não há condenação para você. Confie em Cristo, mantenha-se calmo e permita que a vida de Deus flua por meio da sua.

LEIA HOJE
Salmos 130-131

ANOTAÇÕES

OS DA FÉ SÃO ABENÇOADOS

Em ti [Abraão], serão abençoados todos os povos.

— GÁLATAS 3.8

14 DEZ

Abraão foi considerado justo não por suas obras, mas por sua fé. Ele creu nas promessas de Deus, e essa fé lhe foi imputada como justiça. E, da mesma forma que o patriarca, somos abençoados pela nossa fé. Ou seja, "[...] os da fé são abençoados com o crente Abraão" (Gálatas 3.9).

Ser da fé significa crer nas promessas de Deus, confiar na obra redentora de Cristo e viver na certeza de que somos justificados não por nossos méritos, mas pela graça divina. A fé nos une a Jesus, e assim recebemos todas as bênçãos prometidas a Abraão.

Aquele homem é um exemplo poderoso de fé. Ele deixou sua terra e seguiu a direção do Altíssimo sem saber para onde estava indo, confiando apenas na promessa. Esse é o tipo de fé que o Eterno busca em nós: uma fé que confia plenamente em sua Palavra.

Abrace a fé de Abraão. Confie nas promessas de Deus, assim como o patriarca confiou, e veja como ele cuidará de sua vida. Lembre-se de que você é abençoado não pelo que faz, mas pelo que crê. Viva com essa fé e veja-o guiar cada passo da sua jornada.

ANOTAÇÕES

LEIA HOJE
Salmos 132-133

CONFIAR EM CRISTO ATRAI BÊNÇÃOS

15 DEZ

Todos quantos [...] são das obras da lei estão debaixo de maldição.

— GÁLATAS 3.10

Se você viver debaixo da Lei, está sob maldição. Afinal, ela exige perfeição absoluta, e qualquer erro torna a pessoa amaldiçoada. Confiar nas obras para obter justificação é viver sob um sistema impossível de ser cumprido.

A Lei foi dada para mostrar a necessidade que temos do Salvador e apontar para a graça e a redenção que vêm pela fé em Jesus. A boa notícia é que ele nos resgatou da maldição da Lei fazendo-se maldição por nós (cf. Gálatas 3.13). Pela fé em Cristo, somos libertos e recebemos a bênção prometida a Abraão.

É vital entender que a justificação e a bênção vêm somente pela fé em Jesus. A vida cristã não é uma questão de esforço humano para cumprir a Lei, mas de confiança total na obra redentora de Cristo. A fé nos liberta da maldição e nos põe na posição de filhos abençoados de Deus.

Escolha viver pela fé, não pelas obras da Lei. Reconheça que o legalismo atrai maldição, mas confiar em Cristo traz bênção. Aceite a graça de Deus e creia na obra completa de Jesus. Viva na liberdade da fé, sabendo que você é justificado, abençoado e amado pelo Altíssimo, não pelo que faz, mas pelo que crê. Jesus é suficiente, e reconhecer essa verdade transformará sua vida.

LEIA HOJE
Salmos 134-135

ANOTAÇÕES

VIVA DEBAIXO DO FAVOR DE DEUS

16 DEZ

Porque a mim se apegou com amor, eu o livrarei; pô-lo-ei a salvo, porque conhece o meu nome.
— SALMOS 91.14

É fundamental que você viva debaixo do favor de Deus. Como você já aprendeu nos devocionais anteriores, se alguma área de sua vida não está indo bem, pode ser por falta do favor divino. Ao reconhecer isso, porém, não veja como uma condenação, e sim como uma oportunidade de buscar a presença do Senhor.

O favor do Eterno é a bênção divina, o respaldo do Pai em nossa vida e a expressão de sua vontade para nós. Sem a bênção do Criador, nossos esforços são inúteis, e não conseguimos alcançar o sucesso verdadeiro. É o favor do alto que torna possível realizar o impossível e avançar em todas as áreas.

Deus promete livrar e proteger os que se apegam a ele com amor. Esse apego não é mera formalidade, mas um relacionamento profundo e sincero. Conhecer o nome de Javé significa confiar plenamente em sua natureza, seu poder e sua fidelidade.

Quando vivemos sob o favor do Todo-Poderoso, obtemos sucesso, não porque fazemos tudo certo, mas porque Deus está conosco, guiando, protegendo e abençoando nossas ações. O favor dele transforma nossa luta em vitória e nosso esforço em sucesso.

Avalie se existem áreas em sua vida que precisam do favor do Senhor, e peça-lhe que derrame seu favor sobre todas elas. Lembre-se de que isso traz realizações e sucesso. Confie em sua bênção e deixe que Deus transforme toda a sua existência para melhor.

ANOTAÇÕES

LEIA HOJE
Salmos 136-137

PAZ COM DEUS E FAVOR DO CÉU

17 DEZ

Justificados [...] mediante a fé,
temos paz com Deus por meio de nosso Senhor Jesus Cristo.
— ROMANOS 5.1

Pela fé, alcançamos a paz com Deus por meio de Jesus. E é por intermédio de Cristo que obtemos acesso à graça, a expressão do favor divino. Para vivermos sob esse favor, precisamos estar em paz com o Senhor, que é a prova de quem creu.

Deus é nosso Pai. Ele nos ama e nos conhece, sabe de todas as nossas falhas. Ele é todo-poderoso, e para obtermos seu beneplácito precisamos acreditar que não temos mais dívidas com ele. Essa paz com o Eterno é fundamental para acessarmos as bênçãos que ele deseja nos conceder.

A paz que temos com o Criador provém da certeza de que somos amados, perdoados e justificados por Cristo, pela sua obra na cruz. Se acreditarmos nessa verdade, experimentaremos uma profunda paz interior, que é o resultado de uma fé genuína. Essa paz nos permite receber o favor divino, pois temos a confiança de que não há condenação para nós em Cristo.

Escolha acreditar que você é amado, perdoado e justificado por Deus. Mantenha sua fé em Jesus e desfrute da paz proveniente dessa certeza. Deixe que ela transforme sua vida e abra portas para o favor divino. Assim, estará apto a receber bênçãos e viver uma vida cheia do que o Altíssimo tem reservado para você.

DEVOCIONAL
351/365

LEIA HOJE
Salmos 138-139

ANOTAÇÕES

DESCANSE NO SENHOR

O pão [...] aos seus amados ele o dá enquanto dormem.

— SALMOS 127.1-2

18 DEZ

O verbo "dormir", nesse versículo, refere-se ao descanso. Quem sabe que é amado por Deus pode descansar em sua promessa e provisão. Viver em descanso é uma chave espiritual para experimentar a plenitude da vida do Senhor. Cientes de que somos amados e sustentados por ele, descansamos em sua graça e em sua provisão, na certeza de que o Eterno cuida de nossas necessidades.

O descanso é uma demonstração de fé. Não é passividade, mas uma confiança ativa no Todo-Poderoso, que nos capacita a viver sob seu favor. Lembra-se de quando Jesus estava dormindo no barco, no meio da tempestade? Os discípulos, pescadores experientes, estavam com medo de morrer e foram acordá-lo. Cristo se levantou do sono, repreendeu o mar e resolveu o problema. Ele estava dormindo no meio da tormenta porque sabia que o Pai estava no controle de tudo — e que morreria na cruz, não no mar. Você sempre vencerá os problemas diante dos quais consegue dormir, pois o bom sono é a prova de que você crê que existe alguém maior cuidando de tudo.

Confie que Deus está no controle e deixe o descanso espiritual ser a base de sua vida. Libere-se da ansiedade e do esforço excessivo e receba a paz que vem da certeza de que o Senhor cuida de você. Permita que o descanso nele seja uma expressão da fé, e ele agirá poderosamente em sua vida.

ANOTAÇÕES

TENHA UMA BOA OPINIÃO SOBRE DEUS

19 DEZ

[Abraão] não duvidou, por incredulidade, da promessa de Deus; mas, pela fé, se fortaleceu, dando glória a Deus.

— ROMANOS 4.20

Quando você tem uma boa opinião sobre alguém, espera coisas boas dessa pessoa. Por isso, penso que fé é ter uma boa opinião sobre Deus. Abraão fortaleceu-se dando glória a ele — a palavra "glória", no original, pode ter como um de seus sentidos "possuir uma boa opinião sobre alguém".

Isso significa acreditar que, mesmo quando o Senhor fechar uma porta, abrirá outra melhor, e isso é dar glória a ele. Quando cremos que todas as coisas cooperam para nosso bem, expressamos uma boa opinião sobre o Eterno. Ter essa perspectiva libera paz, graça e favor para nós.

Não importa pelo que você esteja passando, mantenha uma boa opinião sobre Deus. Você não precisa sofrer ou se sacrificar, pois Jesus já fez isso em seu lugar. Creia nessa verdade e viva em paz com o Criador. Desfrute da vida abundante que ele tem para você. Não fique procurando a "brecha" que abriu nem tentando descobrir se o Justo Juiz está zangado com você. Em vez disso, lembre-se de que seus erros não são maiores do que o amor divino.

Creia que Deus é bom e sempre tem o melhor para sua vida. Permita que essa boa opinião sobre ele traga paz ao seu coração. Creia que, mesmo em dificuldades, Deus está trabalhando a seu favor.

LEIA HOJE
Salmos 142-143

ANOTAÇÕES

PAZ COM DEUS

Chega de discutir com Deus. Faça as pazes e tudo ficará numa boa.

— JÓ 22.21 (AM)

20 DEZ

Nossa importância não está em nossas realizações ou em nossas obras, mas em nossa identidade com Deus. O valor de uma pessoa é medido pelo preço que Cristo pagou por ela, não pelo que ela é capaz de fazer de bom. O sacrifício de Jesus é o maior testemunho do valor que o Pai atribui a cada um de nós.

A reconciliação com o Senhor é o caminho para experimentar a verdadeira paz. Ela não é uma simples ausência de conflito, mas a profunda certeza de que estamos alinhados com a vontade divina e seguros em seu amor.

Na vida cotidiana, muitas vezes somos tentados a buscar nosso valor em feitos e conquistas. No entanto, Deus nos ensina que nosso valor está firmemente enraizado em nossa relação com ele, não em nossas ações. Quando estamos em paz com o Altíssimo, conseguimos ver a vida de uma nova perspectiva, na qual somos acompanhados pelo bem e pelo favor divinos.

Lembre-se de que você é importante não pelo que faz, mas pelo amor incondicional de Javé revelado em Cristo. Busque a reconciliação com ele e permita que essa verdade traga uma paz duradoura ao seu coração. Viva na certeza de que tudo o que diz respeito a você é significativo para Deus. Experimente o bem e a paz provenientes dessa reconciliação e permita que essa verdade transforme sua vida.

ANOTAÇÕES

LEIA HOJE
Salmos 144-145

AME SUA VIDA E DESFRUTE DE DIAS FELIZES

21 DEZ

Quem quer amar a vida e ver dias felizes refreie a língua [...], pratique o que é bom, busque a paz.

— 1 PEDRO 3.10-11

Deus quer que você acorde de manhã e diga: "Como amo a vida! Como meus dias são felizes!". Para isso, devemos alinhar nossas palavras e ações com a vontade dele. Refrear a língua do mal é parar de falar mal de nós mesmos e dos outros. Praticar o que é bom é, entre muitas outras coisas, concordar com o Senhor quando ele declara que somos amados, perdoados e justificados em Cristo. Se aceitarmos, verbalizarmos e vivermos essa verdade, nossa vida refletirá a paz e alegria que ele deseja para nós.

A paz é uma dádiva que recebemos por meio de Cristo. A obra dele na cruz garantiu a nossa paz com o Pai, por meio da qual encontramos a verdadeira felicidade. A graça e a paz estão intrinsecamente ligadas: a graça nos permite viver em paz, e essa, por sua vez, reflete a graça que recebemos.

Para que a paz se manifeste em nossa vida, devemos evitar falas enganosas. Nossas palavras e ações devem refletir a verdade e a bondade que Deus ensina. Além disso, apartar-se do mal e praticar o que é bom são essenciais para manter a paz e a harmonia. Isso implica também transmitir essa graça aos outros e viver com essa consciência.

Reconheça a paz que Cristo já conquistou para você e permita que ela guie suas interações e decisões. Busque ativamente pacificar em seus relacionamentos e pratique o que é bom, sabendo que a graça e a paz andam juntas. Dessa forma, você amará a vida e viverá dias felizes.

LEIA HOJE
Salmos 146-147

ANOTAÇÕES

EXERÇA AUTORIDADE SOBRE O INIMIGO

Pisarás o leão e a áspide, calcarás aos pés o leãozinho e a serpente.
— SALMOS 91.13

22 DEZ

Como filhos de Deus, temos autoridade para resistir ao mal. "Pisarás o leão e a áspide" simboliza a vitória sobre os inimigos e as forças malignas que tentam nos derrubar. A resistência ao Diabo não vem de nossa força, mas da autoridade que o Eterno nos deu. Ao resistir o mal, portanto, não devemos temer, mas usar a autoridade que recebemos do Senhor para permanecer firmes.

Essa autoridade não provém de nós mesmos nem a recebemos por merecimento. Trata-se do próprio Cristo, que a conquistou na cruz. Agora todo o mundo espiritual e todas as coisas estão sujeitas a ele. É essa autoridade que ele nos concede e que podemos exercer pela fé.

Portanto, não permita que o medo o domine. Em vez disso, use o poder que Deus lhe concedeu para enfrentar e superar as adversidades. Reflita sobre o sacrifício de Cristo, que conquistou para você não apenas a salvação, mas também autoridade para vencer o Inimigo. Deixe que essa verdade fortaleça sua fé e conduza suas ações. Viva na confiança de que você está seguro no amor e na graça do Todo-Poderoso e pode, pela autoridade dele, resistir a Satanás e às circunstâncias.

ANOTAÇÕES

LEIA HOJE
Salmos 148-149

SHALOM: "TUDO VAI BEM"

23 DEZ

Por que vais a ele hoje? Não é lua nova nem sábado.
E ela disse: Tudo vai bem.
— 2REIS 4.23 (ARC)

A sunamita duvidou quando recebeu a promessa de um filho, mas sua fé foi evidenciada pela confiança em Deus. Mais tarde, quando o menino morreu, sua reação não foi de desespero, mas de uma firme crença na Palavra de Deus. Ela acomodou o menino no quarto do profeta e, com uma atitude de paz e confiança, foi buscar ajuda.

A frase "Tudo vai bem" é *Shalom* no original, em hebraico. Era não apenas uma expressão educada, mas também uma declaração de fé: ela acreditava que, apesar das circunstâncias, tudo estava em paz. A sunamita não se permitiu sucumbir à inquietação e se manteve assim enquanto se dirigia ao homem de Deus.

Não é qualquer paz que tem o poder de transformar circunstâncias, somente a *Shalom* que vem pelo sangue de Cristo. É a paz verdadeira, fruto do preço pago na cruz, que reconciliou a justiça e o amor do Senhor. Nenhuma outra paz possui poder para superar as adversidades e trazer verdadeira transformação.

Quando enfrentar desafios, adote a atitude da sunamita. Em vez de falar das dificuldades, declare: *Shalom*. O sacrifício de Cristo garantiu sua paz verdadeira. Mantenha-se firme na fé e confesse a paz de Deus em todas as circunstâncias. Reconheça o poder do *Shalom* proveniente do sangue de Jesus e permita que essa tranquilidade transforme sua vida e sua situação.

LEIA HOJE
Salmos 150

ANOTAÇÕES

A PROTEÇÃO GARANTIDA PELO SANGUE

Quando eu vir o sangue, passarei por vós,
e não haverá entre vós praga destruidora.

— ÊXODO 12.13

24 DEZ

O sinal do sangue foi essencial para a proteção do povo de Israel no Egito durante a décima praga. Deus instruiu os israelitas a marcarem as portas com o sangue do cordeiro pascal para distinguir as casas dos israelitas das dos egípcios. A presença daquele líquido foi o critério estabelecido por Deus para protegê-los da praga.

O sangue não era um sinal para os homens, mas para Deus e para o anjo da morte. Da mesma forma, o sangue de Jesus, no Novo Testamento, é o sinal que o Pai vê para garantir nossa proteção. Esse sangue não só cobre nossos pecados, mas também os remove. Além disso, nos protege da ira e da condenação divinas.

Talvez os israelitas estivessem apavorados dentro de casa naquela noite, sem saber se estavam de fato seguros, mas isso não mudou nada. Eles estavam protegidos do anjo da morte porque só se perece onde há pecado. Onde há o sangue do cordeiro, o pecado está pago e a morte não pode agir.

Não permita que o medo da condenação domine sua vida. Em vez disso, firme-se na verdade de que o sangue de Jesus é o sinal de sua proteção. Viva na certeza de que, assim como Deus viu o sangue na porta dos israelitas e os poupou, ele vê o sangue de Cristo em sua vida e lhe garante proteção contra a praga destruidora do pecado.

ANOTAÇÕES

LEIA HOJE
Salmos 1-2

É NATAL

25 DEZ

Um menino nos nasceu, um filho se nos deu;
[...] e o seu nome será: Maravilhoso Conselheiro,
Deus Forte, Pai da Eternidade, Príncipe da Paz.

— ISAÍAS 9.6

É *Natal*, e um menino nos nasceu. Nenhuma criança nasce para morrer, mas para viver. Quando ela vem ao mundo, uma nova vida começa e enche a casa de alegria e de esperança. Jesus foi a única criança que nasceu para morrer. Era Deus se tornando homem para resgatar seus filhos perdidos e condenados pelo pecado. Por isso, *não há nada de errado* em festejar o Natal, mas não devemos esquecer de seu significado mais profundo.

Natal é data de lembrarmos quanto o Criador nos ama. Ele veio ao mundo para ser humilhado a fim de que eu e você fôssemos honrados na presença dele. Veio para morrer e descer ao inferno, a fim de que pudéssemos ir para o *Céu*. Ele se fez pobre para que *recebêssemos* sua riqueza. Veio ao mundo para morrer na cruz, no intuito de nos dar vida.

Seu nome é Maravilhoso não por ser belo fisicamente, mas porque veio fazer maravilhas. E a principal delas foi nos resgatar da condenação do pecado, para que pudesse habitar não apenas entre nós, mas em nós.

O verdadeiro Natal não foi o dia em que Deus nasceu na Terra, mas o dia que ele nasceu dentro de você e o fez habitação dele. Isso significa que agora há dentro de si a vida mais poderosa do Universo: a do próprio Senhor.

Que neste Natal você renove seu coração e sua esperança, ao lembrar de que a vida do Altíssimo dentro de você é suficiente para mudar toda a sua história e *levá-lo a viver* dias muito melhores.

Feliz Natal!

LEIA HOJE
Salmos 3-4

ANOTAÇÕES

BUSQUE A PRESENÇA DE DEUS

26 DEZ

Ao meu coração me ocorre: Buscai a minha presença; buscarei, pois, SENHOR, a tua presença.

— SALMOS 27.8

Em algum momento e de diferentes maneiras, todos enfrentamos o estresse e a depressão. Em qualquer um dos casos, é essencial que identifiquemos a raiz do problema. Deus deseja tratar não apenas os sintomas, mas a verdadeira origem de nossos desafios.

Geralmente, os problemas que enfrentamos decorrem de algo mais profundo. Eles se manifestam na superfície, mas a verdadeira causa está oculta. Por isso, devemos descobrir suas raízes.

Entender a origem do pecado de Adão é crucial para compreender a base de todos os outros pecados e suas consequências para nós. Ele atua como um câncer devastador em nossa vida e nos expõe à influência de todos males e pragas do inferno.

Por isso, Deus nos convida a buscar sua presença, pois nela encontraremos a verdadeira cura. A presença divina oferece a restauração e a transformação radicais necessárias para superarmos os desafios lançados pelo pecado e pela enfermidade. Ao buscarmos a presença de Deus, permitimos que ele trate não apenas os sintomas, mas a causa real de nossos problemas.

Portanto, em meio aos desafios, em vez de apenas tratar os sintomas, busque a presença de Deus para lidar com a raiz dos problemas. Essa é a chave para a verdadeira cura.

ANOTAÇÕES

LEIA HOJE
Salmos 5-6

LIBERTOS PELA VERDADE

27 DEZ

Então, irão experimentar a verdade, e a verdade vai libertá-los.
— JOÃO 8.32 (AM)

Neste mundo caído, o estresse é quase inevitável. Estamos imersos em um mundo que é quase sinônimo de estresse. É o "suor do rosto de Adão", a consequência da maldição que afeta nossa existência cotidiana.

O estresse pode ser a causa imediata de muitos problemas, porém suas raízes costumam ser mais profundas. Ele é apenas a ponta do iceberg; sua verdadeira raiz é o medo. O medo é o que sustenta o estresse e, por sua vez, provoca doenças. E o medo, em última análise, é o receio da morte. Já essa é o resultado do pecado. No entanto, como Jesus pagou seus pecados para sempre, a morte não pode mais agir em sua vida, por isso você não precisa mais viver com medo.

A verdade revelada por Cristo é a chave para a liberdade. Conhecer a verdade sobre quem somos nele e como o Messias nos libertou é essencial para superar o medo e, também, o estresse. Jesus nos oferece a paz que excede todo entendimento, e ela é a antítese do medo. Ao nos firmarmos na verdade de que somos amados e aceitos por Deus, experimentamos a verdadeira libertação do estresse e de suas consequências.

Não permita que o medo continue a dominar sua vida. Aceite a paz que o Salvador proporciona, e ele transformará suas preocupações em descanso e segurança. Permita que essa verdade o liberte e o conduza a uma vida plena de paz e confiança em Cristo.

LEIA HOJE
Salmos 7-8

ANOTAÇÕES

RESTAURANDO A GLÓRIA DE DEUS EM SUA VIDA

Todos pecaram e carecem da glória de Deus.
— ROMANOS 3.23

28 DEZ

Quando Adão pecou, ele perdeu a glória de Deus, a qual lhe conferia domínio e plenitude. O homem se perdeu, e desde então a humanidade tem sido marcada pela sensação de separação e medo. "Onde estás?" foi a pergunta que Deus fez ao primeiro homem — a primeira menção ao medo na Bíblia. Ele surgiu como consequência da perda da glória e, desde então, se tornou um fardo sobre o coração humano.

O medo, especialmente o da morte, é uma raiz profunda que sustenta muitos de nossos problemas emocionais e físicos. O pecado de Adão gerou uma sensação de condenação, que alimenta o medo. E ele é amplificado pela sensação de que não somos amados e aceitos, de modo que o estresse e a ansiedade se tornam nossos companheiros diários.

No entanto, você não foi criado para viver com medo. Deus quer que experimente a liberdade de seu amor e de sua graça. Quando você sentir medo ou estiver sobrecarregado pelo estresse, recorra a Cristo. Ele é a chave para restaurar a glória perdida.

Felizmente, essa glória foi restaurada em Jesus. Por isso, uma vez que nele seus pecados foram todos removidos, hoje, revestido de glória outra vez, você pode vencer o medo e enfrentar as circunstâncias da vida tranquilamente.

ANOTAÇÕES

DEVOCIONAL
362/365

LEIA HOJE
Salmos 9-10

LIBERTE-SE DO MEDO DE UMA VEZ POR TODAS

29 DEZ

Deus [...] perguntou: Onde estás? Ele respondeu: Ouvi a tua voz no jardim, e, porque estava nu, tive medo, e me escondi.

— GÊNESIS 3.9-10

Em Gênesis, encontramos a primeira menção ao medo: "Onde estás?". Deus fez essa pergunta a Adão, que, ao perceber a própria nudez, se escondeu. Esse medo não fazia parte da criação original; ele entrou no mundo por causa do pecado.

O medo que o primeiro homem experimentou é a raiz de todos os medos humanos, e o principal é o medo da morte. A base desse medo é a condenação: quando nos sentimos condenados, tememos o encontro com Deus e o possível julgamento.

A percepção de que não somos amados alimenta esse medo e nos leva a fazer algo para merecer o amor divino, porém o resultado é mais fracasso e mais temor. A verdade é que o medo surge quando duvidamos do amor de Deus. Quando acreditamos que precisamos fazer algo para merecê-lo, ficamos presos em um ciclo de acusação e estresse.

No entanto, Deus não nos criou para vivermos atemorizados. Ele quer nos libertar dessa sensação. E o remédio para o amedrontamento é o amor de Cristo. Ele morreu por amor de nós, e, agora que somos filhos de Deus, mesmo errando ele não derramará ira sobre nós, antes nos tratará com amor. Se crermos nisso, o medo será removido de uma vez por todas de nosso coração.

LEIA HOJE
Salmos 11-12

ANOTAÇÕES

O PODER DO SANGUE DE JESUS

Porque isto é o meu sangue, o sangue da [nova] aliança, derramado em favor de muitos, para remissão de pecados.

— MATEUS 26.28

30 DEZ

Pensamentos que geram incredulidade, apatia ou prostração podem ser tentativas do Diabo de desviar você da verdade do Evangelho. Eles são uma estratégia do Inimigo para semear dúvida e enfraquecer sua fé. A chave para vencer esse tipo de mal *é reconhecer que você é perdoado e justificado pelo sangue de Jesus.* Quando nos apropriamos dessa verdade, a acusação do Diabo perde seu poder sobre nós.

Não importa qual seja a acusação do Maligno, o sangue de Jesus garante o perdão completo de todos os seus pecados. Ele estabeleceu uma nova aliança por meio de seu sacrifício e assim garantiu que, independentemente das falhas ou erros passados, você fosse purificado e restaurado diante do Senhor. Se você aceitar essa verdade e se firmar nela, poderá caminhar em paz e em confiança, na certeza de que está reconciliado com Deus e livre das condenações que o Inimigo tenta impor.

Portanto, ao enfrentar pensamentos de condenação ou dúvida, confesse a verdade do perdão e da justificação que tem em Cristo. Lembre-se de que o sangue de Jesus é suficiente para purificá-lo e livrá-lo de qualquer acusação. Mantenha sua fé firme na Nova Aliança e viva na certeza da graça de Deus sobre sua vida.

ANOTAÇÕES

LEIA HOJE
Salmos 13-14

FELIZ ANO NOVO!

31 DEZ

Que o Deus da esperança viva encha vocês de alegria e paz, para que a vida de vocês se encha da energia vivificante do Espírito Santo e transborde de esperança!

—ROMANOS 15.13 (AM)

Se você chegou até aqui, parabéns! Completou a carreira e guardou a fé durante todo o ano com o que aprendeu em cada página deste livro. Cada palavra que recebeu foi uma semente plantada em seu coração, e estou certo de que cada uma delas germinará e dará frutos incríveis em sua vida no novo ano que está para começar.

Talvez você não tenha consciência de quem era, 365 dias atrás, quando começou a meditar no Evangelho comigo. Mas vamos lembrar que você é, em grande medida, o resultado do que come. E, como você se alimentou do Senhor o ano inteiro por meio deste livro, com certeza sua fé foi aumentada.

Um novo ano está para começar. Para os que não creem, a virada pode ser apenas mais uma data no calendário, uma esperança vazia, uma sorte que não possui garantia alguma. Quem crê, porém, enche o coração de esperança nas promessas de que o Onipotente lhe preparou um novo ano cheio de vida, saúde, paz e alegria.

Ele é o Deus da esperança, palavra que no original, em grego, é *elpis* e significa "expectativa de coisas boas". Então, faça do versículo acima uma palavra de Deus para você neste novo ano que se inicia. Ele está dizendo: "Sou o Deus da expectativa de que coisas boas irão acontecer e estou enchendo seu coração de boas esperanças para o novo ano, por meio de meu Espírito, que habita em você".

Feliz ano novo!

LEIA HOJE
Salmos 15-16

ANOTAÇÕES

Parabéns! Você chegou ao fim de uma das leituras mais poderosas de sua vida! Mesmo que ainda não enxergue isso com os olhos naturais, você não é mais a mesma pessoa. Não duvide disto: seu coração foi — e está sendo — transformado!

As verdades apresentadas diariamente nestas páginas serão responsáveis por mudanças em seu interior. Continue crendo na mensagem que recebeu, alimente-se dela constantemente, e — de dentro para fora, de maneira silenciosa e milagrosa — verá o fruto do Espírito Santo se manifestar em sua vida.

Após ter lido e meditado na Palavra de Deus por 365 dias, estou certo de que ela entrou em seus pensamentos e está operando neles agora mesmo. Diversas crenças mudaram em sua mente, e convicções foram firmadas. Por isso, tenha a certeza de que você hoje está muito mais forte e seguro em Deus do que imagina.

A esperança genuína foi enraizada em você, e o Espírito Santo lhe encherá de gozo e paz. Sua fé cresceu, e o Senhor está fazendo coisas novas em sua vida. Portanto, persevere em investir tempo na presença de Deus, porque ela é tudo o que você precisa.

Neste instante, aproveite e separe um tempo para agradecer por tudo que Deus lhe revelou a respeito do

Evangelho da graça ao longo do ano. Lembre-se de que essa oração é muito poderosa, pois nos leva a reconhecer que a fonte de tudo que temos não provém de nós mesmos, mas do Senhor. Ele resiste aos soberbos, mas dá muita graça aos humildes.

Finalmente, guarde consigo as verdades fundamentais e preciosas que leu aqui. Não se esqueça de que você é perdoado, amado, justificado, filho, herdeiro do Pai, e ele estará com você para sempre. Acredite: seus melhores dias estão por vir, e isso é o resultado de uma fé crescente. Você passará a amar a vida como nunca e desejará viver dias felizes, pois seu coração está cheio de Deus. Seja livre e desfrute de uma vida vitoriosa!

Esta obra foi composta em *Arno Pro*
e impressa por Gráfica Piffer Print sobre papel
Offset 70 g/m² para Editora Vida.